国家法治与法学理论研究课题（19SFB3011）研

地方立法观察

——地方立法年度实施情况统计分析报告

（2015-2022）

闫然 / 著

中国民主法制出版社

图书在版编目（CIP）数据

地方立法观察：地方立法年度实施情况统计分析报告：2015－2022/闫然著．—北京：中国民主法制出版社，2023.10
ISBN 978－7－5162－3379－5

Ⅰ.①地… Ⅱ.①闫… Ⅲ.①地方法规－立法－统计分析－研究报告－中国－2015－2022 Ⅳ.①D927

中国国家版本馆 CIP 数据核字（2023）第 170160 号

图书出品人：刘海涛
出 版 统 筹：贾兵伟
图 书 策 划：张　涛
责 任 编 辑：周冠宇

书名/ 地方立法观察——地方立法年度实施情况统计分析报告（2015—2022）
作者/ 闫然　著

出版·发行/ 中国民主法制出版社
地址/ 北京市丰台区右安门外玉林里 7 号（100069）
电话/（010）63055259（总编室）　 83910658　63056573（人大系统发行）
传真/（010）63055259
http://www.npcpub.com
E-mail： mzfz@npcpub.com
经销/ 新华书店
开本/ 16 开　710 毫米×1000 毫米
印张/ 18　**字数/** 306 千字
版本/ 2023 年 10 月第 1 版　2023 年 10 月第 1 次印刷
印刷/ 北京新华印刷有限公司

书号/ ISBN 978－7－5162－3379－5
定价/ 66.00 元

2023 年立法法修改对于地方立法体制的发展与完善

　　立法法是"管法的法"，是规范国家立法制度和立法活动、维护社会主义法治统一的基本法律。2023 年 3 月 13 日，十四届全国人大一次会议审议通过了《全国人民代表大会关于修改〈中华人民共和国立法法〉的决定》，对包括地方立法在内的我国立法制度和立法体制机制作出修改完善。赵乐际委员长在十四届全国人大一次会议、常委会立法工作会议、全国地方立法工作座谈会等多个场合对贯彻落实新修改的立法法，稳中求进推动新时代立法工作高质量发展提出明确要求。这是新时代完善以宪法为核心的中国特色社会主义法律体系的重要举措，为新时代新征程上加强和改进立法工作提供有力制度保障，对做好新时代地方立法工作具有重要意义。

一、我国宪法法律关于地方立法体制的规定

　　1954 年 9 月 20 日，一届全国人大一次会议制定通过了《中华人民共和国宪法》，确立了由中央统一行使国家立法权的立法体制，明确规定"全国人民代表大会是行使国家立法权的唯一机关"，全国人大负责"修改宪法"和"制定法律"，全国人大常委会负责"解释法律"和"制定法令"。此后随着实践发展，全国人大先后授权全国人大常委会在全国人民代表大会闭会期间，制定单行法规和及时对全国人大制定的法律进行修改。同时，1954 年宪法取消了新中国成立初期一般地方享有的法令条例拟定权，仅规定民族自治地方有权制定自治条例和单行条例。

　　改革开放以来，随着经济社会快速发展，我国立法体制不断发展完善。1979 年地方组织法赋予省、自治区、直辖市人大及其常委会制定地方性法规的权限，以法律形式明确规定地方立法权。1982 年 12 月，五届全国人大五次会议通过现行宪法，规定全国人民代表大会和全国人民代表大会常务委员会行使国家立法权。我国实行统一的、分层次的立法体制由此确立。同次大会修改地方组织法，增加规定省级人民政府和省会市、经国务院批准的较大的

市人民政府规章制定权，并规定省会市和较大的市人大常委会有权拟定地方性法规草案提请省级人大常委会审议制定。1986 年再次修改地方组织法，进一步明确赋予省会市和较大的市地方性法规制定权。此外，全国人大及其常委会还先后授权广东、海南、福建及深圳、厦门、汕头、珠海人大及其常委会制定经济特区法规，在经济特区实施。

2000 年 3 月，九届全国人大三次会议通过了立法法，对立法工作应当遵循的指导思想和基本原则，法律、行政法规、地方性法规、自治条例和单行条例、规章的权限范围、制定程序和适用规则，以及法律解释、备案审查等制度作出统一规定，对包括地方立法在内的我国立法体制作了进一步健全、发展和完善，大大提升了我国立法制度的系统化、科学化水平，为我国立法工作跃上新台阶奠定了坚实的基础。2015 年 3 月，十二届全国人大三次会议对立法法进行了部分修改，进一步完善了立法体制和立法权限，从之前的 49 个较大的市调整为赋予所有设区的市地方立法权，为设区的市地方经济社会发展提供了有力法治支持。

二、新时代我国地方立法的实践发展

党的十八大以来，以习近平同志为核心的党中央从坚持和发展中国特色社会主义的全局和战略高度，对全面依法治国作出一系列重大部署，取得历史性成就，发生历史性变革。习近平总书记深刻阐述全面依法治国系列重大理论和实践问题，形成习近平法治思想，为新时代全面依法治国、加强和改进立法工作提供了根本遵循。地方立法层面，地方各级人大及其常委会深入学习习近平法治思想，贯彻落实习近平总书记在纪念地方人大设立常委会 40 周年之际作出重要指示要求，围绕地方党委贯彻落实党中央大政方针的决策部署，充分发挥地方立法的实施性、补充性、探索性功能，结合地方实际创造性开展立法工作，着力增强地方立法实效性，积极探索区域协同立法实践，不断完善地方立法工作机制，为地方经济社会发展和提高人民生活质量提供了有力法治保障。在经济发展、社会治理、民生保障、生态环境保护等各领域，通过立法推动经济高质量发展和民生社会治理，为守住绿水青山提供法治支撑，通过法治手段不断提升群众的获得感、幸福感、安全感。同时，适应形势发展和工作需要，2021 年 6 月全国人大常委会根据宪法和立法法的原则和精神，探索丰富地方立法形式，不断推进新时代地方立法形式的新实践新发展。一是为推动浦东新区高水平改革开放、打造社会主义现代化建设引领区，2021 年 6 月，全国人大常委会作出《全国人民代表大会常务委员会关于授权上海市人民代表大会及其常务委员会制定浦东新区法规的决定》。一年半时间已有 15 件浦东新区法规制定出台，形成了涵盖营商环境、城市治理、产业发展、科技创新等方面的一系列制度创新。二是适应国家深化改革、扩大开放新举措对立法工作的新要求，制定海南自由贸易港法，赋权海南省人大及其常委会就贸易、投资及相关管理活动制定海南自由贸易港法规。

立法法 2015 年修改八年来，全国 323 个设区的市、自治州①新制定地方性法规超过 3500 件，涵盖物业管理、文明促进、烟花爆竹、城市养犬、垃圾分类、环境保护等方方面面，因地制宜满足了当地治理的需要，体现出鲜明的地方特色，为地方治理和经济社会发展提供了重要法治保障。全国人大常委会法工委高度重视设区的市地方立法工作，2015 年立法法修改以来，通过地方立法工作座谈会、法律询问答复、立法培训班、立法统计分析等多种有力措施推进设区的市地方立法工作；各省、自治区人大常委会积极稳妥分批确定各设区的市行使地方立法权时间，不断完善对设区的市地方性法规的审查批准工作规范，引导设区的市地方立法从"新手上路"逐步走向正轨；323个设区的市充实健全地方立法工作力量，探索完善立法工作机制程序，积极探索通过地方立法破解经济社会发展中的难题顽疾。本书以大量数据分析和立法事例，全面梳理统计了 2015 年立法法修改以来地方立法特别是设区的市地方立法的总体数据、实践情况和经验特点，充分全面展现了新时代地方人大及其常委会发挥地方立法的实施性、补充性、探索性功能，创造性开展立法工作，在立法推动高质量发展、民生保障、基层治理、环境保护和人大制度等方面取得显著成绩。形成了 2015—2020 年三份设区的市地方立法数据分析报告和 2019—2022 年省级和设区的市地方立法年度分析报告，以及地方立法实效性的研究分析报告，以期为新时代推进和加强地方立法工作提供翔实扎实的数据和实践支撑。

三、贯彻落实党的二十大精神，与时俱进完善地方立法体制机制

2022 年 10 月，党的二十大报告首次将"坚持全面依法治国，推进法治中国建设"单独作为一个部分作出部署，同时对完善以宪法为核心的中国特色社会主义法律体系作出明确部署。贯彻落实党的二十大精神和习近平法治思想，总结新时代立法工作实践经验，2022 年 10 月，十三届全国人大常委会第三十七次会议初次审议了立法法修正草案；2022 年 12 月，十三届全国人大常委会第三十八次会议对立法法修正草案进行了再次审议，并决定将立法法修

---

① 根据 2023 年立法法修改的决定，2023 年 9 月，海南省人大常委会决定儋州市人大及其常委会自 2023 年 10 月 1 日起开始制定地方性法规。至此，目前设区的市地方立法主体共有 323 个。

正草案提请十四届全国人大一次会议审议；2023 年 3 月 13 日，十四届全国人大一次会议审议通过了《全国人民代表大会关于修改〈中华人民共和国立法法〉的决定》。时隔八年后，立法法圆满完成了第二次修改。此次修改立法法，突出立法坚持中国共产党领导，与时俱进完善关于坚持党和国家指导思想的表述，突出依宪立法原则、完善合宪性审查程序规定，明确立法坚持和发展全过程人民民主、尊重和保障人权的原则要求，完善全国人大及其常委会的立法程序和工作机制，完善监察法规和地方立法的相关规定，对于完善立法体制机制，加强和改进新时代立法工作，推动形成更加科学完备、统一权威的中国特色社会主义法律体系具有重要意义。其中地方立法层面，根据立法工作面临的新情况新需要，在总结实践经验的基础上，本次立法法修改对地方立法的立法权限和程序作出修改完善。

关于地方立法权限。一是调整了全国人大及其常委会专属立法权中有关"仲裁制度"只能制定法律的规定，将"仲裁制度"修改为"仲裁基本制度"，为地方立法预留一定空间，以适应国际商事仲裁制度改革试点地区先行先试、与国际接轨的实践需要。二是总结全国人大常委会按照党中央决策部署授权制定浦东新区法规、海南自由贸易港法规的新实践，立法法增加规定上海和海南人大及其常委会分别根据授权决定和法律规定，制定浦东新区法规、海南自由贸易港法规，并对报送备案的相关要求作出规定。

关于设区的市地方立法权。2015 年修改立法法赋予所有设区的市立法权，规定设区的市、自治州可以对"城乡建设与管理、环境保护、历史文化保护"等方面的事项制定地方性法规和地方政府规章。实践中，绝大多数设区的市的立法需求都得到了支持。2021 年，《中共中央 国务院关于加强基层治理体系和治理能力现代化建设的意见》对建立健全基层治理体制机制，提高基层治理社会化、法治化、智能化、专业化水平提出了明确要求。考虑到设区的市的特点和地方实际需要，2023 年立法法修改，一是增加规定设区的市可以对"基层治理"事项制定地方性法规和地方政府规章。二是根据 2018 年宪法修正案有关表述，将"环境保护"修改为"生态文明建设"，进一步适应设区的市制定地方性法规的实际需要。同时，关于赋予不设区的地级市地方立法权问题。海南省儋州市属于不设区的地级市。本次立法法修改，比照 2015 年立法法修改时同时赋予四个不设区的市即广东省东莞市和中山市、甘肃省嘉峪关市、海南省三沙市（后为设区的市）地方立法权的做法，在本次大会通过的关于修改立法法的决定中明确了海南省儋州市的地方立法权。

关于完善地方立法工作机制。一是增加规定区域协同立法。中央人大工作会议明确提出，建立健全区域协同立法、流域立法、共同立法工作机制。

近年来，京津冀、长三角等在区域协同立法实践中进行了积极探索，取得积极成效。贯彻国家区域协调发展战略，根据地方实践经验，本次立法法修改，增加规定："省、自治区、直辖市和设区的市、自治州的人民代表大会及其常务委员会根据区域协调发展的需要，可以协同制定地方性法规，在本行政区域或者有关区域内实施。""省、自治区、直辖市和设区的市、自治州可以建立区域协同立法工作机制。"二是规定地方人大常委会设立基层立法联系点。党的二十大提出："健全吸纳民意、汇聚民智工作机制，建设好基层立法联系。"为贯彻落实党的二十大精神，总结地方实践经验，本次立法法修改在全国人大常委会工作机构设置基层立法联系点的基础上，增加规定：省、自治区、直辖市和设区的市、自治州的人大常委会"根据实际需要设立基层立法联系点，深入听取基层群众和有关方面对地方性法规、自治条例和单行条例草案的意见"。三是总结实践做法，明确地方性法规、自治条例和单行条例公布后，其文本以及发布的公告，草案的说明、审议结果报告等，也要及时在本级人大常委会公报、网站、报刊上刊载。同时，2000 年制定立法法时，考虑到自治州、自治县未必能做到在本地人大常委会公报和网站、报刊上刊载，因此只对自治区单行条例和自治条例刊载形式作了规定。随着时代发展，本次立法法修改，在大会期间根据代表意见，进一步对自治州、自治县通过自治条例、单行条例后及时在本地人大常委会公报和网站、报刊上公开作了明确规范。四是对地方立法清理作出规定。贯彻党中央要求，总结以往做法，本次立法法修改，增加规定：对法律、行政法规、地方性法规、自治条例和单行条例、规章和其他规范性文件，制定机关根据维护法制统一的原则和改革发展的需要进行清理。

目　　录

一、报告

设区的市地方立法大数据分析报告：
2015—2017 年度

　　设区的市地方立法在维护社会主义法治统一、完善中国特色社会主义法律体系、引领和推动地方各项事业改革发展方面发挥出越来越重要的作用。经统计，截至 2017 年 12 月底，274 个被新赋予地方立法权的设区的市、自治州、不设区的地级市制定地方性法规共计 595 件。为更好展现新赋予地方立法权的设区的市地方立法全貌，分析《中华人民共和国立法法》（以下简称《立法法》）修改以来我国立法体制的新发展，本文通过大数据相关分析手段，对设区的市行使地方立法权三年来的情况进行了初步分析，为进一步推进完善设区的市地方立法工作提供参考依据。

一、数据情况

（一）数据选择

　　2015 年修改《立法法》，赋予所有设区的市、自治州和 4 个不设区的地级市地方立法权。截至 2017 年 12 月，我国享有设区的市地方立法权的市、州共 323 个，包括设区的市 289 个、自治州 30 个和不设区的地级市 4 个。其中《立法法》修改前具有"较大的市"立法权的设区的市 49 个以外，本文拟对截至 2017 年 12 月底，被新赋予地方立法权的 274 个设区的市、自治州、不设区的地级市（以下简称设区的市）的人民代表大会及其常务委员会的地方性法规进行全面统计。统计的基础数据来源是各省、自治区历次人大及其常委会公报，官方网站公布的法规信息以及与地方人大沟通联系获取的相关信息，涵盖了现行全部设区的市地方性法规。

　　经统计，截至 2017 年 12 月底，设区的市地方性法规数量为 595 件。为详细呈现设区的市地方立法的总体规律和特点，在此基础上，选取并分类整理了省份名称、设区的市名称、地方性法规名称、省级人大常委会批准会次及批准时间、设区的市人大及其常委会通过会次及通过时间、法规正文文本内容等数据，以便更好地涵盖设区的市地方立法的总体情况。

（二）数据分析方法

　　地方性法规文本是研究地方立法思路、了解地方立法工作现状的第一手资料。为了用好这一资料，充分发挥其参考价值，本文借助大数据分析方法，对595件设区的市地方性法规及2262740字基础数据文本分别进行数据统计和分析，并采用不同的图表形式来体现分析结果。

一是设区的市地方立法的概况分析。其核心变量是设区的市获得地方立法权、地方性法规通过时间和批准时间。具体分为纵向时间维度的比较和横向地域维度的比较，通过分年度、分地域的分析，展现设区的市地方立法工作在时间轴上的现实样态和进展情况，揭示不同省份在全国地方立法中所处位置及规律特点。

二是设区的市地方立法权的运行情况分析。基于对设区的市地方性法规上位法依据的统计分析，报告对已由省、自治区批准的城乡建设与管理、环境保护和历史文化保护等地方性法规等进行了3个大类、25个小类的划分，并对各类法规的上位法依据作了系统梳理和分析。报告着重关注了设区的市地方性法规的批准工作，对批准时间和通过时间的时间差进行分段统计，展现各省、自治区与上报地方性法规的设区的市在开展地方立法工作时的磨合情况。

三是设区的市地方性法规的文本分析。本文对设区的市地方性法规正文文本的长度（字数）、内部所设章节条目等数据信息进行了统计。通过将法规名称和正文文本分别导入语料库进行切分，本文还以相关法规名称和正文中的高频词为依据，展现了设区的市在立法工作中聚焦的问题和解决问题时采用的主要手段，并重点关注了这些法规中的法律责任条款的设置和相应表述。

二、设区的市地方立法基本情况

经统计，截至2017年12月底，274个被新赋予地方立法权的设区的市、自治州、不设区的地级市制定地方性法规共计595件。243个设区的市已经拥有自己的地方性法规，占全部设区的市总数的88.7%。笔者将通过设区的市获批立法时间及行使情况、设区的市地方性法规时间分布、设区的市地方性法规地域分布三个视角进行统计分析。

（一）省级人大确权情况

根据《立法法》的规定，由省、自治区的人大常委会确定开始行使地方立法权的时间。2015年5月21日，安徽省人大常委会率先作出批准决定，确定第1批6个设区的市可以开始制定地方性法规；2017年11月30日，西藏自治区第十届人大常委会第三十七次会议通过《关于确定山南市人民代表大会及其常务委员会开始制定地方性法规的时间的决定》。至此，截至2017年12月底，有16个省、自治区采取分批批准的方式，有11个省、自治区采取一次性全部批准的方式①，全国被新赋予地方立法权的 274 个设区的市、自治州、不设区的地级市中（其中那曲市 2017 年 10 月撤区建市），已有 272 个市、州可以开始制定地方性法规，还有两个市州未被确定开始行使地方立法权（西藏那曲市、新疆巴音郭楞蒙古自治州）。其中，进一步分析在获得地方立法权后的立法实施情况，已有 243 个设区的市人大及其常委会审议通过并报经省级人大常委会批准了本市的地方性法规，占全部设区的市总数的 88.7%。通过积极稳妥推进赋予设区的市立法权工作，地方立法取得了实质性进展。

表 1 各省、自治区确定设区的市开始制定地方性法规情况

省、自治区	设区的市数量（个）	已批准的数量（个）	批准时间	已制定地方性法规的设区的市数量（个）
河北	8	8	2015 年 7 月 24 日第 1 批 4 个	3
			2016 年 3 月 29 日第 2 批 4 个	
山西	9	9	2015 年 11 月 26 日一次性批准	9
内蒙古	7	7	2015 年 11 月 25 日一次性批准	7
辽宁	9	9	2015 年 9 月 25 日一次性批准	9
吉林	7	7	2015 年 7 月 30 日一次性批准	6
黑龙江	10	10	2016 年 6 月 17 日第 1 批 6 个	8
			2016 年 12 月 16 日第 2 批 4 个	
江苏	9	9	2015 年 7 月 31 日第 1 批 6 个	9
			2016 年 1 月 15 日第 2 批 3 个	
浙江	9	9	2015 年 7 月 30 日第 1 批 5 个	9
			2015 年 9 月 25 日第 2 批 4 个	
安徽	14	14	2015 年 5 月 21 日第 1 批 6 个	14
			2015 年 9 月 24 日第 2 批 3 个	
			2016 年 2 月 2 日第 3 批 5 个	
福建	7	7	2015 年 7 月 18 日一次性批准	7
江西	10	10	2015 年 11 月 20 日第 1 批 7 个	9
			2016 年 4 月 1 日第 2 批 3 个	
山东	14	14	2015 年 7 月 24 日一次性批准	14

① 李菊：《推进设区的市行使地方立法权情况分析》，《地方立法研究》2017 年第 3 期，第 34 页。

续表

省、自治区	设区的市数量（个）	已批准的数量（个）	批准时间	已制定地方性法规的设区的市数量（个）
河南	15	15	2015 年 7 月 30 日第 1 批 8 个	15
			2015 年 11 月 26 日第 2 批 7 个	
湖北	12	12	2015 年 7 月 30 日一次性批准	12
湖南	13	13	2015 年 12 月 4 日第 1 批 7 个	13
			2016 年 3 月 30 日第 2 批 6 个	
广东	17	17	2015 年 5 月 28 日第 1 批 9 个	17
			2015 年 9 月 25 日第 2 批 6 个	
			2015 年 12 月 30 日第 3 批 2 个	
广西	13	13	2015 年 7 月 24 日第 1 批 6 个	13
			2015 年 12 月 10 日第 2 批 7 个	
海南	2	2	2015 年 5 月 27 日第 1 批 1 个	1
			2015 年 7 月 31 日第 2 批 1 个	
四川	20	20	2015 年 12 月 3 日第 1 批 13 个	18
			2016 年 7 月 23 日第 2 批 7 个	
贵州	8	8	2015 年 9 月 25 日一次性批准	8
云南	15	15	2015 年 11 月 26 日第 1 批 7 个	9
			2016 年 7 月 28 日第 2 批 8 个	
西藏	5	4	2015 年 11 月 26 日第 1 批 3 个	3
			2017 年 11 月 30 日第 2 批 1 个	
陕西	9	9	2015 年 9 月 30 日一次性批准	9
甘肃	13	13	2015 年 11 月 27 日一次性批准	10
宁夏	4	4	2015 年 11 月 26 日第 1 批 1 个	4
			2016 年 3 月 24 日第 2 批 3 个	
青海	7	7	2016 年 6 月 3 日一次性批准	2
新疆	8	7	2016 年 3 月 31 日第 1 批 2 个	5
			2016 年 5 月 27 日第 2 批 1 个	
			2016 年 12 月 1 日第 3 批 1 个	
			2017 年 1 月 3 日第 4 批 1 个	
			2017 年 7 月 28 日第 5 批 1 个	
			2017 年 11 月 29 日第 6 批 1 个	
总计	274	272		243

（二）时间分布情况

据统计，从 2015 年 3 月《立法法》修改至 2017 年 12 月底，可以开始行使地方立法权的 272 个设区的市中，经省级人大常委会批准的设区的市地方性法规共计 595 件。其中，立法条例 197 件，城乡建设与管理、环境保护、历史文化保护等地方性法规数量为 398 件。从总量上看，《立法法》修改后的第 1 年，即 2015 年，经省级人大常委会批准的新赋权的设区的市的地方性法规仅有 4 件。而进入 2016 年以来，设区的市地方立法进入高速增长阶段，一些设区的市坚持地方立法，程序先行，积极开展立法程序制定工作，2016 年批准的设区的市地方立法条例共 132 件，近半数设区的市完成立法条例的制定工作，到 2016 年 12 月底，批准的法规已增加到 278 件。2017 年以来，设区的市进一步着手制定城乡建设与管理、环境保护、历史文化保护等地方性法规，2017 年 12 月底比 2016 年 12 月底增加了 317 件，增长幅度为 114%。

表 2　设区的市地方性法规时间分布情况

年份	城乡建设与管理、环境保护、历史文化保护等地方性法规数量（件）	立法条例数量（件）	在全部设区的市地方性法规件数中所占的比例
2015 年	4	0	0.7%
2016 年	142	131	46.0%
2017 年	252	66	53.3%
总计	398	197	100%

进一步分析城乡建设与管理、环境保护、历史文化保护等事项的立法时间分布情况，可以看到，初始阶段设区的市地方立法尚不活跃，仍处在立法研究论证、制定立法程序以及立法审议阶段，截至 2016 年 10 月底，城乡建设与管理、环境保护、历史文化保护等地方性法规仅 50 余件。但此后随着立法程序日益完善，立法能力逐步提升后，此三个事项立法开始进入高速增长阶段，2017 年以来，设区的市制定此 3 个事项地方性法规共 252 件，至 2017 年 12 月底城乡建设与管理、环境保护、历史文化保护等地方性法规共计 398 件，较 2016 年 10 月底的立法数量增长了近 6 倍。

（三）地域分布情况

地域分布情况展现了一个时段内不同地区设区的市立法发展情况。在 595 件设区的市地方性法规中，山东、安徽、广东、四川、江苏、湖北、浙江、河南等中东部 8 省共批准 331 件（每省批准超过 30 件），占全部立法总数的 55.6%，其中，山东批准的最多，为 52 件；安徽批准 48 件，广东 45 件，分

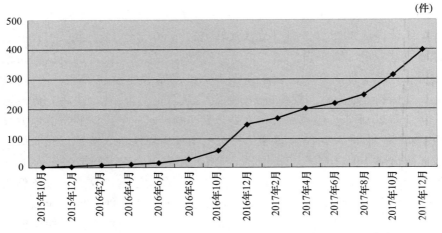

图1　城乡建设与管理、环境保护、历史文化保护等立法时间分布

列二、三位。由于所辖设区的市数量不同、立法能力与立法需求不同，设区的市立法的地域分布呈现出较大差异，各省、自治区平均批准22件。总体而言，设区的市立法正在有序进行、全面推进。

　　具体而言，地方立法条例的地域分布方面，截至2017年底，全国共有197件设区的市的地方立法条例获得省、自治区人大常委会批准。据悉，有的省、自治区严格要求各设区的市先制定地方立法条例，再制定实体性法规，而有的省、自治区则未作硬性要求，各省、自治区制定地方立法条例的件数呈现出一定差异，具体呈现如图2。

　　除立法条例之外，为了更好地展现新赋权的设区的市三年以来的立法进程，呈现地方立法的多样性与差异性，根据省、自治区人大常委会对于设区的市地方性法规的地方批准时间，本文分年度对除立法条例以外的设区的市地方性法规数量进行了统计分析，并将统计结果以地图—热力图的效果呈现如图3。

　　2015年是设区的市地方立法元年，设区的市共通过除立法条例以外的地方性法规8件，其中2015年年内已经通过省、自治区人大批准的法规共4件，安徽、海南、江苏、浙江四省各1件。2015年9月25日，《三亚市白鹭公园保护管理规定》作为第一件被新赋予地方立法权的设区的市地方性法规出台。

　　2016年，各省、自治区加速推进设区的市地方立法工作，取得显著成效。2016年全年共有22个省、自治区的111个设区的市有除立法条例以外的地方性法规被批准，共计142件，多个设区的市拥有了本市除立法条例以外的第一件地方性法规。

(件)

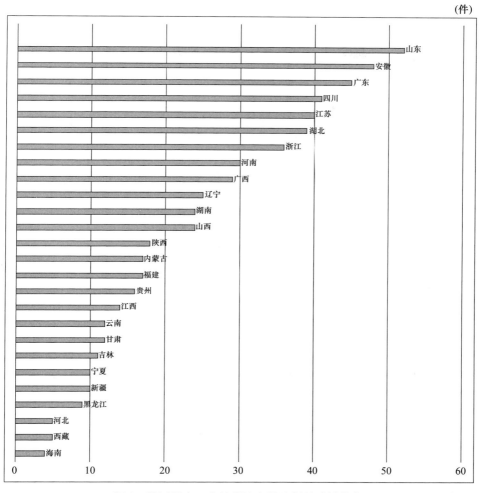

图 2　设区的市、自治州地方性法规的地域分布

2017 年，共有 26 个省、自治区的 181 个设区的市除立法条例以外的地方性法规被批准，共计 252 件。设区的市地方性法规实现了各省、自治区全覆盖，不仅山东、安徽、河南、江苏等中东部省份的设区的市在积极推进地方立法工作，而且新疆、甘肃、青海等西部省份的一些市州也先后出台了《库鲁斯台草原生态保护条例》《庆阳市禁牧条例》《海西蒙古族藏族自治州城镇管理条例》等首部首批地方性法规，实现了从零到一的突破。

总的来看，自 2015 年《立法法》修改后至 2017 年 12 月底，全国共有 398 件除立法条例以外的设区的市地方性法规被批准。27 个省、自治区共 206 个设区的市已有除立法条例以外的地方性法规被批准，各省、自治区平均

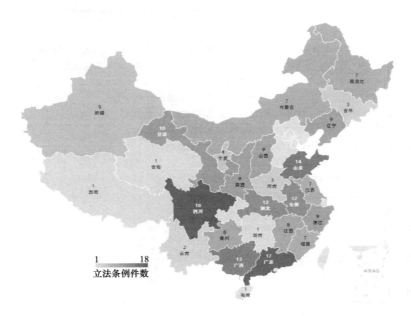

图3　设区的市地方立法条例数量统计（单位：件）

图4　2015 年—2017 年设区的市除立法条例以外的
地方性法规数量逐年地域分布（一）（单位：件）

图 5　2015 年—2017 年设区的市除立法条例以外的地方性法规
数量逐年地域分布（二）（单位：件）

图 6　2015 年—2017 年设区的市除立法条例以外的地方性法规
数量逐年地域分布（三）（单位：件）

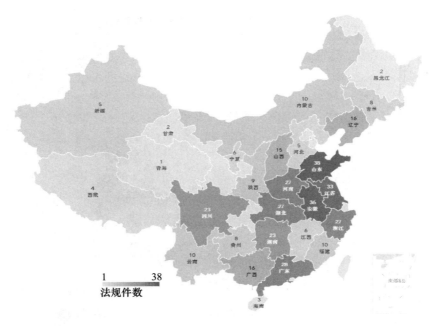

图7　截至2017年设区的市除立法条例以外的法规数量统计（单位：件）

14.74件。批准此类法规件数较多的省份主要有山东（38件）、安徽（36件）、江苏（33件）、广东（28件），河南、湖北、浙江（各27件），湖南、四川（各23件）等，占全国总数的65.8%。获批准后生效的法规件数较多的设区的市主要有山东省滨州市、济宁市（各5件），江苏省镇江市、泰州市（各5件），山东省东营市、菏泽市、莱芜市、威海市，山西省吕梁市、临汾市，浙江省温州市、台州市、绍兴市、衢州市，安徽省铜陵市、宿州市、蚌埠市，江苏省淮安市、盐城市和广东省佛山市（各4件）。

三、设区的市地方立法实践运行情况

（一）地方性法规分类

关于设区的市地方立法权的权限分类，一直是理论与学术界的一个难题。①《立法法》第七十二条第二款规定，设区的市可以对"城乡建设与管理、环境保护、历史文化保护"等方面的事项制定地方性法规。各设区的市、自治州在立法权限内选题立项，从本地实际需要出发，围绕这三个方面的事项进行立法。本文抽取出所有地方性法规文本中明确提及的上位法依据，为

---

① 武增：《2015年〈立法法〉修改背景和内容解读》，《中国法律评论》2015年第3期，第210页。

有效判断划分地方性法规的立法类别与事项提供了客观有效的数据支持。通过文本分析，本文对城乡建设与管理、环境保护、历史文化保护三个事项中的 398 件地方性法规进行了分类，其中城乡建设与管理 207 件、环境保护 134 件、历史文化保护 54 件，此外还有 3 件议事规则类法规归入其他类。

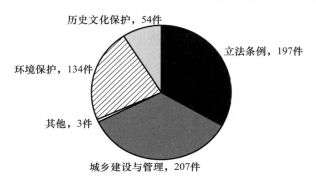

图 8　设区的市地方性法规分类表

进一步梳理分析设区的市地方性法规的上位法依据情况，可以对"城乡建设与管理、环境保护、历史文化保护"地方性法规作进一步细分，以了解设区的市通过地方立法权在引领和推动地方各项事业改革发展中发挥着怎样的作用。其中，城乡建设与管理领域，根据援引的上位法依据，已制定的地方性法规可细分为市容环境卫生管理、园林绿化管理、安全生产管理、市政公用事业管理、道路交通管理、工程建设与管理、城乡规划、住房保障、文明行为管理以及城市综合管理等；环境保护类地方性法规可以分为水环境、风景名胜区、大气环境、山体、森林草原、自然保护区、湿地、动植物、海洋环境、矿产资源、固体废物、噪声污染及综合保护；历史文化保护可分为文物保护和非物质文化保护。另外需要说明的是，设区的市地方立法中还出现了涵盖多个立法权限的情况，如《三亚市河道生态保护管理条例》既依据《中华人民共和国水法》规定了环境保护内容，又援引《中华人民共和国河道管理条例》对城乡建设与管理事项中的河道整治建设作出了具体的规定。对此，在分类统计时对于城市管理、防火、固体废物污染防治等，本文根据其主要规定事项作为分类依据进行了划分。

通过统计分析可以看到，设区的市地方性法规在引领和推动地方各项事业改革发展方面发挥出越来越重要的作用。习近平总书记在 2017 年两会时强调"城市管理要像绣花一样精细"。为此在城乡建设与管理、环境保护等领域，有 46 个设区的市制定了市容和环境卫生管理条例，26 个设区的市制定了饮用水水源保护条例，18 个设区的市制定了城市绿化条例，14 个设区的市制定了燃放烟花爆竹管理条例，凸显了各地通过地方性法规在城乡市容和环境卫生、水源保护、安全生产等方面进行精细化和法治化管理的迫切立法需求。此外，在城市综合管理立法中也出现了新的形态，如《鹤壁市循环经济生态城市建设条例》《泰州市公共信用信息条例》《威海市居民养老服务保障条例》，需要进一步加强对于设区的市地方立法权限的分析和研究。

表3 设区的市地方性法规二级分类统计

	分类	数量（件）	法律与行政法规依据
城乡建设与管理	市容环境卫生管理	69	《中华人民共和国城乡规划法》《中华人民共和国广告法》《城市市容和环境卫生管理条例》
	园林绿化管理	24	《中华人民共和国城乡规划法》《城市绿化条例》
	安全生产管理	20	《中华人民共和国安全生产法》《中华人民共和国特种设备安全法》《烟花爆竹安全管理条例》
	城乡规划	18	《中华人民共和国城乡规划法》
	城市综合管理	16	
	城乡其他管理	14	《中华人民共和国循环经济促进法》《殡葬管理条例》
	住房保障	13	《中华人民共和国物权法》《物业管理条例》
	市政公用事业管理	10	《城市供水条例》《城镇排水与污水处理条例》、各省《供热条例》
	道路交通管理	10	《中华人民共和国道路交通安全法》《城市道路管理条例》
	文明行为管理	8	
	工程建设与管理	5	《中华人民共和国建筑法》《中华人民共和国水法》
环境保护	水环境保护	62	《中华人民共和国水法》《中华人民共和国水污染防治法》《中华人民共和国河道管理条例》
	风景名胜区保护	17	《风景名胜区条例》
	大气环境保护	14	《中华人民共和国大气污染防治法》
	综合保护	8	《中华人民共和国环境保护法》
	山体保护	7	
	森林草原保护	6	《中华人民共和国草原法》《中华人民共和国森林法》
	自然保护区保护	5	《中华人民共和国自然保护区条例》
	湿地保护	4	
	动植物保护	3	《中华人民共和国野生动物保护法》《中华人民共和国野生植物保护条例》

续表

	分类	数量（件）	法律与行政法规依据
环境保护	海洋环境保护	3	《中华人民共和国海洋环境保护法》
	矿产资源保护	3	《中华人民共和国矿产资源法》
	固体废物治理	1	《中华人民共和国固体废物污染环境防治法》
	噪声污染防治	1	《中华人民共和国环境噪声污染防治法》
历史文化保护	文物保护	45	《中华人民共和国文物保护法》
	非物质文化保护	9	《中华人民共和国非物质文化遗产法》

进一步分析设区的市在行使地方立法权时主要依据的上位法情况，据统计，《中华人民共和国环境保护法》《中华人民共和国水污染防治法》《中华人民共和国城乡规划法》《中华人民共和国水法》《城市市容和环境卫生管理条例》《中华人民共和国文物保护法》等法律法规的出现频次均超过了 30 次。这从一个侧面显示出设区的市的地方立法实践与需求较为集中在污染防治、城乡规划、市容环境卫生管理、文物保护等领域，与《中华人民共和国立法法》第七十二条对于立法权限的规定相一致，符合我国国情和地方实际需要。

表4　设区的市地方性法规上位法依据频次统计

法律依据	次数（次）	行政法规依据	次数（次）
《中华人民共和国环境保护法》	56	《城市市容和环境卫生管理条例》	43
《中华人民共和国水污染防治法》	51	《城市绿化条例》	18
《中华人民共和国城乡规划法》	49	《历史文化名城名镇名村保护条例》	15
《中华人民共和国水法》	49	《烟花爆竹安全管理条例》	12
《中华人民共和国文物保护法》	36	《风景名胜区条例》	10
《中华人民共和国森林法》	17	《物业管理条例》	9
《中华人民共和国大气污染防治法》	16	《中华人民共和国文物保护法实施条例》	7
《中华人民共和国非物质文化遗产法》	8	《中华人民共和国自然保护区条例》	7
《中华人民共和国物权法》	8	《中华人民共和国河道管理条例》	7

（二）地方性法规批准时间

地方立法的强烈需要也在一个侧面给省级人大常委会带来更大的工作压力。按照《中华人民共和国立法法》第七十二条第二款的规定，设区的市的地方性法规须报省、自治区的人大常委会批准后施行，省、自治区的人大常委会应当对其合法性进行审查，同宪法、法律、行政法规，以及本省、自治区的地方性法规不抵触的，应当在 4 个月内予以批准。这也就意味着，对各设区的市审议通过的地方性法规，省、自治区的人大常委会还要严把审批关。2015 年经省级人大常委会批准的被新赋权的设区的市的法规仅有 4 件，而到 2017 年 12 月，批准的法规已增加到 595 件。设区的市的法规数量在增加，也给省级人大常委会批准法规带来了不小的压力。为适应这一变化，有的省人大常委会开始在一次会议上批准多件法规，可谓"批量批准"，如山东省曾一次性批准 13 件法规，湖北省曾一次性批准 12 件法规，广东省也曾一次性批准 11 件法规。

法规批准时间和通过时间之差能更加直观地反映省级人大常委会在设区的市法规批准工作中的变化。据统计，2015 年，一件地方性法规从设区的市人大常委会通过，到省、自治区人大常委会批准，平均需要 24.8 天；2016 年下半年，这一时间差延长至 41 天，2017 年上半年更是达到 78.8 天，个别地方性法规的审批时间甚至超过了 4 个月。

值得注意的是，2017 年 7—12 月省级人大常委会的批准时间已降至 46.9 天。批准时间的缩短表明通过两年多的探索磨合，省级人大常委会与设区的市人大的立法工作衔接配合更加有效，设区的市地方立法能力日渐加强，省级人大常委会审查程序与方法日渐制度化，设区的市地方立法工作稳步进行。

图 9　省、自治区人大常委会批准时间（天）

四、设区的市立法文本比较分析

张德江同志在第二十三次全国地方立法工作座谈会上强调，做好新形势下的地方立法工作，要紧紧抓住提高立法质量这个关键，坚持问题导向，突出地方特色，着力提高立法精细化水平，立符合实际的法、有效管用的法、百姓拥护的法，以良法促进发展、保障善治。① 为对现已生效的设区的市地方性法规内容进行进一步分析，充分展现各地在提高地方立法质量、坚持问题导向、突出地方特色方面所作的努力，本文对 398 件除立法条例以外的设区的市地方性法规文本进行了初步分析，对其章节设置、条目数量、文本长度、分词和词频进行了统计或者比较分析，将相关结果分三个部分呈现如下。

（一）文本长度的比较分析

通过在数据库中录入 398 件除立法条例以外的设区的市地方性法规文本，并剔除法名、通过时间、批准时间等公报内容，对相关法规正文部分的字数进行了统计。经分析，398 件相关法规平均字数约 5685 字，其中字数最少的一件是山西省临汾市的《临汾市禁止燃放烟花爆竹规定》，全文仅 1256 字；字数最多的一件是陕西省商洛市的《商洛市住宅物业管理条例》，全文共 18564 字。共有 23 件法规正文超过一万字。

（二）文本章数和条数设置的比较分析

报告对 398 件除立法条例以外的设区的市地方性法规文本进行了系统梳理。在章数方面，平均每件地方性法规设置的章数为 4.91（章），其中设置章数最多的 1 件法规是《日照市城市管理条例》，共设置 11 章；设置 6 章或 6 章以上的法规件数为 216 件，占总数的 54.2%；"不分章"的条例共 76 件，占总数的 19%。

在条文数目方面，398 件地方性法规的平均条文数约为 43 条。其中，条文数目最少的是《温州市危险住宅处置规定》，全文共设 10 条；在条文数目少于 20 条的 8 件法规中，除了《濮阳市戚城遗址保护条例》（17 条）和《庆阳市禁牧条例》（18 条）以外，其余 5 件法规分别是山西省临汾市、湖北省咸宁市、安徽省铜陵市、湖北省随州市、江西省九江市的烟花爆竹燃放相关管理条例。条文数目最多的是《日照市城市管理条例》，全文共 114 条；在条文数目多于 80 条的 10 件法规中，除了《聊城市道路交通安全条例》（99 条）和《朔州市人民代表大会常务委员会议事规则》（82 条）以外，其余 7 件分别为江苏省宿迁市、山东省日照市、陕西省商洛市、四川省泸州市的住宅物业相关管理条例，以及江西省上饶市、安徽省芜湖市、江西省赣州市的城市管理条例。

---

① 张德江：《坚定不移走中国特色社会主义法治道路 与时俱进完善中国特色社会主义法律体系》，中国人大网：www.npc.gov.cn/npc/lfzt/rlyw/2017-09/07/content_ 2028689. htm，最后访问时间：2018 年 3 月 26 日。

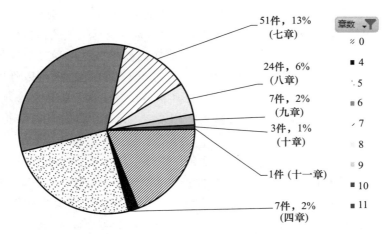

图10　除立法条例以外的设区的市地方性法规的分章情况统计

（三）对文本的分词处理与词频解析

为更好地捕捉设区的市在地方立法过程中所关注的问题焦点，并体现其解决问题的核心思路，本文对398件除地方立法条例以外的设区的市地方性法规的法名进行了分词处理，并依据相关词汇出现的频率绘制了词云图。在398件相关法规中，有381件以"条例"命名，11件以"规定"命名，另有3件"办法"和3件"规则"。法名分词后出现频次最高的10个词汇如表5所示。

表5　除立法条例以外的设区的市地方性法规名称高频词汇（一）

高频词	词频
保护	135
管理	115
城市	52
环境卫生	50
市容	48
饮用水	24
水源	19
防治	14
城乡规划	14
烟花爆竹燃放	14

在此基础之上，生成词云图像如图 11 所示。可以看到，"保护""管理""城市""环境卫生""市容"等词占据了地方立法的主要内容，相关地方性法规致力于发挥立法的"保护"和"管理"作用。其中"保护"主要反映出环境保护与历史文化保护等的立法情况，"管理"则体现出设区的市地方性法规在城乡建设与管理领域，特别是市容环境卫生、饮用水、城乡规划、烟花爆竹燃放等事项上的立法作为。

图 11　除立法条例以外的设区的市地方性法规名称词云图（一）

进一步将 398 件除地方立法条例以外的设区的市地方性法规的正文文本共计 2262740 字导入语料库进行分词处理，并依据相关词汇出现的频率绘制出词云图。在 398 件相关法规的正文文本中，出现频次最高的 10 个词汇如表 6 所示。

表 6　除立法条例以外的设区的市地方性法规文本中的高频词汇（二）

高频词	词频
应当	16939
人民政府	8784
规定	8564
保护	8418
主管部门	7845
单位	5729
建设	5410

续表

高频词	词频
行政	5113
管理	5011
罚款	4862

在此基础之上，生成词云图像如图 12 所示，可以看到：其一，法规类别上，相关地方性法规以行政法规为主，法规规范的主要对象是地方人民政府及其下属的各职能部门；其二，法规表述上，相关地方性法规主要作应当性规定（"应当"共出现 16939 次），远多于禁止性规定（"禁止"共出现 2053 次，"不得"共出现 3406 次，共计 5459 次）；其三，处罚手段上，罚款仍然是地方性法规设置法律责任条款时采用的主要手段，"罚款"一词共出现 4862 次。

图 12　除立法条例以外的设区的市地方性法规名称词云图（二）

（四）对部分法律责任条款的统计分析

根据《中华人民共和国行政处罚法》（以下简称《行政处罚法》）第十一条第一款的规定，地方性法规可以设定除限制人身自由、吊销企业营业执照以外的行政处罚。地方性法规可以设定行政处罚的种类有：警告；罚款；责令停产停业；暂扣或者吊销许可证、暂扣或者吊销除企业营业执照外的其他执照；没收违法所得、没收非法财物，不能够设定限制人身自由、吊销企业营业执照的行政处罚。为了更好地体现设区的市地方性法规设置法律责任条款时所采用的主要手段和方式，本文对 398 件除地方立法条例以外的设区的市地方性法规法律正文文本进行系统分析，发现罚款和警告分列行政处罚种类的前两位，没收违法所得、责令停产停业及暂扣或者吊销证照在设区的市地方性法规中使用频次较少。本文进一步对罚款和吊销证照两种处罚种类进行细化统计分析。

表 7　设区的市地方性法规行政处罚种类统计

处罚种类	法规（件）	频次
罚款	345	4862
警告	130	305
没收违法所得	98	171
责令停产停业	94	179
暂扣或者吊销许可证、除企业营业执照外的其他执照	46	73

1．有关罚款的规定

经统计，在 398 件除立法条例以外的设区的市地方性法规中，共有 345 件规定了罚款事项，"罚款"一词出现共计 4862 次，平均每件地方性法规正文出现"罚款"一词 14 次，罚款事项在设区的市地方立法中具有重要作用。按照报告第三部分对地方性法规的分类，在 345 件规定了罚款事项的地方性法规中，共有 177 件属于"城乡建设与管理"类，其中共出现"罚款"一词 3097 次，占到总数的 63.7%；共有 129 件属于"环境保护"类，其中共出现"罚款"一词 1485 次，占到总数的 30.5%；共有 39 件属于"历史文化保护"类，其中共出现"罚款"一词 280 次，占到总数的 5.8%。"环境保护"类法规中设置罚款事项的法规件数最多，而"城乡建设与管理"类法规中设置的罚款事项最多。

表 8　除立法条例以外的设区的市地方性法规有关罚款的规定统计

	法规（件数）	含有罚款事项的法规（件数）	所占百分比（件/件，%）	出现"罚款"一词的频次	占"罚款"一词出现频次总数的百分比
城乡建设与管理	207	177	85.5%	3097	63.7%
环境保护	134	129	96.2%	1485	30.5%
历史文化保护	54	39	72.2%	280	5.8%
其他	3	0	0%	0	0%
合计	398	345	86.7%	4862	100%

2.有关吊销各类证照的规定

经统计，在398件除立法条例以外的设区的市地方性法规中，共有49件规定了吊销事项，其中规定吊销许可证以及除企业营业执照外的其他执照的共44件，75次，主要包括各类经营许可证和从事相应行业经营的企业资质证书等。以环境保护相关地方性法规为例分析，由于涉及行政许可的事项较多，以吊销行政许可作为追究法律责任手段的事项也相应较多，主要涉及的证照类型是取水、采矿、采砂、捕捞等自然资源开发利用相关的许可证和向管网排污的相关许可证等。例如，仅安徽阜阳市的《阜阳市地下水保护条例》一件法规中就包含5个涉及吊销取水许可证的条款。

五、基于数据分析的几点结论

（一）地方立法热情高涨，设区的市地方立法数量高速增加

《立法法》修改之前，除省级之外，地方立法权仅为省会市、经济特区所在地的市和国务院批准的较大的市所享有。一些市梦寐以求，希望获得地方立法权。党的十八届四中全会提出，明确地方立法权限和范围，依法赋予设区的市地方立法权。2015年3月，十二届全国人大三次会议修改《立法法》，赋予所有设区的市地方立法权。修法完成伊始，地方立法热情高涨，从数据统计可以看到，自2015年9月25日《三亚市白鹭公园保护管理规定》成为《立法法》修改后被新赋权的设区的市第一个出台的地方性法规以来，三年时间共制定设区的市地方性法规595件，法规数量年均以翻一番的速度增加，充分体现出设区的市地方立法的工作热情，在推进各地依法治市的进程中发挥着越来越重要的作用。

（二）立法实践议题集中，立法事项范围符合《立法法》规定

一些地方人大同志认为，《立法法》赋予设区的市的地方立法权限范围有限，束缚了地方的手脚，不利于地方立法发挥作用。以上位法作为主要分类依据初步分类统计发现，第一，地方立法议题较为集中，与《立法法》第七十二条对于立法权限的规定相一致。立法条例之外的398件地方性法规中，城乡建设与管理类共207件，环境保护类共134件，历史文化保护类共54件，此外还有3件议事规则类法规。我国环境保护法、水污染防治法、城乡规划法、水法、城市市容和环境卫生管理条例、文物保护法等上位法律法规的出现频次均超过了30次，立法议题主要包括污染防治、城乡规划、市容和环境卫生管理、文物保护等内容。第二，地方立法事项范围较为宽泛，能够满足设区的市地方立法实际需求。统计显示，城乡建设与管理类立法中出现了一

些新的形态，如《鹤壁市循环经济生态城市建设条例》《泰州市公共信用信息条例》《威海市居民养老服务保障条例》等。这说明，《立法法》规定的城乡建设与管理、环境保护、历史文化保护等方面的事项是比较宽的，也是符合设区的市地方立法实际需求的。

（三）地方性法规审批数量快速增加，立法能力仍待提高

595件地方性法规出台的背后，还存在着立法积极性高涨与立法能力不足之间的矛盾。在省、自治区层面，省级人大常委会过去只审批一两个较大的市地方性法规，现在快速增加至审批七八个乃至20余个设区的市地方性法规；设区的市层面，许多地方人大常委会过去没有法制委、法工委，没有从事地方立法的经验，被赋予地方立法权后，面临立法需求与立法能力不相适应的问题。对审批时间的统计显示，一件地方性法规从设区的市人大常委会通过，到省、自治区人大常委会批准，平均需要50.3天，从2015年的24.8天到2016年延长至41天，2017年上半年达到78.8天，个别地方性法规的审批时间甚至超过了4个月乃至半年。这从一个侧面反映出，各级人大常委会仍需进一步加强立法工作力量，通过探索磨合，促进省级人大常委会与设区的市人大的立法工作的有效衔接和配合，保障设区的市地方立法工作顺利推进。

（四）"贪大求全"现象仍有存在，地方立法简易体例结构有待推广

统计显示，398件除立法条例以外的地方性法规中，体例在6章及以上的法规件数为216件，占总数的54.2%；"不分章"的条例共76件，仅占总数的19%；60件地方性法规正文超过8000字。部分设区的市立法存在"贪大求全"的现象，对立法项目"门面"的关注超过了对解决本地实际问题的追求，有的地方性法规过多引用甚至照搬照抄上位法，一定程度上存在重复立法问题，造成立法资源的浪费，也影响了地方立法的质量。根据全国地方立法工作座谈会会议精神，地方立法不追求大而全、小而全。地方立法因为解决的问题相对比较单一，应当提倡简易体例结构，少一些原则性、纲要性的条款，多一些细化、量化的规定，坚持有效管用的原则，有几条定几条，重在能解决实际问题。[①] 在这一方面，许多设区的市已经作出了有益尝试，"不分章""短而精"的地方性法规正呈现出增加趋势。在此基础上，地方立法简易体例结构还应进一步推广，并带动设区的市地方立法理念由追求"面子"向追求实用性转变。

---

① 沈春耀：《适应全面依法治国新形势　进一步加强和改进立法工作》，中国人大网：http：//www.npc.gov.cn/npc/lfzt/rlyw/2017－09/13/content_2028782.htm，最后访问时间：2018年3月26日。

（五）行政处罚手段过于单一，法律责任配置方式需要科学完善

法律责任条款是法律能够起到惩治违法行为、防止违法现象发生之作用的依据。在历次《立法法》培训班、地方立法工作专题培训班、地方立法研讨会和工作座谈会期间，地方人大同志多次反映，立法时深感"权力有限"、"手段有限"，无法体现设区的市地方性法规的强制性和执行力。通过大数据统计和分析，总体上看，尽管根据《行政处罚法》的规定，地方性法规可以设定除限制人身自由、吊销企业营业执照以外的多种行政处罚，但是绝大部分设区的市在设置法律责任条款时仍然倾向于选择罚款、警告等手段，甚至只选择了罚款一种手段。这反映出设区的市在地方性法规中设置行政处罚手段的单一性，部分地方仍然存在"罚款万能"的观念。对被新赋权的设区的市而言，通过地方立法引领和推动改革发展，促进政府职能和履职方式转变，实现从社会管理向社会治理的转换，都要求合理运用立法技术配置法律责任方式。法律责任条款的设置需遵循一定的原则和规律，体现过罚相当、惩戒与教育相结合的精神。要做到这一点，需要设区的市继续积极探索，提出符合立法规律、体现地方特色的解决方案。

设区的市地方立法大数据分析报告：2018 年度

2015 年 3 月，十二届全国人大三次会议修改《立法法》，赋予所有设区的市地方立法权。2018 年 3 月，宪法修正案第 47 条专门增加了设区的市制定地方性法规的规定，进一步明确了设区的市地方立法权的宪法地位。通过对 2018 年 323 个设区的市、自治州、不设区的地级市地方立法基本情况和实效性进行了分析研究，本文通过从宏观、中观、微观三个层面展现《立法法》修改以来设区的市地方立法的进展、趋势和特点，分析地方立法出现的新问题，以期为进一步研究和完善设区的市地方立法提供参考依据。可以发现，宏观层面，设区的市地方性法规基本实现全覆盖，立法样态与数量已趋稳定；中观层面，设区的市立法范围日益探索完善，立法主题呈现"保护"与"管理"双轮驱动；微观层面，法规清理中部分设区的市对于如何把握地方性法规与上位法关系出现了新的困难和挑战，有待于对地方立法工作进一步研究完善。

一、2018 年设区的市立法概况：设区的市地方性法规基本实现全覆盖

2018 年是全国人大修改《立法法》赋予所有设区的市地方立法权以来的第四年。经统计，2018 年 1 月至 2018 年 12 月底，323 个设区的市共制定地方性法规 442 件，其中 274 个被新赋予地方立法权的设区的市制定地方性法规共计 352 件，其中立法条例 30 件，城乡建设与管理、环境保护、历史文化保护等地方性法规 322 件。

（一）25 个中西部城市有了第一部地方性法规，318 个设区的市已制定地方性法规

自 2014 年《立法法》修正案草案一审以来，国务院先后批准了西藏日喀则、昌都、林芝、山南、那曲，新疆吐鲁番、哈密等 7 个设区的市，截至 2018 年底，我国享有地方立法权的设区的市、自治州，共有 323 个①，包括：

---

① 2019 年 2 月，经国务院批准，撤销莱芜市，将其所辖区划归济南市管辖。截至 2019 年 3 月，我国享有地方立法权的设区的市、自治州数量为 322 个。本文统计口径以 2018 年 12 月为准。

289 个设区的市、30 个自治州和 4 个不设区的地级市（广东东莞、中山，海南三沙，甘肃嘉峪关）。其中，除去 49 个原"较大的市"之外，《立法法》修改后新赋予地方立法权的设区的市目前共有 274 个（包括 240 个设区的市、30 个自治州和 4 个不设区的地级市）。截至 2018 年底，274 个新赋予地方立法权的设区的市，已经有 273 个设区的市、自治州经省级人大批准可以开始制定地方性法规，还有西藏那曲市未被确定开始行使地方立法权（西藏那曲市 2017 年 10 月撤区建市）。

截至 2018 年底，318 个设区的市已经制定本市的地方性法规，占全部设区的市总数的 98.5%。2018 年，新疆哈密市、青海海东市、甘肃金昌市、四川阿坝藏族羌族自治州等 25 个设区的市、自治州制定了本地的第一部地方性法规，仅有西藏山南市、那曲市以及云南西双版纳傣族自治州、怒江傈僳族自治州、德宏傣族景颇族自治州三个自治州尚未制定地方性法规（相关自治州已通过制定单行条例行使立法权）。

表 1　各省、自治区各设区的市制定地方性法规情况　　　　　（件）

省、自治区	设区的市、自治州数量（新赋权＋原较大的市）	2018 年新赋予地方立法权的设区的市制定地方性法规数量	2018 年原较大的市制定地方性法规数量	已制定地方性法规的设区的市数量	尚未制定地方性法规的设区的市、自治州
山东	14 + 3	30	6	14 + 3	
安徽	14 + 2	20	2	14 + 2	
江苏	9 + 4	20	7	9 + 4	
四川	20 + 1	20	0	20 + 1	
江西	10 + 1	19	1	10 + 1	
河南	15 + 2	18	3	15 + 2	
广东	17 + 4	18	3	17 + 4	
湖南	13 + 1	18	2	13 + 1	
湖北	12 + 1	18	2	12 + 1	
浙江	9 + 2	17	9	9 + 2	
山西	9 + 2	17	5	9 + 2	
河北	8 + 3	13	4	8 + 3	
广西	13 + 1	13	4	13 + 1	
黑龙江	10 + 2	12	3	10 + 2	

续表

省、自治区	设区的市、自治州数量（新赋权＋原较大的市）	2018 年新赋予地方立法权的设区的市制定地方性法规数量	2018 年原较大的市制定地方性法规数量	已制定地方性法规的设区的市数量	尚未制定地方性法规的设区的市、自治州
辽宁	9＋5	11	4	9＋5	
云南	15＋1	10	5	12＋1	西双版纳傣族自治州、怒江傈僳族自治州、德宏傣族景颇族自治州
福建	7＋2	10	2	7＋2	
甘肃	13＋1	9	1	13＋1	
贵州	8＋1	9	4	8＋1	
陕西	9＋1	10	4	9＋1	
吉林	7＋2	8	3	7＋2	
新疆	8＋1	7	3	8＋1	
内蒙古	7＋2	7	2	7＋2	
青海	7＋1	7	2	7＋1	
宁夏	4＋1	4	4	4＋1	
西藏	5＋1	4	1	3＋1	山南市、那曲市
海南	2＋1	3	4	2＋1	
总计	274＋49	352	90	269＋49	

省域分布情况中，2018 年山东、江苏、浙江等 11 省共批准 255 件（每省批准超过 20 件），占全部 442 件设区的市地方性法规总数的 57.8%，各省、自治区平均批准 16.3 件。其中山东以 36 件位列第一；江苏、浙江各批准 27、26 件，分列二、三位。设区的市层面，制定地方性法规数量较多的市有：江苏淮安市、西藏日喀则市、广西北海市各 4 件，广东东莞市、辽宁阜新市、山西晋城市、吕梁市、阳泉市和山东德州市、菏泽市、聊城市等各 3 件。原较大的市层面，杭州、济南、南宁、宁波、银川等市仍保持了较为旺盛的立法需求，去年制定地方性法规 4 件以上。

（二）新赋权设区的市地方性法规数量开始保持稳定水平

自 2015 年 9 月 25 日《三亚市白鹭公园保护管理规定》成为《立法法》修改后被新赋权的设区的市第一个出台的地方性法规以来，至 2018 年 12 月，四年时间新赋予地方立法权的设区的市共制定地方性法规 947 件，法规数量年均以翻一番的速度增加，充分体现出设区的市地方立法的工作热情，在推进各地依法治市的进程中发挥着越来越重要的作用。

从总量上看，从 2015 年 3 月《立法法》修改至 2018 年 12 月底，新赋予地方立法权的 274 个设区的市共制定地方性法规 947 件。其中，立法条例 227 件，城乡建设与管理、环境保护、历史文化保护等地方性法规数量为 720 件。纵向比较层面，2015 年新赋权的设区的市的地方性法规仅有 4 件；2016 年设区的市地方性法规达到 272 件；2017 年设区的市制定地方性法规 318 件。较之前三年立法情况，2018 年，地方立法条例数量显著减少，共 30 件，城乡建设与管理、环境保护、历史文化保护等地方性法规数量为 322 件，与 2017 年相比，增长了近四分之一，在经历了从 2016 年到 2017 年的大幅增长后，基本保持在了一个较为稳定的数量上。

表 2　新赋予地方立法权的设区的市地方性法规时间分布情况

年份	城乡建设与管理、环境保护、历史文化保护等地方性法规数量（件）	立法条例数量（件）	在全部设区的市地方性法规件数中所占的比例
2015 年	4	0	0.42%
2016 年	142	131	28.90%
2017 年	252	66	33.54%
2018 年	322	30	37.13%
总计	720	227	100.00%

（三）设区的市地方性法规名称基本形成以"条例"为主，规定、办法、规则为辅的立法形态

与省级人大立法中立法名称较为多样相比，设区的市特别是新赋予地方立法权的设区的市在地方立法中普遍选择以"条例"为立法形态。在 2018 年的 442 件相关法规中，有 408 件以"条例"命名，23 件以"规定"命名，如《金华市养犬管理规定》《漳州市公共停车管理规定》等，另有 11 件"办法"、2 件"决定"以及 2 件"规则"，其中值得注意的是，在过去省级立法和较大的市立法中较为常见的实施性立法，在新赋予立法权的设区的

市也开始第一次出现，2018 年 10 月，蚌埠市第十六届人民代表大会常务委员会第六次会议制定通过了《蚌埠市实施〈中华人民共和国大气污染防治法〉办法》。

二、设区的市立法事项的探索和完善："保护"与"管理"的双轮驱动

（一）设区的市地方立法事项日益丰富完善

2018 年，除 32 件地方立法条例外的 410 件地方性法规中，城乡建设与管理 250 件、环境保护 113 件、历史文化保护 45 件，其他类 2 件。其中新赋予地方立法权的设区的市制定城乡建设与管理 179 件、环境保护 101 件、历史文化保护 41 件，此外还有 1 件议事规则类法规归入其他类。进一步对城乡建设与管理、环境保护、历史文化保护三个事项中的 408 件地方性法规进行了分类统计。可以发现，设区的市地方性法规在引领和推动地方各项事业改革发展方面发挥出越来越重要的作用。其中 21 个设区的市制定了文明促进条例，20 个设区的市制定了城市绿化条例，20 个设区的市制定了燃放烟花爆竹管理条例，14 个设区的市制定了市容和环境卫生管理条例，9 个设区的市制定了物业条例，9 个设区的市制定了电梯管理条例。结合 2018 年在全国各设区的市开展的文明城市评选活动，相关地方立法实践也凸显了各地意图通过地方性法规在城乡市容和环境卫生、文明促进、安全生产等方面进行精细化和法治化管理的迫切立法需求。

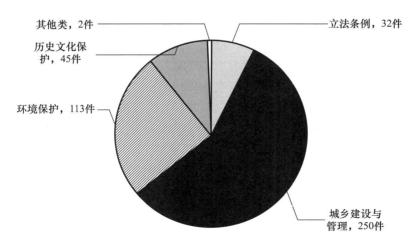

图 1　设区的市地方性法规分类

（二）"保护"与"管理"双轮驱动已成为设区的市地方立法的核心主题

通过对 2018 年 410 件除地方立法条例以外的所有设区的市地方性法规的法名进行了分词处理，并逐年分析 2016 年、2017 年、2018 年新赋予地方立法权的设区的市法规名称的高频词汇发展变化情况，为我们从宏观视角更好地把握设区的市地方立法的动态过程，了解法规类别及相关情况提供了一个新的途径。具体而言，依据相关词汇出现的频率生成词云图像及 2016—2018 年地方性法规名称分词后出现频次最高的 10 个词汇如图 2 和表 3 所示。

图 2　2018 年设区的市地方性法规名称词云图（去除立法条例）

根据词频和词云分析，"保护"与"管理"双轮驱动已成为设区的市地方立法的核心主题。"保护"和"管理"两词作为设区的市地方立法的两大关键词汇，连续三年高居词频前两位，从立法数量上统计，每年三分之二的地方性法规都是以保护和管理为主题，体现了地方立法"保护"与"管理"并重的立法理念。具体而言，其中"保护"主要体现在"饮用水""大气污染""名胜区""非物质文化遗产"等环境保护与历史文化保护领域立法，"管理"则体现在设区的市"市容""城乡规划""物业管理""电梯安全"等城乡建设与管理领域的地方性立法。此外值得注意的是新赋予地方立法权的设区的市中，"促进"性法规从 2016 年的 1 件，增长到 2017 年的 8 件，2018 年更是达到 17 件之多，成为设区的市地方性法规在"保护"与"管理"之外的第三大主题。

表 3　新赋予地方立法权的设区的市地方性法规名称历年高频词汇

2016 年		2017 年		2018 年	
高频词	词频	高频词	词频	高频词	词频
保护	55	保护	78	保护	97
管理	41	管理	72	管理	89
环境卫生	20	环境卫生	29	环境卫生	19
市容	18	市容	29	促进	17
饮用水	9	饮用水	15	饮用水	17
城乡规划	8	烟花爆竹	9	烟花爆竹	16
防治	6	城市管理	9	城市绿化	15
烟花爆竹	5	安全	9	文明	15
生态	5	防治	8	防治	14
水环境	5	促进	8	市容	13

其中在保护领域，环境保护日趋成为立法关注焦点。2018 年 7 月，十三届全国人大常委会专门加开了一次会议聚焦大气污染防治，栗战书委员长在大气污染防治法执法检查报告中指出，新赋予地方立法权的设区的市过去三年仅制定大气污染防治领域地方性法规 14 件。作为党中央确定的三大攻坚战之一，设区的市地方立法紧密结合国家发展大局和地方实际需要，针对群众高度关心的环境保护领域开展环境保护立法。2018 年，共有宿迁、商丘、黄石等 42 个设区的市制定了饮用水、水资源、水体保护相关地方性法规，兰州、阳泉、晋城、聊城等 18 个设区的市制定了大气污染、扬尘污染、燃煤、畜禽等防治条例，以立法手段打好污染防治攻坚战。同时，词频统计所示，2016 年和 2017 年高居各市前列的"市容"领域立法已放慢立法脚步，逐渐让位于"环境卫生""饮用水""烟花爆竹""城市绿化"等事项上的立法有所作为。

（三）地方立法选题不断向"小切口"、精细化方向探索发展

针对近几年设区的市地方立法出现的"大而全"倾向，各地根据全国地方立法研讨会精神，积极调整工作方向，完善设区的市地方立法向精细化方向发展。浙江省提出推动实现立法"精准化、精细化、精干化"的总体思路。一是"精准化问题导向"，即精确对准当前改革发展中真正需要以立法解决的重大问题，以之作为立法选项的基本依据。二是"精细化方案设计"，即对解决问题的方案措施进行系统论证和科学设计，使方案具有可操作性、突出实

效。三是"精干化框架安排"，即实现立法体例轻型化、简约化，需要几条就规定几条，不追求"大而全"。山东省人大常委会提出，地方立法"要在可行，忌在求大求全"，坚持"小切口"立法，坚持精细化立法，能具体的尽量具体、能明确的尽量明确，突出"关键的那么几条"，力争做到法规严谨、实在、精准、详细，精益求精，重在管用。强调法规可操作性，充分考虑法规执行问题，把立法与执法贯通起来，促进规范的有效执行，保证立法意图有效实现，避免中看不中用的观赏性立法。济南市人大常委会结合当地实际，在制定《户外广告和牌匾标识管理条例》过程中，针对镇人民政府和街道办事处监管越位、要求千篇一律的问题，全面落实"放管服"改革要求，在多方征求意见的基础上果断取消其管理职责。这些相关立法工作都在增强立法实效性方面作了积极探索。

三、设区的市地方性法规清理中新的课题与挑战：规范明确地方立法与上位法的关系

经统计分析发现，2018年设区的市地方立法的一个突出变化就是各地充分发挥立法主动性，在过去反映较多的城乡建设与管理等事项范围上已没有太多问题，转而在法规修改清理过程中，出现了处理地方性法规与上位法关系的新课题。

（一）设区的市地方性法规修改占据立法工作重要位置

2018年设区的市地方立法的一个特点就是修改工作占据立法任务的重要位置，如表4所示，2018年设区的市修改和废止地方性法规的数量均创2015年以来的最高水平。2018年5月，全国人大常委会法工委要求各省对现行有效地方性法规中涉及生态环保的内容进行全面清理，确保年内完成。据不完全统计，2018年共有278件设区的市地方性法规进行了修改，以决定形式废止地方性法规72件，新法中废止旧法19件。其中苏州、淄博、青岛、合肥等市均修改超过10件地方性法规。在2015年陆续获得地方立法权之后，法规修改工作是2018年新赋予地方立法权的设区的市地方立法权出现了一个新的情况，据不完全统计，27个新赋予立法权的设区的市先后修改了已出台地方性法规。其中河南省人大常委会在一次常委会会议上通过了《郑州、开封、洛阳、安阳、鹤壁、新乡、焦作、濮阳、许昌、漯河、三门峡、南阳、商丘、信阳、周口、驻马店市人民代表大会常务委员会〈关于修改部分地方性法规的决定〉》，对15个设区的市的26部法规、98个条款进行打包修改，具体包括《新乡市城市绿化条例》《焦作市北山生态环境保护条例》《濮阳市马颊河保护条例》《漯河市沙澧河风景名胜区条例》等。此外还有温州市、连云港

市、梅州市、韶关市等也先后于 2018 年修改了一年前刚通过的地方性法规。

表4　设区的市地方性法规修改、废止情况统计

年份	修改（件）	废止（件）
2015 年	160	65
2016 年	104	25
2017 年	163	69
2018 年	278	91

与此同时，地方立法条例修改工作于 2018 年也渐入尾声。自 2015 年《立法法》修改以来，为适应设区的市立法要求，省级层面，各省、自治区、直辖市人大常委会先后修改了原立法条例，或将原立法程序规定废止后新制定地方立法条例。2018 年 7 月 27 日，河北省第十三届人民代表大会常务委员会第四次会议通过了《河北省地方立法条例（修订草案）》。至此，31 个省、自治区、直辖市在《立法法》修改后全部完成了立法条例的修改工作。设区的市层面，一些设区的市即坚持地方立法，程序先行，积极开展立法程序制定工作。地方立法条例方面，2016 年批准的设区的市地方立法条例共 132 件，近半数设区的市完成立法条例的制定工作，截至 2018 年底，全国共有 228 件新赋予地方立法权的设区的市的地方立法条例获得省、自治区人大常委会批准。其中 2018 年共制定包括齐齐哈尔市、吉林市 2 个原较大的市在内的地方立法条例 32 件，青海玉树藏族自治州、云南文山壮族苗族自治州等 9 个自治州在原有自治条例、单行条例的立法程序规定基础上，出台了自治州人大及其常委会的立法条例，将地方性法规的制定程序加入进来，进一步完善了自治州立法体制。

（二）进一步厘清地方立法与上位法关系，提高地方立法质量

在法规修改清理过程中，设区的市在处理地方性法规与上位法关系上还存在一些需要进一步完善的问题。首先，要进一步处理好设区的市地方性法规与上位法的重复问题。祁连山立法"放水"事件之后，设区的市在地方立法中普遍抱着宁多勿缺的态度，由此也造成了地方立法大量照抄照搬上位法及兄弟省市法规，存在立法条款及立法题目的重复现象，缺少了地方特色，没有考虑到地方实际情况和执行落地问题，地方立法实效性上还有很大的提升空间。

其次，要研究完善地方立法的权限范围，明确与上位法规定的关系，进一步提高立法技术。设区的市针对解决当地面临的实际问题进行地方立法，在实现地方有效治理过程中，地方立法面临着如何根据当地经济社会发展水

平，在国家立法的规定下，处理地方立法权限的问题。统计分析中发现，实践中地方人大因对地方立法权限把握不好，在立法工作中总结了"免责三保险"：一是在法律责任中明确"法律责任另有规定的从其规定"；二是明确与上位法禁止性规定的适用关系，规定"法律法规有禁止性规定的从其规定"；三是在草案说明中具体列明与上位法不完全一致的情况。为此，有必要进一步研究法律和地方性法规的关系和范围，给地方立法空间做必要留白和接口。

再次，要及时修改清理地方性法规，确保立法实效。地方性法规在客观情况发生变化，或上位法已作出调整的情况下，应及时修改清理、与时俱进，保持一定的灵活性。2017年9月，全国人大常委会法工委下发了《关于做好涉及生态文明建设和环境保护的地方性法规专项自查和清理的函》，要求各地在自查和清理的基础上，对不符合生态文明建设和环境保护要求，与国家有关法律法规不一致的，按法定程序予以修改或废止。统计显示，2018年设区的市地方立法的一项重要工作就是生态环保法规专项清理工作。以城市绿化条例为例，2017年3月，国务院对城市绿化条例进行了修改。2018年，共有22个设区的市对本市城市绿化条例进行了修改，有效回应了经济社会发展和城市绿化工作面临的新情况、新问题，具有较强的实效性。面对立法情况的快速变化，地方立法应及时作出调整。属于地方性事务立法、先行先试立法的，客观情况发生变化要及时修改、清理；属于执行性立法的，在上位法已作出调整的情况下，要及时跟进，确保实效。

四、经验与建议

（一）完善工作机制，通过制度设计增强实效性

为适应立法新形势、新任务，设区的市人大及其常委会着力发挥人大在立法工作中的主导作用，不断加强对立法工作的组织协调，形成了一系列规范有效的立法工作制度和机制。在法规起草方式上，厦门市打破以往部门起草的常规模式，按照立法工作者、职能部门实际工作者和法律专家"三结合"的模式，专门成立由市委、市人大常委会、市政府相关工作部门共同参与的法规起草小组，有效提高立法效率。针对一些涉及职能部门多、没有现成经验可供借鉴的立法事项，山东省由立法机关组建起草专班，按照"问题——课题——破题"的思路，列出需要立法规范的问题，确定重点研究课题，提出解决问题的举措和工作清单，有的放矢地解决立法中的难点、痛点和焦点问题。

（二）充分发挥地方人大及其常委会的积极性

地方性法规实效性是立法质量的重要体现。我国各地方情况千差万别，

国家立法无法穷尽所有情况而作出整齐划一、事无巨细的安排，有时只能作出制度性、原则性的规定。各地方针对当地实际情况和需求开展富有实效的立法，通过发挥法的规范作用，确定权利义务关系，是地方立法的内在属性和重要价值，也是运用法治思维和法治方式解决地方实际问题的重要体现。据不完全统计，2018 年设区的市以决定形式共废止 72 件地方性法规。在实践中，随着国家、省相关法律法规的修订和出台，面对与上位法不一致情况，存在部分地方对推动当地水污染、大气污染防治起到了重要作用的地方性法规一废了之的情况。新赋予地方立法权的设区的市中，27 个设区的市在前一年刚通过地方性法规后便于 2018 年先后进行了修改工作。面对地方立法工作的新情况、新问题，应进一步发挥地方人大及其常委会的积极性，各级机关在审查报批的设区的市地方性法规时应避免将法律与地方性法规作简单比对，对于已在地方依法治理工作中发挥重要实际效用的地方性法规不宜直接废止，充分发挥地方性法规在生态文明建设和环境保护等领域的引领、规范和保障作用，维护国家法制统一和地方的探索创新。

（三）完善规范审查批准设区的市法规的程序和标准

根据《立法法》第七十二条第二款的规定，设区的市的地方性法规须报省级人大常委会对其合法性进行审查并批准后施行。统计发现，实践中各省人大常委会对设区的市人大常委会所报请批准的地方性法规的审查批准形式存在一定差别，有待进一步完善规范。一是关于省人大常委会批准的形式，实践中有三种类型，分别是以决议的形式、以决定的形式，以及直接批准法规并附通知形式，由省人大常委会直接批准各设区的市报批的地方性法规后，发布《关于批准〈××××条例〉的通知》。二是关于法规说明中的报告人身份，实践中目前存在三种类型，分别是由省人大常委会法制委负责同志作审议报告、由设区的市人大常委会负责同志作法规说明，以及由设区的市人大常委会负责同志作关于地方性法规说明，省人大法制委有关同志作关于该法规审查的报告双重说明形式。值得注意的是，在实践中省人大法制委的报告题目也存在"审查的报告""审议结果的报告""审查结果的报告"等不同名称，尚未统一规范。三是关于省人大常委会合法性审查，在实践中一般采取立法过程中提前介入修改沟通、常委会会议上原则同意的操作办法。但也存在省人大常委会在审议中提出较多实质性修改意见。值得注意的是，实践中也出现了省人大常委会经过审查，决定以附审查修改意见的方式批准设区的市地方性法规，由市人大常委会按照审查修改意见修改后颁布实施。

（四）积极探索开展立法全过程评估，增强实效性和可操作性

山东省人大常委会积极探索开展立法前、立法中、立法后"三个评估"，

取得良好效果。立法前评估重在解决立法必要性问题。对哪些法规项目该立、哪些不该立、哪些先立、哪些缓立，全都通过严格的评估论证来确定。立法中评估重在解决立法质量问题。通过邀请专家全面论证、重点问题立法听证、难点问题分析实证等方式，立足法规制定得好不好、管不管用、能不能解决实际问题等方面，强化对法规的针对性和实效性论证评估。立法后评估重在解决法规实施效果问题，采取问卷调查、联合评估、第三方评估等方式对已生效的法规进行跟踪评估。济南市人大常委会通过督促制定配套性规定、加强法规执法检查等措施推动法规实施。

设区的市地方立法大数据分析报告：
2015—2020 年度

2015 年 3 月，十二届全国人大三次会议修改《立法法》，赋予所有设区的市地方立法权。2018 年 3 月，十三届全国人大一次会议通过《中华人民共和国宪法修正案》，宪法修正案第四十七条专门增加了设区的市制定地方性法规的规定，进一步确认了设区的市地方立法权的宪法地位。《立法法》修改五年来，全国人大常委会法工委高度重视设区的市地方立法工作，通过地方立法工作座谈会、法律询问答复、立法培训班、立法统计分析等多种有力措施推进设区的市地方立法工作；各省、自治区人大常委会积极稳妥分批确定各设区的市行使地方立法权时间，不断完善对设区的市地方性法规的审查批准工作规范，引导设区的市地方立法从"新手上路"逐步走向正轨；322 个设区的市充实健全地方立法工作力量，探索完善立法工作机制程序，积极探索通过地方立法破解经济社会发展中的难题顽疾。自 2015 年 3 月至 2020 年 2 月，各省、自治区人大常委会共批准 322 个设区的市、自治州制定地方性法规 1883 件，其中新赋予地方立法权的设区的市共制定地方性法规 1300 余件。

一、《立法法》修改背景

2015 年 3 月 15 日，十二届全国人大三次会议通过了《全国人民代表大会关于修改〈中华人民共和国立法法〉的决定》，这是《立法法》自 2000 年颁布施行以来的首次修改。《立法法》是关于国家立法制度和规范立法行为的重要法律，对立法权限划分、立法程序、法律解释、适用与备案审查等重要制度作了规定，对规范立法活动，推动形成和完善中国特色社会主义法律体系，发挥了重要作用。随着经济社会的发展，近些年来，立法工作遇到一些新情况、新问题。党的十八大和十八届三中、四中全会对完善以宪法为核心的中国特色社会主义法律体系，推进国家治理体系和治理能力现代化，推进依法治国，建设社会主义法治国家，提出了一系列要求。为此，2015 年十二届全国人大三次会议从实现立法和改革决策相衔接、设区的市地方立法、税收法定、完善立法程序、加强备案审查等方面对《立法法》进行了部分修改完善。其中，赋予所有设区的市地方立法权作为本次修改中的一大亮点，从立法主体、立法权限、审批程序、批准确定开始立法的程序等方面作出规定。

（一）关于设区的市立法主体

《立法法》修改前，根据《地方组织法》和《立法法》的原规定，我国共有49个享有地方立法权的较大的市，包括27个省会市、18个经国务院批准的较大的市（其中，重庆市在1997年经全国人大批准为直辖市）以及4个经济特区所在地的市，尚没有地方立法权的235个。为贯彻党的十八届三中、四中全会要求，2015年《立法法》修改，赋予所有设区的市地方立法权。同时根据全国人大代表审议意见，将原《立法法》中使用的"较大的市"概念表述全部修改为"设区的市"。

除设区的市以外，《立法法》修改还同时赋予自治州和四个不设区的地级市地方立法权。一是在自治州人民代表大会可以依法制定自治条例、单行条例的基础上，《修改决定》相应赋予30个自治州人大及其常委会制定地方性法规的职权。二是广东省东莞市和中山市、甘肃省嘉峪关市、海南省三沙市属地级市，但不设区。按照赋予设区的市地方立法权的精神，《修改决定》在依法赋予设区的市地方立法权的同时，赋予广东省东莞市和中山市、甘肃省嘉峪关市、海南省三沙市设区的市地方立法权。

（二）关于设区的市立法权限

设区的市地方立法权限，是《立法法》修改过程中的焦点问题之一，对这一问题，修改过程有几种不同意见。提交人大常委会和人民代表大会审议的草案，曾作过两次修改。2014年8月，《立法法（修正案草案）》一审稿规定："较大的市制定地方性法规限于城市建设、市容卫生、环境保护等城市管理方面的事项。"2014年12月二审稿规定：较大的市可以"对城市建设、城市管理、环境保护等方面的事项，制定地方性法规，但法律对较大的市制定地方性法规的事项另有规定的除外"。2015年3月提交全国人民代表大会审议的《立法法（修正案草案)》规定，较大的市"对城市建设、城市管理、环境保护等方面的事项，制定地方性法规，但法律对较大的市制定地方性法规的事项另有规定的除外"[①]。考虑到赋予所有设区的市地方立法权，既要适应地方的实际需要，又要相应明确其地方立法权限和范围，避免重复立法，维护法制统一。《修改决定》在依法赋予所有设区的市地方立法权的同时，明确设区的市可以对"城乡建设与管理、环境保护、历史文化保护等方面的事项"制定地方性法规，法律对较大的市制定地方性法规的事项另有规定的，从其

---

① 武增：《2015年〈立法法〉修改背景和主要内容解读》，载《中国法律评论》2015年第3期。

规定。这一规定，一方面对新赋予地方立法权的设区的市立法事项作出了规范，另一方面也对原较大的市今后立法的事项范围作了限制规范。

（三）关于设区的市立法审批程序

在《立法法》修改时，曾有意见提出进一步简化设区的市地方立法的审批程序，将省、自治区人大常委会批准改为备案程序。[①] 但同时也有意见认为，倘若赋予设区的市完整立法权似与宪法规定的地方立法主体不一致。对此，考虑到全面赋予设区的市地方立法权后，立法主体大量增加，为了维护法制统一，还是有必要由省级人大常委会对设区的市地方性法规进行批准。因此，修改后的《立法法》延续原较大的市行使地方立法权的审批程序规定：设区的市的地方性法规须报省、自治区的人大常委会批准后施行。省、自治区的人大常委会对报请批准的地方性法规，应当对其合法性进行审查，同宪法、法律、行政法规和本省、自治区的地方性法规不抵触的，应当在四个月内予以批准。这一规定，一是明确了省级人大常委会的审查是合法性审查，对设区的市地方性法规的适当性、立法技术是否完美、文字表述是否优美等不作审查。二是明确了省级人大常委会的审批时间。

（四）关于确定设区的市开始行使地方立法权的时间

《立法法》修改后，从法律层面全面赋予所有设区的市地方立法权。但是，考虑到设区的市以及自治州、四个不设区的地级市数量较多，地区差异较大，这一工作需要本着积极稳妥的精神予以推进。为此，《修改决定》规定，由省、自治区的人大常委会综合考虑本省、自治区所辖的设区的市、自治州的人口数量、地域面积、经济社会发展情况以及立法需求、立法能力等因素，确定其他设区的市、自治州开始制定地方性法规的具体步骤和时间，并报全国人大常委会和国务院备案。这一规定，一是明确了省级人大常委会在积极稳妥推进所辖设区的市地方立法权上的职权；二是明确了省级人大常委会考察确定设区的市行使地方立法权的主客观因素；三是明确了省级人大常委会向全国人大常委会和国务院的备案程序。

二、设区的市地方立法五周年基本情况

（一）立法主体：新赋予 273 个设区的市[②]地方立法权

2015 年修改《立法法》，赋予所有设区的市、自治州和 4 个不设区的地

---

① 乔晓阳主编：《〈中华人民共和国立法法〉导读与释义》，中国民主法制出版社 2015 年版，第 246 页。

② 为简化统一表述，如无特定含义，下文中"设区的市"包括 289 个设区的市、30 个自治州和 3 个不设区的地级市。

级市地方立法权。截至 2020 年 8 月，我国享有地方立法权的设区的市、自治州共 322 个，包括 289 个设区的市、30 个自治州和 3 个不设区的地级市（广东东莞、中山，甘肃嘉峪关）。其中，除去 49 个原"较大的市"之外，《立法法》修改后新赋予地方立法权的设区的市目前共有 273 个。

289 个设区的市，包括：（1）《立法法》修改前即具有"较大的市"立法权的设区的市，共 49 个；（2）《立法法》通过后获得地方立法权的设区的市 240 个。2015 年《立法法（修正案）》通过时，设区的市共有 284 个。《立法法》修改后，国务院又先后批准设立了西藏林芝、山南、那曲，新疆吐鲁番、哈密和海南三沙等 6 个设区的市。2019 年 2 月，经国务院批准，撤销莱芜市，将其所辖区划归济南市管辖。2020 年 4 月，国务院批准海南省三沙市设立市辖区。

（二）省级确权：省、自治区人大常委会积极稳妥完成确权工作

根据修改后的《立法法》规定，由省、自治区的人大常委会确定开始行使地方立法权的时间。2015 年 5 月 21 日，安徽省人大常委会率先作出批准决定，确定第 1 批 6 个设区的市可以开始制定地方性法规；2017 年 11 月 30 日，西藏自治区第十届人大常委会第三十七次会议通过《关于确定山南市人民代表大会及其常务委员会开始制定地方性法规的时间的决定》[①]。截至 2020 年 2 月，除西藏那曲市因 2017 年 10 月撤区建市尚未被批准行使地方立法权外，新赋予地方立法权的设区的市已全部经省级人大批准可以开始制定地方性法规。其中，16 个省、自治区采取分批批准的方式，11 个省、自治区采取一次性全部批准的方式[②]，高质量完成《立法法》第七十二条第四款规定的工作任务。各省、自治区通过积极稳妥推进赋予设区的市立法权工作，地方立法取得实质性进展。

（三）地方实践：321 个设区的市、自治州已制定地方性法规

《立法法》修改通过五年来，截至 2020 年 8 月，除西藏那曲市外，其余全部 321 个设区的市、自治州已制定本市、自治州的地方性法规。经统计，自 2015 年 3 月至 2020 年 2 月，省级人大常委会共批准设区的市、自治州制定地方性法规 1883 件，修改 924 件，废止 333 件。进一步逐年考察，随着地方立法主体由 49 个扩容至 322 个，设区的市地方立法呈现逐年增长态势。2015 年是设区的市地方立法第一年，大量新赋予地区立法权的设区的市尚处于探索阶段，设区的市地方立法仍以原较大的市立法为主，全年共制定地方性法

---

① 闫然、毛雨：《设区的市地方立法三周年大数据分析报告》，《地方立法研究》2018 年第 3 期。

② 李菊：《推进设区的市行使地方立法权情况分析》，《地方立法研究》2017 年第 3 期。

规 103 件，修改 160 件，废止 65 件①，其中新赋权的设区的市制定地方性法规 4 件。2016 年共制定 365 件地方性法规，修改 104 件，废止 25 件。2017 年共制定 405 件地方性法规，修改 163 件，废止 69 件。2018 年共制定 442 件地方性法规，修改 278 件，废止 91 件。2019 年共制定 544 件地方性法规，修改 205 件，废止 68 件②。

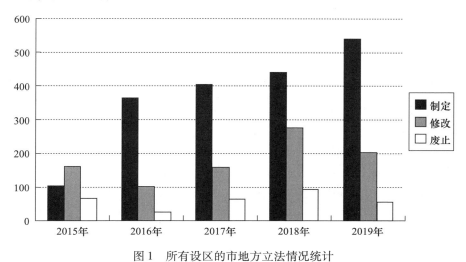

图 1　所有设区的市地方立法情况统计

三、《立法法》修改以来各类立法主体地方立法实践情况

（一）新赋予地方立法权的设区的市立法情况：持续保持较高立法热情

2015 年 9 月 25 日，《三亚市白鹭公园保护管理规定》成为《立法法》修改后被新赋权的设区的市出台的第一件地方性法规。截至 2020 年 2 月，《立法法》修改五年来新赋予地方立法权的设区的市共制定地方性法规 1375 件，平均每个设区的市已制定 5 件地方性法规。逐年分析，2015 年《立法法》修改后的第 1 年，经省级人大常委会批准的新赋权的设区的市的地方性法规仅有 4 件。随后设区的市地方立法进入高速增长阶段，2016 年、2017 年、2018 年，新赋权的设区的市制定地方性法规数量分别为 272 件、318 件、353 件。2019 年以来，新赋权的设区的市地方立法数量再创新高，达到了 407 件。以

---

①　2015 年 1—2 月，在《立法法》修改之前，省级人大常委会共批准设区的市制定地方性法规 9 件，修改 2 件，废止 3 件。为在与其他年度地方立法情况对比，此计入 2015 年度统计口径，但不计入《立法法》修改五周年立法情况汇总统计。

②　五年数量统计中，还包括 2020 年 1—2 月共制定的地方性法规 24 件，修改 14 件，废止 15 件。

2016 年制定数量为底数，年均增长幅度 13.4%。

表1　新赋予地方立法权的设区的市地方立法情况统计

年份	制定（件）	较去年增长	修改（件）	废止（件）
2015 年	4			
2016 年	273			
2017 年	318	14.4%	1	
2018 年	352	10.7%	32	1
2019 年	407	15.1%	29	6

（二）原较大的市立法情况：与新赋权设区的市立法协调工作已基本完成

自 1986 年地方组织法赋予"省会市和经国务院批准的较大的市"地方立法权以来，2000 年《立法法》又赋予经济特区所在地的市制定地方性法规的权力。30 多年来，49 个原较大的市人大及其常委会充分运用地方立法权，在经济社会发展中发挥了重要作用。2015 年《立法法》修改以来，49 个原较大的市地方立法工作面临新的机遇和挑战。一是《立法法》第七十二条对设区的市地方立法的事项范围作了明确，规定了城乡建设与管理、环境保护、历史文化保护等三个方面的地方立法事项，49 个原较大的市立法选题需及时调整。二是拥有设区的市地方立法权的立法主体从 49 个增加为 322 个，立法资源变得稀缺，原较大的市地方立法工作面临更多的竞争和关注。

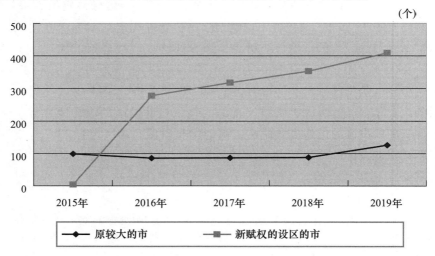

图2　原较大的市与新赋权设区的市地方立法数量比较

从立法数量上来看，2014 年，49 个较大的市共制定通过地方性法规 120 件，平均每市制定通过 2.45 件；《立法法》修改后，2015 年至 2018 年，49 个原较大的市制定地方性法规数量分别为 99 件、92 件、87 件和 90 件，每市每年平均制定通过 1.83 件，立法数量出现一定幅度下降。一方面，这是因为所在省份行使立法权的设区的市立法主体增加后，省级人大常委会面临的审查批准压力从一二个较大的市的地方性法规报批（个别省有四五个），增加到十至二十个设区的市，从原来每年批准几件到批准几十件，一定程度上挤占了原较大的市立法资源，使原较大的市地方立法受到一定影响；另一方面，原较大的市经过了 30 余年的立法实践，已形成了较为完备的地方性法规体系，地方立法工作已由立新法转向了"立改废"相结合，并着力通过修改、废止已出台的地方性法规，确保地方性法规与经济社会的发展相适应。值得注意的是，2019 年原较大的市共制定地方性法规 137 件，为六年来新高，从一个侧面显示出原较大的市与新赋权立法主体的立法资源协调工作已基本完成。

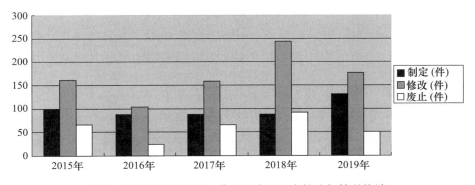

图 3　原较大的市制定、修改、废止地方性法规情况统计

（三）自治州立法情况：探索磨合单行条例与地方性法规的双轮并行

根据 2015 年《立法法》第七十二条第五款规定，"自治州的人民代表大会及其常务委员会可以依照本条第二款规定行使设区的市制定地方性法规的职权"，《立法法》修改后，30 个自治州在原有自治条例和单行条例立法权的基础上，又被赋予了地方性法规的制定权。2015 年以来，30 个自治州人大及其常委会不断探索完善地方性法规立法权的行使，共制定地方性法规 76 件。其中，2016 年和 2017 年分别制定地方性法规 11 件和 16 件，2018 年和 2019 年分别制定地方性法规 22 件和 27 件。

具体而言，《立法法》修改以来，自治州关于地方性法规的立法情况与其原有的自治条例和单行条例立法相比，具有以下几个特点：一是立法主体放宽至自治州人大常委会，较之每年一次自治州人民代表大会才能制定通过单行条例而言，《立法法》修改后赋予了自治州人大及其常委会均可制定地方性法规，进一步提高了自治州的立法效率，同时也对自治州人大常委会的立法能力提出了更高的要求。二是在立法程序上，自治州单行条例多由自治州人大民族宗教委员会承担条例的起草、审议等具体工作，根据《立法法》规定和实践情况，自治州地方性法规多由自治州人大法律委、人大常委会法工委承担具体立法；同时在省、自治区人大常委会审查批准阶段，也出现了具体审查工作是由省级人大民族宗教委还是法工委来做的不同安排，对自治区人大立法的体制机制提出了新的调整需求。三是在立法事项上，根据《立法法》第七十五条第一款的规定，"民族自治地方的人民代表大会有权依照当地民族的政治、经济和文化的特点，制定自治条例和单行条例"，从立法原意而言，自治州单行条例旨在落实民族区域自治下需要变通法律法规的情况。有意见提出，《立法法》修改前自治州单行条例已突破了《立法法》规定的单行条例立法事项范围，就环境保护、城市管理等事项出台了多项单行条例。对此，《立法法》修改以来，各自治州积极制定或修改自治州立法条例，进一步厘清明确了单行条例与地方性法规规范事项的区别。[①] 同时，各自治州及时制订调整地方立法计划，对立法计划中的有关事项根据不同情况分别制定地方性法规和单行条例。

四、设区的市地方立法实践的特点与经验

《立法法》修改以来，各省、自治区人大常委会积极稳妥分批确定各设区的市行使地方立法权时间，不断完善对设区的市地方性法规的审查批准工作规范，引导设区的市地方立法从"新手上路"逐步走向正轨；322 个设区的市充实健全地方立法工作力量，探索完善立法工作机制程序，围绕地方党委中心工作，结合地方实际，积极做好地方立法工作，助力地方经济社会发展和改革攻坚任务，积累了有益经验。

---

① 以《伊犁哈萨克自治州立法条例》为例，条例规定：自治区单行条例可以依照本地民族的政治、经济、文化特点，就下列事项做出规定：（一）促进经济繁荣、实现可持续发展方面的事项；（二）文化遗产保护利用方面的事项；（三）为保障少数民族宗教信仰自由、保持或改革风俗习惯需要做出规定的事项；（四）加强教育、促进科技进步、提高民族素质方面的事项；（五）加强民族团结、维护社会稳定方面的事项；（六）有关法律、法规授权自治地方制定变通或补充规定的事项；（七）其他需要制定单行条例的事项。同时，对于地方性法规的立法事项，《伊犁哈萨克自治州立法条例》根据《立法法》规定明确自治州地方性法规可就城乡建设与管理、环境保护、历史文化保护等方面事项做出规定。

（一）设区的市地方立法条例制定工作基本完成

《立法法》对设区的市制定立法程序有关规定作出明确规定。根据《立法法》第七十二条第二款规定，在城乡建设与管理、环境保护、历史文化保护等方面的事项之外，法律对设区的市制定地方性法规的事项另有规定的，从其规定。《立法法》第七十七条第一款规定："地方性法规案、自治条例和单行条例案的提出、审议和表决程序，根据中华人民共和国地方各级人民代表大会和地方各级人民政府组织法，参照本法第二章第二节、第三节、第五节的规定，由本级人民代表大会规定。"据此，立法程序、立法工作机制等应属于法律另有规定可以制定地方性法规的事项。2015 年第二十一次全国地方立法研讨会上，张德江同志在讲话中要求，省级人大和原 49 个有地方立法权的市人大要根据《立法法》修改地方立法条例，准备行使立法权的设区的市要着手研究起草本市的立法条例。[①]

《立法法》修改以来，设区的市地方立法进入高速增长阶段，为进一步推进科学立法、民主立法、依法立法，规范地方立法活动，提高立法质量，贯彻落实《立法法》修改精神，各设区的市积极启动各自立法条例的制定工作，及时制定涉及立法程序、立法工作机制等方面的地方性法规。一些设区的市坚持地方立法，程序先行，积极开展立法程序制定工作，仅 2016 年各省、自治区便批准新赋予地方立法权的设区的市和原较大的市制定、修改地方立法条例共 146 件，近半数设区的市完成立法条例的制定工作。

截至 2020 年 2 月，各设区的市共制定修改立法条例 274 件。其中，一是新赋予地方立法权的设区的市制定立法条例 212 件，在行使地方立法权之初，即明确理顺了立法程序机制；二是各自治州全部完成立法条例制定或修改工作[②]，对包括地方性法规在内的单行条例、自治条例、地方性法规的制定程序作了细化规定，进一步厘清明确了单行条例与地方性法规规范事项的区别；三是原较大的市根据新修改的《立法法》精神重新制定或修改本市立法条例 37 件，哈尔滨、齐齐哈尔等市贯彻新修改的《立法法》精神新制定立法条例，废止了原制定地方性法规的程序规定。山西、内蒙古、湖北、贵州等 18 个省、自治区所有设区的市全部制定通过立法条例，各地地方立法工作更加"有章可循"。

---

① 全国人大常委会法工委研究室编：《全国地方立法研讨会讲话汇编》，中国民主法制出版社 2017 年版，第 14 页。

② 其中，湖南湘西土家族苗族自治州，云南怒江傈僳族自治州、楚雄彝族自治州、西双版纳傣族自治州、迪庆藏族自治州等五个自治州于 2020 年 3 月至 8 月完成相关立法条例制定工作，未计入本次立法数量统计。

（二）设区的市及时做好地方性法规修改完善废止工作

设区的市地方性法规作为以宪法为核心的中国特色社会主义法律体系中的"新成员"，在坚持和完善中国特色社会主义制度、推进国家治理体系和治理能力现代化中发挥着重要作用。近年来，随着"四个全面"战略布局深入推进，全国人大及其常委会着力提高立法质量和立法效率，加大加快了法律制定修改工作。为维护法律体系内部的和谐统一，在法律、行政法规制定修改后，许多内容都涉及需要地方性法规配套实施的问题。对此，各设区的市及时关注并跟进上位法的发展变化，结合本地区实际，对有关地方性法规及时作出修改完善，积极进行修改废止工作。《立法法》修改以来，设区的市地方性法规的修改工作逐渐占据地方立法任务的重要位置。如表2所示，据不完全统计，截至2020年2月，《立法法》修改以来所有设区的市共修改地方性法规924件，废止333件。其中原较大的市修改856件，废止326件，新赋权设区的市修改68件，废止7件。

表2　设区的市修改废止法规情况统计

年份	原较大的市修改	新赋权的市修改	原较大的市废止	新赋权的市废止
2015 年	160		65	
2016 年	104		25	
2017 年	162	1	69	
2018 年	246	32	90	1
2019 年	176	29	62	6

具体分析修改废止情况，《立法法》修改后设区的市地方性法规的修改废止可主要分为两个阶段。第一阶段是在《立法法》修改之后，2015—2017年，原较大的市贯彻落实《立法法》修改要求，在新制定地方性法规节奏放缓的同时，针对地方实际情况加快了对已制定的地方性法规修改废止清理工作，例如2015年5月，广州市人大常委会为处理撤市设区后实践中已不存在的"县级市"的法规文字表述，一次性对《广州市建筑条例》等66件法规进行修改，修改法规数量从2014年的84件，一跃上升至2015年的160件，翻了近一番。第二阶段是贯彻生态环保等领域法规清理工作修改废止设区的市地方性法规。2017年9月，全国人大常委会法工委下发了《关于做好涉及生态文明建设和环境保护的地方性法规专项自查和清理的函》，要求各地在自查和清理的基础上，对不符合生态文明建设和环境保护要求，与国家有关法律法规不一致的，按法定程序予以修改或废止。据不完全统计，2018年共有278件设区的市地方性法规进行了修改，同时废止91件，修改和废止地方性

法规的数量均创 2015 年《立法法》修改以来的最高值。2019 年，各设区的市又修改地方性法规 205 件，对生态保护在内的有关地方性法规进行修改清理。值得注意的是，2018 年以来，新赋予地方立法权的设区的市已先后对《温州市市容和环境卫生管理条例》《宿州市城镇绿化条例》《绵阳市城市市容和环境卫生管理条例》等 62 件地方性法规作出修改，及时对新制定的地方性法规作出修改完善。

在修改废止形式上，设区的市地方性法规修改废止主要包括四种形式。一是全面修订。二是部分修改。原较大的市行使地方立法权已有 30 多年历史，实践中积累了一些问题。对于有些因上位法修改产生了不尽一致的问题；或是有些法规后法与前法的规定不尽一致或不够衔接协调；或是有些法规规定得比较原则，操作性不强等，随着实践的发展变化，这些都需要综合运用全面修订或部分修改等立法形式，适时加以修改完善。三是通过打包修法方式进行统筹修改。各地借鉴全国人大常委会的做法，对部分法规中涉及同类或者类似事项、需要一并修改的条款，采取打包方式进行统筹修改。例如 2019 年 3 月，广东省人大常委会一次会议上便批准通过了 13 个设区的市对 16 件地方性法规的修改决定，对惠州、中山等 11 个设区的市《惠州市西枝江水系水质保护条例》《中山市水环境保护条例》《江门市潭江流域水质保护条例》等作出修改，有力保障了国家法制统一。四是对于上位法的修改十分详细具体，又具有较强的可操作性；或是对存在与宪法、法律、行政法规和省级地方性法规相抵触的；早于上位法出台，其内容已严重滞后或者已被上位法所覆盖的；已明显不适应形势需要，甚至成为改革发展障碍三个方面问题的地方性法规，各地适时进行清理，作出废止有关地方性法规的决定，或在制定新的地方性法规中废止原法规。

（三）设区的市地方立法事项日益丰富完善

关于设区的市地方立法权限范围，是设区的市地方立法的一个重要内容，也是《立法法》实施的一个重点和难点。关于设区的市立法权的范围，《立法法》规定了设区的市在"城乡建设与管理、环境保护、历史文化保护等方面"的立法权限，这是在中国特色社会主义法律体系形成并不断完善的基础上，适应设区的市经济社会发展和民主法治建设需要，从实际出发反复考虑确定的。上述三个方面的事项都是设区的市行政管理的重要职责，也是地方立法大有可为的领域。[①] 有的意见提出，2015 年修改《立法法》，赋予所有设区的

---

① 全国人大常委会法工委研究室编：《全国地方立法研讨会讲话汇编》，中国民主法制出版社 2017 年版，第 14 页。

市地方立法权，但其立法权限仅包括城乡建设与管理、环境保护、历史文化保护等方面的事项，立法权限范围过窄。对此，全国人大法律委员会（现宪法和法律委员会）在《立法法》修改审议结果的报告中对此作了专门的说明："城乡建设与管理、环境保护、历史文化保护等方面的事项，范围是比较宽的。比如，从城乡建设与管理看，就包括城乡规划、基础设施建设、市政管理等；从环境保护看，按照环境保护法的规定，范围包括大气、水、海洋、土地、矿藏、森林、草原、湿地、野生生物、自然遗迹、人文遗迹等；从目前49个较大的市已制定的地方性法规涉及的领域看，修正案草案规定的范围基本上都可以涵盖。同时，草案规定还考虑了原有49个较大的市的情况，规定其已制定的地方性法规继续有效。总体上看，这样规定能够适应地方实际需要。"

2015年《立法法》修改后，一些地方就设区的市地方立法权限问题，向全国人大常委会法工委请示，问题主要集中在对"城乡建设与管理"的理解，包括政府数据共享、养老服务、科技创新、妇女权益保障、鼓励见义勇为农村留守儿童保护、多元化解纠纷促进解决等是否属于"城乡建设与管理"事项范围。总的来看，城乡建设与管理、环境保护、历史文化保护这三方面的含义，包含很多内容，有很大的容纳度和实践空间，而且，在当今时代，我国各项事业发展变化很大、现实生活发展变化很快，新情况、新问题层出不穷。因此，全国人大常委会法工委在有关具体工作中的理解和答复，掌握上是比较宽的，基本能够适应地方立法工作需要。特别是"城乡建设与管理"的范围是比较宽的，不限于目前城乡规划与建设、城市管理等行政部门的职权范围。① 城乡建设既包括城乡道路交通、市政管网等基础设施建设，也包括医院、学校、体育设施等公共机构、公共设施建设；城乡管理除了包括对市容、市政等事项的管理，还包括对城乡人员、组织提供服务和社会保障以及行政管理等。可以说，在这方面设区的市立法权限有比较大的空间。

从设区的市立法实践看，设区的市地方立法取得良好的实施效果，《立法法》规定的三个方面事项基本能够满足立法实际需要。通过对2015年—2020年2月除地方立法条例以外的所有设区的市地方性法规的法名进行了分词处理，并进行词云分析，"管理"与"保护"仍是设区的市地方立法的核心主题，分别出现了548次和346次；"促进"与"防治"分别出现了108次和

① 沈春耀：《在第二十三次全国地方立法工作座谈会上的小结讲话》，http：//www.npc.gov.cn/zgrdw/npc/lfzt/rlyw/2017－09/13/content_ 2028782. htm。

· 48 ·

图 4　设区的市地方性法规名称词云图（去除立法条例）

106 次，成为设区的市地方立法的第三、第四大主题。各地用足用好《立法法》关于设区的市在城乡建设与管理、环境保护、历史文化保护等事项上行使立法权限的规定，充分发挥地方性法规实施性、补充性、探索性功能，在市容管理、城乡规划、饮用水保护、大气污染防治、非物质文化遗产保护，以及文明促进等方面制定出台一系列有效管用的地方性法规。

五、存在的问题和建议

2019 年 7 月，习近平总书记在对地方人大及其常委会工作作出重要指示中提出，新形势新任务对人大工作提出新的更高要求，地方人大及其常委会要按照党中央关于人大工作的要求，围绕地方党委贯彻落实党中央大政方针的决策部署，结合地方实际，创造性地做好立法、监督等工作，更好助力经济社会发展和改革攻坚任务。要自觉接受同级党委领导，密切同人民群众的联系，更好发挥人大代表作用，接地气、察民情、聚民智，用法治保障人民权益、增进民生福祉。要加强自身建设，提高依法履职能力和水平，增强工作整体实效。总书记的重要指示为地方立法工作指明了方向，同时也对做好新时代设区的市地方立法工作，提出了更高的要求。栗战书委员长在省级地方立法座谈会上进一步指出：要深入学习贯彻习近平总书记全面依法治国新理念新思想新战略特别是对立法工作的重要指示要求，自觉担负起新时代对地方立法提出的新任务，健全完善地方立法体制机制，形成立法工作整体合力，共同提高人大立法工作水平。

（一）完善立法体制机制，进一步明确设区的市地方性法规定位

党的十九大作出"完善立法体制机制"的明确部署，关于地方立法工作，王晨副委员长在第二十四次全国地方立法座谈会上指出，做好新时代地方立法工作，要把坚持党的领导落实到地方立法全过程各方面，以完善立法体制机制为重点，深入推进科学立法、民主立法、依法立法，切实提高地方立法质量和效率。①《立法法》修改赋予所有设区的市地方立法权，同时将其立法权限限于城乡建设与管理、环境保护、历史文化保护等方面的事项。在立法工作实践中，产生了省级人大立法权限与辖内一二十个设区的市人大立法权限如何分配的问题。由于法律对二者的立法权限范围没有作明确划分，从提高立法质量和立法效率，避免立法资源浪费的角度，有必要在工作中进一步明确设区的市地方性法规的定位，做好省级人大和设区的市人大立法权限分配工作，完善立法体制机制。

一是法律在规定相关制度和行为时，需要充分考虑各地的差异和不同需求，为地方性法规留有必要的空间。例如有的法律明确授权地方性法规可以增加规定违法行为。如修改后的环境保护法规定，地方性法规可以根据环境保护的实际需要，增加按日连续处罚的违法行为。还有一些法律授权地方就特定事项规定管理制度，地方可以在规定管理制度时规定相应的行政处罚。如固体废物污染环境防治法规定，农村生活垃圾污染环境防治的具体办法，由地方性法规规定。②

二是省级人大及其常委会通过"留白""让利"，给设区的市保留必要的立法空间。省级人大与设区的市人大作为地方性法规的制定主体，随着《立法法》明确将所有设区的市立法权限限于城乡建设与管理、环境保护、历史文化保护等方面的事项，在立法工作实践中应做好省级人大和设区的市人大立法权限分配工作。省级人大通过在城乡建设与管理、环境保护、历史文化保护等领域必要的留白，可提倡和鼓励设区的市对一些难点问题进行先行探索，立法规范，为全省立法积累经验；对一些由设区的市经过立法证明切实可行并可复制推广的制度设计，再由省、自治区人大进行立法确定下来。

三是对于有的事项法律、行政法规已经明确由省级人大或人民政府实施，设区的市在制定地方性法规的时候就不得进行规范，更宜由省、自治区人大

---

① 《王晨在第二十五次全国地方立法工作座谈会上强调　学习贯彻党的十九届四中全会精神　扎实做好新时代地方立法工作》，中国人大网，http：//www. npc. gov. cn/npc/d25cqgdflfgzzth004/201911/2c7 2bd7163864c23bf2e82c14744292d. shtml。

② 乔晓阳：《在第二十三次全国地方立法工作座谈会上的即席讲话》，中国人大网，http：//www. npc. gov. cn/zgrdw/npc/lfzt/rlyw/2017－09/13/content_ 2028781. htm。

及其常委会进行立法。如环境保护法第十五条第二款规定："省、自治区、直辖市人民政府对国家环境质量标准中未作规定的项目，可以制定地方环境质量标准；对国家环境质量标准中已作规定的项目，可以制定严于国家环境质量标准的地方环境质量标准。地方环境质量标准应当报国务院环境保护主管部门备案。"又如，野生动物保护法规定，地方重点保护野生动物和其他非国家重点保护野生动物的管理办法，由省、自治区、直辖市人大或者其常委会制定。再如，食品安全法规定，食品生产加工小作坊和食品摊贩等的具体管理办法由省、自治区、直辖市制定。

（二）增强地方立法实效性，为各地改革发展提供了坚实法治保障

进一步增强设区的市地方性法规实效性。习近平总书记要求增强人大工作整体实效。很重要的一点，就是在立法上形成整体合力、增强整体实效。沈春耀同志指出，地方性法规及时跟进国家立法，是实行社会主义法治、完善以宪法为核心的中国特色社会主义法律体系的必然要求，同时也是人大工作形成整体合力、增强整体实效的内在要求。[①] 然而应当看到，地方立法特别是设区的市地方性法规在实效性上还存在较大的提升空间。设区的市地方性法规在执法、司法、普法中遇到很多问题，干部群众认知度不高，掌握度不够，执行力不强。对此，设区的市地方立法要在"不抵触、可操作、有特色"的基础上牢牢抓住"强实效"这个目标，坚持问题导向，突出地方特色，着力增强设区的市地方立法实效性。

一是政治效果方面，应立足地方需要，科学确定立法项目，在引领和推动地方各项事业改革发展方面发挥重要作用。地方立法应坚持实事求是、从实际出发的基本立场，研究清楚需要立什么法和能够立什么法，科学确定立法项目。根据党中央关于统筹推进"五位一体"总体布局和"四个全面"战略布局以及不同阶段改革发展的主要目标任务，着眼于解决本地区经济社会发展的突出问题，以保障和改善民生为出发点，选择党委决策的重点问题、人民群众关心的热点问题来进行立法，把党中央要求、群众期盼、实际需要、实践经验结合起来，立符合当地实际的法，立改革发展管用的法，立人民群众拥护的法。例如，以新一轮创建全国文明城市为牵引，各地人大主动对接地方发展需求，开展文明促进立法工作，着力解决随地吐痰、乱穿马路、乱扔垃圾等群众反映强烈、政府急需法制保障的管理难题，取得了良好效果。

二是社会效果层面，应坚持问题导向，对关键条款进行深入研究，不断

---

① 沈春耀：《在第二十五次全国地方立法工作座谈会上的讲话》，载《法制日报》2019 年 11 月 19 日。

提高立法精细化水平。设区的市地方立法增强实效性的关键是科学规范公民、法人和其他组织权利义务关系，也是对普通群众而言感受地方立法实效性的最直接形式。为此，设区的市要深入了解本地的实际情况，抓住本地亟须通过立法解决的问题，科学分析法治保障需求，对关键条款进行深入研究，做到能具体的尽量具体、能明确的尽量明确，重在管用，切实增强地方立法的有效性、实用性、可执行性和可操作性，把法律赋予设区的市的地方立法权变为本地方人民群众看得见、感受得到的实际成果。① 2016 年 12 月，习近平总书记主持召开中央财经领导小组会议研究普遍推行垃圾分类制度，并多次对垃圾分类作出重要指示。对此，2017 年以来，设区的市人大积极开展垃圾分类立法调研，专门制定垃圾分类领域地方性法规 34 件，还有多地在市容和城市卫生管理条例中作出专门规定，发挥了良好的社会效果。

三是行政效果层面，应根据法律、行政法规规定，及时制定保证法律、行政法规有效实施必需的、配套的设区的市地方性法规。设区的市地方性法规的一个特点就是多为行政法领域法规，在地方政府管理工作中发挥重要作用。具体而言，一是厘清各部门职责权限。例如，济南市在制定《户外广告和牌匾标识管理条例》过程中，针对镇人民政府和街道办事处监管越位、要求千篇一律的问题，全面落实"放管服"改革要求，在多方征求意见的基础上果断取消其管理职责。二是规定规范行政管理制度。以多地制定的城市市容和环境卫生管理条例为例，各地根据国务院《城市市容和环境卫生管理条例》，针对本市面临的突出问题，着力规范市容和环境卫生工作管理制度，科学划分各部门责任权限，对于统筹推进城市市容和环境卫生工作发挥重要作用。同时，对于行政管理事项中不宜制定地方性法规的事项或者超出地方立法权限的，地方人大要实事求是地向地方党委汇报，不搞立法攀比。

（三）进一步规范完善省级人大常委会审查批准程序机制

根据《立法法》第七十二条第一款的规定，设区的市的地方性法规须报省级人大常委会对其合法性进行审查并批准后施行。实践中，一个省、自治区人大常委会从原来一般只面对一二个较大的市的地方性法规报批，到《立法法》修改后增加到十至二十个立法主体，从原来每年批准几件到批准几十件，对省级人大常委会的审查批准工作提出了更高的要求和挑战。统计发现，各省人大常委会对设区的市人大所报请批准的地方性法规的审查批准形式存在一定差别，有待进一步统一规范。

---

① 沈春耀：《在第二十三次全国地方立法工作座谈会上的小结讲话》，http：//www. npc. gov. cn/zgrdw/npc/lfzt/rlyw/2017 – 09/13/content_ 2028782. htm。

首先，关于省级人大常委会的审议形式，存在由地方人大常委会负责同志作草案说明和省人大法制委员会有关负责同志作草案审查结果的报告两种形式。具体而言，主要包括四种情况，一是湖北、内蒙古、甘肃等地采取设区的市人大常委会同志作草案说明，并书面印发省人大法制委员会审议结果的报告形式；二是山东、贵州、广西等地采取省人大法制委有关负责同志作草案审议结果的报告，书面印发设区的市人大常委会关于草案的说明；三是福建、广东、河南等省同时听取草案说明以及由省人大法制委针对全部设区的市法规草案作审议结果的报告；四是江苏、辽宁、四川等地全部采取书面审议形式，不安排作法规草案口头说明及审查结果的报告。从统一规范设区的市地方性法规审查批准程序角度，可考虑在各地充分实践的基础上，在工作层面给予一定的指导性意见。

其次，在合法性审查层面，省人大常委会在实践中一般采取立法过程中提前介入修改沟通、常委会上原则同意的操作办法。但对部分省级人大常委会在审议中提出的较多修改意见如何处理等问题仍有争议，部分省级人大常委会与设区的市人大之间关于法规的合法性审查的程序和标准还有待进一步规范完善。例如，贵州省人大常委会由于《六盘水市城市地下综合管廊管理条例》等设区的市报送的地方性法规在初次上会审议时各方面有较多修改意见，决定当次会议不安排表决，对有关法规进行了第二次审议才批准通过。又如黑龙江省人大法制委在审议《黑龙江茅兰沟国家级自然保护区管理条例》时提出，条例第五条对于自然保护区主管部门的表述超越法定权限，经审查决定以附审查修改意见的方式批准伊春市人大常委会报请批准的《黑龙江茅兰沟国家级自然保护区管理条例》，由伊春市人大常委会按照审查修改意见修改后颁布实施。还有地方在审议中对报送的法规草案提出了包括文字措辞等较多的技术性修改意见。对此，广东省人大常委会专门制定设区的市法规审查指导工作规范，对于各地方进一步规范完善省级人大常委会审查批准程序机制具有借鉴意义。

地方立法统计分析报告：2019—2020 年度

2019 年 9 月，栗战书委员长在省级人大立法工作交流会上对做好地方立法工作提出明确要求。一年来，各地认真贯彻落实会议精神，推动地方立法工作取得了新成果。2019 年 10 月至 2020 年 9 月，31 个省、自治区、直辖市人大及其常委会共召开 40 次人民代表大会会议和 254 次人大常委会会议，制定省级地方性法规 263 件，修改 516 件，废止 79 件，批准地方性法规和自治条例、单行条例 900 余件（含"制定""修改"和"废止"）。在立法效率上，地方人大努力克服疫情影响，立法审议节奏明显加快；在立法主题上，地方人大着力在促进高质量发展立法、惠民立法、环保立法、弘德立法、协同立法等五大重点领域及人大组织制度上做文章，为经济社会发展和人民追求美好生活提供法律保障。

一、基本情况

2019 年 9 月，栗战书委员长在省级人大立法工作交流会上对省级人大立什么法、怎么立法作了深入系统的阐述。2019 年 11 月，王晨副委员长在第二十五次全国地方立法工作座谈会上进一步对地方立法工作提出了明确要求。一年来，各地认真贯彻落实会议精神，推动地方立法工作取得了新成果。2019 年 10 月至 2020 年 9 月，31 个省、自治区、直辖市人大及其常委会共召开 40 次人民代表大会会议和 254 次人大常委会会议，制定省级地方性法规 263 件，修改 516 件，废止 79 件，批准设区的市、自治州、自治县的地方性法规和自治条例、单行条例 917 件（含"制定""修改"和"废止"）。平均各省（区、市）制定省级地方性法规 8.5 件，批准设区的市的地方性法规 19.5 件。

（一）省级人民代表大会立法情况

省级人民代表大会会议作为地方政治生活中的一件大事，除安排听取和审议地方政府工作报告等事项，还会视情安排审议涉及本省重大事项的法规案。2020 年 1 月，北京、上海、浙江等 9 省（市、区）在人大会议上通过了《北京市机动车和非道路移动机械排放污染防治条例》《天津市机动车和非道路移动机械排放污染防治条例》《河北省机动车和非道路移动机械排放污染防治条例》《河北省河湖保护和治理条例》《山西省优化营商环境条例》《上海市推进科技创新中心建设条例》《浙江省民营企业发展促进条例》《湖北省乡村振兴促进条例》《广西壮族自治区水污染防治条例》《西藏自治区民族团结进步模范区创建条例》等 10 部地方性法规。受新冠肺炎疫情影响，云南省人民代表大会会议由今年 2 月推迟至 5 月召开，在紧凑的日程安排中会议仍审议通过了《云南省创建生态文明建设排头兵促进条例》。

（二）省级人大常委会立法情况

254 次省级人大常委会会议中，各省（区、市）制定地方性法规 252 件，修改 516 件，废止 79 件。平均而言，各省级人大常委会平均每次常委会会议审议省级地方性法规案 5.22 件，其中制定通过省级地方性法规 1 件，修改 2 件，废止 0.3 件。

分时间段考察，2019 年 10 月至 11 月，各省（区、市）召开人大常委会会议 31 次，制定地方性法规 45 件，修改 89 件，废止 23 件，保持了较为平稳积极的立法态势。2019 年 12 月至 2020 年 1 月，各地人大进入大会工作模式，立法数量明显下降。2020 年 2 月至 5 月，受新冠肺炎疫情影响，除有关专门决定外，地方立法数量出现一定程度下降。2020 年 6 月至 9 月，各地在疫情防控常态化要求下，统筹经济社会发展与疫情防控，多次加开人大常委会会议，在各项重点领域明显加快了立法速度，"立、改、废"数量均创同期新高。

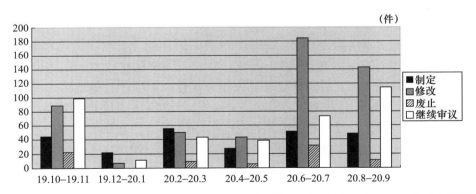

图 1　各省（区、市）人大常委会双月立法情况统计批准设区的市（州）地方性法规情况
（2019.10—2020.9）

2019 年 10 月至 2020 年 9 月，28 个省、自治区、直辖市人大常委会共批准设区的市、自治州、自治县地方性法规和自治条例、单行条例共计 900 余件，包括新制定 581 件，修改 282 件，废止 70 件。其中，共批准设区的市新制定地方性法规 547 件，修改 208 件，废止 41 件。平均而言，每个省（区、

市）年均批准设区的市、自治州、自治县法规条例共 33 件，批准设区的市制定地方性法规 19.5 件。

二、地方性法规审议情况

31 个省（区、市）人大及其常委会新制定的 263 件省级地方性法规中，一次审议即通过的 49 件，两次审议通过的 145 件，三次审议通过的 59 件，四次审议通过的 10 件，分别占比 19%、55%、22%、4%。

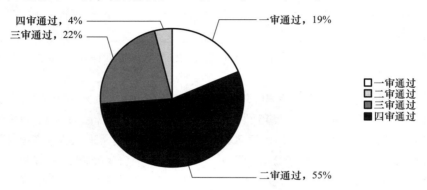

图 2　新制定地方性法规审议次数统计

（一）一次审议即通过的法规情况

受今年新冠肺炎疫情影响，各地人大快速响应，第一时间一审通过疫情防控和禁止滥食野生动物的有关决定等 29 件，天津还一审通过了《天津市突发公共卫生事件应急管理办法》。此外，对于调整事项比较单一的决定、规定、办法，各地人大先后一审通过《天津市绿色生态屏障管控地区管理若干规定》《山西省禁止公共场所随地吐痰的规定》《河北省人民代表大会常务委员会关于厉行节约、反对餐饮浪费的规定》《河北省人民代表大会常务委员会关于加强滦河流域水资源保护和管理的决定》，以及上海、江苏、浙江三地分别出台关于促进和保障长三角生态绿色一体化发展示范区建设若干问题的决定等共计 19 件。此外，绝大多数法规废止案和作部分修改的法规一般经人大常委会一审后即通过。

（二）二次审议通过的法规情况

根据各省（区、市）地方立法条例的规定，上海、江苏、广东等 19 地地方性法规一般经人大常委会两次审议后通过，北京、河北等 12 地一般三审通过，各方面意见比较一致时可以二审通过。一年来二审通过的地方性法规中，一是实行二审制的地方中《上海市外商投资条例》《江苏省电动自行车管理条例》《重庆市公共场所控制吸烟条例》《广东省促进革命老区发展条例》等112 件地方性法规二审通过。二是实行三审制的地方中《北京市优化营商环境条例》《河北省生态环境保护条例》等 33 件地方性法规由于各方面意见比较一致，经两次常委会会议审议后即交付表决通过。

（三）三次审议通过的法规情况

三审通过的地方性法规中，一方面是实行二审制的地方中《上海市地方金融监督管理条例》《山东省社会信用条例》《湖北省开发区条例》《海南省反走私暂行条例》等 17 件地方性法规，因涉及本省重大事项或者各方面存在较大意见分歧、情况复杂，经三审通过。另一方面，实行三审制的地方中《广东省河道管理条例》《北京市文明行为促进条例》《贵州省古树名木大树保护条例》等 39 件地方性法规也是经三审通过。此外，《河北省河湖保护和治理条例》《广西壮族自治区水污染防治条例》《云南省创建生态文明建设排头兵促进条例》3 件由大会通过的法规，也是经常委会两次审议后由大会审议通过。

（四）四次审议通过的法规情况

四审通过的法规包括两种情况：一是《上海市推进科技创新中心建设条例》《浙江省民营企业发展促进条例》《湖北省乡村振兴促进条例》等 8 件地方性法规因涉及本省重大事项，是先由人大常委会三次审议后，再由省级人民代表大会第四次审议时通过；二是《山东省乡镇人民政府工作条例》《湖南省实施〈中华人民共和国中医药法〉办法》由于情况较为复杂、各方面存在不同意见等缘由，经人大常委会四次审议后才通过。

进一步分析新制定地方性法规的审议时间，如图 3 所示，在 263 部新制定地方性法规中，平均每部地方性法规从一审到最终通过约需 4.7 个月。其中，在初审当次常委会会议上即一审通过的占 19%，初次审议后 1 至 2 个月、3 至 4 个月审议通过的分别占 29%、25%，显示出地方立法的较快节奏。同时，还值得注意的是，《浙江省地方金融条例》经过 18 个月审议后通过，《湖南省乡镇人民代表大会工作条例》经过近 2 年时间审议后通过，《四川省纠纷多元化解条例》经过 3 年时间审议后通过，以及上文中提及的四审通过的《山东省乡镇人民政府工作条例》，自 2019 年 7 月初审至 2020 年 6 月四审通过，花了近一年时间。这些情况从一个侧面也凸显出地方立法工作在保持较快审议节奏的同时，难度也在持续加大。

三、主要内容

党的十九届四中全会提出，"完善以宪法为核心的中国特色社会主义法律

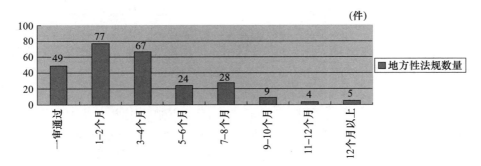

图 3 新制定地方性法规审议时间统计

体系，加强重要领域立法"。栗战书委员长在去年 9 月召开的省级人大立法工作交流会上强调，地方立法要围绕贯彻落实党的十九大精神，贯彻落实新发展理念，抓住重点，突出地方特色，明确提出要着力在促进高质量发展立法、惠民立法、环保立法、弘德立法、协同立法五大重点领域做好新时代地方立法工作。一年来，各地认真贯彻落实会议精神，根据新冠肺炎疫情防控需要以及交流会上提出的五大重点立法领域，不断推动地方立法工作取得新成果。

（一）新冠肺炎疫情防控

新冠肺炎疫情发生以来，各省（区、市）人大常委会及时审议通过关于疫情防控工作和禁止滥食野生动物的有关决定，制定修改疫情防控相关地方性法规，为打赢疫情防控的人民战争总体战阻击战提供了及时、有效的法治支撑，凸显出地方人大在疫情防控中发挥的重要作用。

一是关于疫情防控。北京、天津等 22 个省（区、市）制定了有关依法防控疫情方面的决定。各地根据法律规定并结合地方实际，进一步明确了疫情防控工作的总体要求，明确了企业事业单位、社会团体和个人的防控责任和义务，细化规范了传染病防治法、突发事件应对法中规定的政府各部门在疫情防控中的举措及职责权限，并就信息公开、慈善捐赠、医疗防护物资生产运输等疫情防控中的重大、突出问题作了强调和部署。

二是关于禁止滥食野生动物。为贯彻落实《全国人民代表大会常务委员会关于全面禁止非法野生动物交易、革除滥食野生动物陋习、切实保障人民群众生命健康安全的决定》，浙江、福建、湖北等 8 个省（区、市）制定了有关革除滥食野生动物陋习的决定，进一步加强了野生动物保护等相关工作，加大监督检查和对违法行为的处罚力度。此外，天津、福建、广西、海南等野生动物保护条例、动物防疫条例等法规草案也已提请常委会初次审议。

三是关于突发公共卫生事件应急管理。为及时总结和运用疫情防控实践中形成的行之有效的经验做法，及时完善突发公共卫生事件防控体系，北京、天津制定通过了《北京市突发公共卫生事件应急条例》《天津市突发公共卫生事件应急管理办法》，在制度建设方面及时补短板、堵漏洞、强弱项，进一步健全和强化了报告制度，对社区防控、个人防护、加强法律责任等作出明确规定。《山东省突发事件应急保障条例（草案）》也已提请常委会初次审议。此外，内蒙古、福建、重庆等地制定修改了红十字会条例，加强对红十字会财产的使用监管，进一步完善红十字会制度运行。

四是关于医药事业。为促进和保障中医药事业发展，发挥中医药在防治传染病中的独特优势，湖南、江西、安徽、江苏等多地通过了本地区中医药条例或《中华人民共和国中医药法》的实施办法，北京、吉林、黑龙江、山东、贵州、宁夏多地也已将中医药条例草案提请常委会审议。同时，为进一步完善疫情防控有关法规建设，上海对《上海市急救医疗服务条例》等12部法规作出一揽子修改决定；湖北作出关于集中修改食品药品安全领域地方性法规的决定，对《湖北省药品管理条例》等作出修改。

（二）推动经济高质量发展

我国经济已由高速增长阶段转向高质量发展阶段，党中央制定出台了一系列政策措施，各地为适应经济发展新阶段，结合本地区实际情况，积极通过立法推进供给侧结构性改革、优化营商环境、加快科技创新，推动经济高质量发展。

一是关于优化营商环境。习近平总书记指出，法治是最好的营商环境。2019年10月，国务院制定了《优化营商环境条例》，鼓励和支持各地区结合实际情况，持续推进"放管服"改革，在法治框架内积极探索原创性、差异化的具体措施。北京、上海、山西、山东、广西先后制定通过本地优化营商环境条例，陕西、河南、江西、江苏、四川等地的优化营商环境条例制定修改工作也已提请常委会审议，围绕破解市场主体可能遇到的痛点、难点、堵点问题作出规定。此外，《上海市外商投资条例》《江苏省促进政务服务便利化条例》等与营商环境密切关联的法规草案已制定通过或正在常委会审议过程中。

二是关于促进企业发展。浙江省十三届人大三次会议通过了《浙江省民营企业发展促进条例》，北京、上海、山西、湖北、江西多地完成本地区促进中小企业发展条例的制定或修订工作，四川、辽宁、海南等地还制定了《四川省企业和企业经营者权益保护条例》《辽宁省企业权益保护条例》《辽宁省企业民主管理条例》《海南经济特区外国企业从事服务贸易经营活动登记管理暂行规定》等法规，从不同角度对企业经济管理作出法治保障。

三是关于创新驱动发展。各地积极实施创新驱动发展战略，山西制定通过《山西省创新驱动高质量发展条例》，天津、河南、湖南制定通过了《天津国家自主创新示范区条例》《郑洛新国家自主创新示范区条例》《湖南省长株潭国家自主创新示范区条例》。大数据领域，《贵州政府数据共享开放条例》《山西省大数据发展应用促进条例》先后审议通过，《浙江省数字经济促进条例（草案）》《吉林省促进大数据发展应用条例（草案）》《安徽省大数据发展应用促进条例（草案）》也已在常委会审议过程中。科技创新领域，上海以建设具有全球影响力的科技创新中心为抓手，制定通过《上海市推进科技创新中心建设条例》，北京、云南、海南、重庆多地加强科技体制机制创新，先后制定或修改促进科技成果转化条例，河北修订通过科学技术进步条例。

（三）民生和社会治理

近年来，各地持续推进民生领域改革，始终把人民安居乐业、安危冷暖作为立法工作的重要任务来抓，织密基本民生保障网。各地人大围绕民生和社会治理，抓好惠民立法，及时回应人民群众的期待，维护人民群众利益，通过法治手段不断提升群众的获得感、幸福感、安全感。

一是关于垃圾分类管理。习近平总书记就垃圾分类工作作出重要指示，强调实行垃圾分类，关系广大人民群众生活环境，关系节约使用资源，也是社会文明水平的一个重要体现。垃圾分类是需要地方立法因地制宜有效发挥作用的一个重要社会治理事项。此前，上海、北京等地已就生活垃圾管理制定了地方性法规。去年10月以来，海南、天津、河北先后制定通过《海南省生活垃圾管理条例》《天津市生活垃圾管理条例》《河北省城乡生活垃圾分类管理条例》，从生活垃圾的源头减量、投放、收集、运输、处理、资源化利用及其管理、服务、监督等各个方面为推进垃圾分类管理提供了法律依据。

二是关于推进脱贫攻坚和乡村振兴。为确保如期全面建成小康社会，推动脱贫攻坚和乡村振兴的有效衔接，湖北省人民代表大会制定通过《湖北省乡村振兴促进条例》，为夺取脱贫攻坚全面胜利提供法治保障，四川、吉林、江西等地乡村振兴促进条例草案也已提请人大常委会审议，黑龙江还制定通过了《黑龙江省农村集体经济组织条例》。这一系列法规的出台，进一步推进了农村改革，促进城乡融合和集体产权制度发展，建设现代农村经济管理体制，提升乡村治理法治化、精细化水平。

三是关于道路交通管理。针对城市交通中面临的电动自行车违章行驶、无序停放、事故多发等问题，江苏、浙江二审通过电动自行车管理条例，旨在加强电动自行车管理，维护道路交通秩序、引导文明出行，预防和减少交通事故、火灾事故，保障人民生命财产安全。海南二审通过无障碍环境建设管理条例，陕西通过治理货物运输车辆超限超载条例等。

四是关于公民权益保护。福建制定通过了《福建省女职工劳动保护条例》，吉林通过了《吉林省消费者权益保护条例》，江西通过了《江西省旅游者权益保护条例》，广西通过了见义勇为人员奖励和保护条例等。

（四）生态环境保护

以习近平同志为核心的党中央高度重视生态文明建设，提出打好污染防治攻坚战是决胜全面建成小康社会的三大攻坚战之一。全国人大常委会关于全面加强生态环境保护依法推动打好污染防治攻坚战的决议提出，保护生态环境必须依靠制度、依靠法治，有立法权的地方人大及其常委会要加快制定、修改生态环境保护方面的地方性法规，结合本地实际进一步明确细化上位法规定。根据党中央决策部署和全国人大常委会决议要求，各地人大全面贯彻习近平生态文明思想，高度重视生态环境保护方面的立法，加强生态环保领域立法，建立健全有效约束污染和促进绿色发展的法律制度。

一是关于生态文明建设。云南省人民代表大会审议通过《云南省创建生态文明建设排头兵促进条例》，统筹山水林田湖草一体化保护和修复，将生态文明建设评价考核纳入高质量发展综合绩效考评体系，将用最严制度最严执法保护生态环境的实践经验和改革成果以地方立法形式固定下来。贯彻"五位一体"总体布局要求，天津、河北先后制定出台《天津市绿色生态屏障管控地区管理若干规定》《河北省生态环境保护条例》；《吉林省生态环境保护条例（草案）》《北京市生态涵养区生态保护和绿色发展条例（草案）》《江苏省生态环境监测条例（草案）》《海南省生态保护补偿条例（草案）》等也已进入常委会审议阶段。

二是关于水、土壤等污染防治。近年来，针对社会广泛关注的大气污染问题，各地下大力气在大气污染防治领域取得较好效果。各地人大针对本地区需要，逐渐将地方立法工作转向水、土壤等污染防治工作。内蒙古、广西、重庆、宁夏制定通过水污染防治条例，对本地区水污染防治工作作出全面规范；河北在大会上通过《河北省河湖保护和治理条例》。特定流域方面，河北专门通过关于加强滦河流域水资源保护和管理的决定，湖北制定汉江流域水环境保护条例，云南制定阳宗海保护条例；《白洋淀生态环境治理和保护条例（草案）》聚焦白洋淀环境治理中的核心问题，立足于雄安新区建设的千年大计，自 2019 年 11 月以来已经河北省人大常委会三次审议讨论，不断修改完善。土壤污染防治领域，天津、山东、山西、湖南先后制定通过土壤污染防治条例或实施办法，北京通过危险废物污染环境防治条例。此外，针对各地污染防治工作中出现的新情况新问题，天津、河北、陕西等地先后对《天津市海洋环境保护条例》《河北省辐射污染防治条例》《陕西省实施〈中华人民共和国环境保护法〉办法》等作了修改。

三是关于动植物保护。四川、贵州制定通过古树名木大树保护条例，内蒙古制定《内蒙古自治区额济纳胡杨林保护条例》。结合疫情防控工作，黑龙江、北京先后制定《黑龙江省野生动物保护条例》《北京市野生动物保护管理条例》，广东、江西、海南等7省及时修改了本地区野生动物保护地方性法规，天津、福建、广西3地也已将野生动物保护条例提请常委会审议。作为上海第一部单一特定野生动物保护的法规，上海通过《中华鲟保护管理条例》，对中华鲟这个古老且濒危珍稀物种保护和长江流域生态建设具有重要作用。

（五）弘扬社会主义核心价值观

党的十九届四中全会提出，"坚持依法治国和以德治国相结合，完善弘扬社会主义核心价值观的法律政策体系，把社会主义核心价值观要求融入法治建设和社会治理，体现到国民教育、精神文明创建、文化产品创作生产全过程"。法律法规中体现的价值导向，直接影响人们对社会主义核心价值观的认知认同和自觉践行。各地人大认真贯彻落实党中央精神，抓好弘德立法，积极推进文明行为、社会诚信、见义勇为、志愿服务、勤劳节俭、孝亲敬老等相关领域立法，把社会主义核心价值观融入地方性法规的立改废释全过程。

一是关于文明行为促进。北京、河南、甘肃、内蒙古、海南制定通过了本地区的文明行为促进条例，支持和鼓励文明行为，对公共卫生、公共场所秩序、交通出行、社区生活、旅游、网络电信等方面的不文明行为予以规范和治理，规定了保障措施；还结合疫情防控提出佩戴口罩、分餐制、使用公筷公勺等相关要求。山西制定了禁止公共场所随地吐痰的规定，旨在提高公民公共卫生意识和文明素养，预防和控制疾病传播，营造健康卫生的公共环境，保障公民健康。

二是关于厉行节约制止浪费。今年8月，习近平总书记对制止餐饮浪费行为作出重要指示，强调要加强立法，强化监管，采取有效措施，建立长效机制，坚决制止餐饮浪费行为。贯彻落实习近平总书记重要指示精神，各地人大积极行动，就如何通过立法制止餐饮浪费行为进行认真研究，深入论证。河北省人大常委会第一时间通过关于厉行节约、反对餐饮浪费的规定，作为首部专门规范厉行节约、反对餐饮浪费的省级地方性法规，《规定》鼓励餐饮经营者对节约用餐的消费者给予表扬，或者通过积分、打折、停车优惠等多种方式给予奖励。山西在9月刚通过的《山西省机关运行保障条例》中明确，要加强机关食堂和会议、培训、接待等公务活动的用餐管理，杜绝餐饮浪费。此外，合肥、黄山、宿州等设区的市也迅速制定并经省人大常委会批准了本市制止餐饮浪费行为条例；贵州、甘肃还先后制定通过了本地区节约用水条例，安徽修订了《安徽省节约能源条例》。

三是构建和谐家庭关系，海南、陕西、广东、新疆通过了实施《中华人民共和国反家庭暴力法》办法，内蒙古、吉林、贵州通过了本地区反家庭暴力条例，《云南省反家庭暴力条例（草案）》提请常委会初次审议；安徽、福建制定通过了家庭教育促进条例，湖北、湖南两地家庭教育促进条例草案也已提请常委会进行了初次审议。

（六）区域协调发展

党的十九大报告明确提出实施区域协调发展战略，对推动地区实现更高质量一体化发展具有重大现实意义。各地人大认真抓好协同立法工作，依法保障和推动区域协调发展战略落实落地。

一是关于京津冀协同立法。作为国家重大发展战略，京津冀协同发展中需要进一步强化区域协同立法，通过立法引领和保障协同发展。2020 年 1 月，《北京市机动车和非道路移动机械排放污染防治条例》《天津市机动车和非道路移动机械排放污染防治条例》和《河北省机动车和非道路移动机械排放污染防治条例》分别由相应的省（市）人民代表大会会议通过，并将于 5 月 1 日起同步施行。这是京津冀三省（市）首次开展区域协同立法，也是全国首创，探索了地方立法新形式。此外，随着实践证明协同立法在环境保护领域所发挥的重要作用，各地人大积极探索协同立法工作，先后审议《内蒙古自治区乌海市及周边地区大气污染防治条例》《四川省赤水河流域保护条例（草案）》等。

二是关于长三角一体化协同立法。上海、江苏、浙江三地人大常委会先后通过了关于促进和保障长三角生态绿色一体化发展示范区建设若干问题的决定，授权示范区执委会行使省级项目管理权限，按照上海、江苏、浙江的有关规定统一管理跨区域项目。这是两省一市人大常委会首次就示范区建设同步作出决定，在关键条款和内容的表述上保持高度一致，为《长三角生态绿色一体化发展示范区总体方案》的实施提供有力法治保障。

三是关于促进各类功能区发展。山东、广西、河北先后制定通过了《中国（山东）自由贸易试验区条例》《中国（广西）自由贸易试验区条例》《中国（河北）自由贸易试验区条例》，河南通过了《郑洛新国家自主创新示范区条例》，海南通过了《海南自由贸易港博鳌乐城国际医疗旅游先行区条例》，广西通过了《广西壮族自治区开发区条例》，修订了《广西北部湾经济区条例》，浙江通过了《义乌国际贸易综合改革试验区条例》，为自贸区等各类功能区快速发展提供了法治保障。

（七）人大组织制度

五大重点领域之外，各地人大在立法工作中还根据地方实践需要，着重完善地方人大组织和工作制度。

一是关于人大组织制度方面，湖南制定了《湖南省乡镇人民代表大会工作条例》，广东通过了《广东省不设区的市和市辖区人民代表大会常务委员会街道工作委员会工作条例》，上海通过了《上海市人民代表大会专门委员会工作条例》，四川通过了《四川省公民旁听省人民代表大会及其常务委员会会议规定》，青海修改了《青海省乡、民族乡、镇人民代表大会工作条例》，甘肃修订了《甘肃省地方立法条例》。

二是关于人大监督，天津、内蒙古、福建、云南制定了本地区各级人大常委会规范性文件备案审查条例，江苏修订了《江苏省各级人大常委会规范性文件备案审查条例》，陕西制定了《陕西省预算审查监督条例》，西藏审议了《西藏自治区预算审查监督条例（草案）》（2020年11月27日通过），河南通过了关于暂停实施《河南省预算审查监督条例》第二十一条第一款规定的决定。

三是关于代表工作，甘肃修订了《甘肃省人大常委会人事任免办法》，河北、广东先后通过了各级人大代表建议、批评和意见办理规定，云南修订了实施《中华人民共和国全国人民代表大会和地方各级人民代表大会代表法》办法。

此外，为保障和加强基层民主，浙江对《浙江省村民委员会选举办法》、实施《中华人民共和国村民委员会组织法》办法、村经济合作社组织条例等作了修改，四川修改了《四川省村民委员会选举条例》《四川省〈中华人民共和国城市居民委员会组织法〉实施办法》，河北、青海和黑龙江修改了本省的村民委员会选举办法。

四、主要特点

2019年7月，习近平总书记在对地方人大及其常委会工作作出重要指示中提出，新形势新任务对人大工作提出新的更高要求，地方人大及其常委会要按照党中央关于人大工作的要求，围绕地方党委贯彻落实党中央大政方针的决策部署，结合地方实际，创造性地做好立法、监督等工作，更好助力经济社会发展和改革攻坚任务。总书记的重要指示为地方立法工作指明了前进方向，提出了更高要求。栗战书委员长在省级人大立法工作交流会上进一步指出：要深入学习贯彻习近平总书记全面依法治国新理念新思想新战略特别是对立法工作的重要指示要求，自觉担负起新时代对地方立法提出的新任务，健全完善地方立法体制机制，形成立法工作整体合力，共同提高人大立法工作水平。一年来，各地人大认真贯彻落实习近平总书记重要指示精神，根据省级人大立法工作交流会要求，围绕中心工作和地方实践，积极探索，积累了有益经验。

（一）地方立法选题紧扣地方发展中心任务

习近平总书记关于"增强人大工作整体实效"的重要指示，其中很重要的一点，就是要在立法上形成整体合力、增强整体实效。地方性法规及时跟进国家立法，是人大工作形成整体合力、增强整体实效的内在要求。一年来，各地人大聚焦地方发展的中心任务、社会治理的突出问题，有针对性地开展地方立法，提高地方治理效能，充分发挥了地方立法在国家立法体制中的独特作用与价值。在选题上，各地人大立足地方需要，科学确定立法项目，着眼于解决本地区经济社会发展的突出问题，以保障和改善民生为出发点，选择党委决策的重点问题、人民群众关心的热点问题来进行立法，在引领和推动地方各项事业改革发展方面发挥重要作用。实践中，上海以建设具有全球影响力的科技创新中心为抓手，制定通过《上海市推进科技创新中心建设条例》；河南系统总结郑州、洛阳、新乡三地建设国家自主创新示范区的经验和需求，制定通过《郑洛新国家自主创新示范区条例》。

（二）各地人大积极探索创造性做好立法工作

贯彻落实习近平总书记关于结合地方实际创造性做好立法工作的重要指示精神，各地人大充分发挥地方立法贴近实践、贴近基层的重要特点，积极探索创造性做好立法工作。一是在金融立法领域，作为国家经济社会发展中重要的基础性制度，根据《立法法》规定，金融的基本制度只能制定法律。同时，根据国家金融改革创新试点需要，多地制定出台金融领域地方性法规，在执行层面提供法治保障。浙江出台的《浙江省地方金融条例》，着力明确地方金融监管局的监管权限及监管手段，落实地方金融监管职责，促进金融规范发展。上海、内蒙古、广西出台地方金融监督管理条例。辽宁专门出台防范和处置金融风险条例，努力防范和处置区域性金融风险，构建地方金融监管工作体制机制，为行业健康发展提供制度保障。北京、江西、湖北等地地方金融监督管理条例也已提起常委会审议。二是在自贸区有关制度创新领域，为探索推行适应更高标准贸易投资开放规则改革举措，高质量推进自贸试验区建设，海南围绕贸易投资自由化、便利化、贸易高质量发展等，对标国际最高标准、最高水平，制定通过《海南经济特区外国企业从事服务贸易经营活动登记管理暂行规定》、《海南自由贸易港博鳌乐城国际医疗旅游先行区条例》、《海南省反走私暂行条例》（2021 年 12 月 1 日通过），并正在审议《海南自由贸易港破产条例（草案）》（2021 年 6 月 1 日通过）、《海南自由贸易港国际船舶条例（草案）》等一系列体现海南特色，与国际接轨的创新体制机制。

（三）地方立法节奏和效率明显加快

随着经济社会快速发展，全社会对于立法需求日益旺盛，加之新冠肺炎疫情等重大突发事件的临时立法需求，今年各地人大立法节奏和效率明显加快，对立法程序和形式提出了新的挑战。《立法法》第二十九条、第三十条规定，列入全国人大常委会会议议程的法律案，一般应当经三次常委会会议审议后再交付表决。各方面意见比较一致的，可以经两次审议后交付表决；调整事项较为单一或者部分修改的法律案，各方面的意见比较一致的，也可以经一次审议即交付表决。地方立法中，如上所述，共有 12 个省（区、市）采用了与全国人大常委会一样的规定，还有 19 个省（区、市）根据实际情况规定法律案一般应当经两次审议后再交付表决，各方面意见比较一致的，可以经一次审议后交付表决。

实践中，一方面，新冠肺炎疫情发生以来，各地人大及时回应重大突发公共卫生事件，第一时间一审通过疫情防控和禁止滥食野生动物的有关决定以及《天津市突发公共卫生事件应急管理办法》《山西省禁止公共场所随地吐痰的规定》等法规，多地从研究起草到上会表决通过仅花费一周左右时间。另一方面，随着经济社会快速发展，全社会对于立法需求日益旺盛，人民在安全、法治、环境等多个方面对美好生活的需要以及重大政治经济社会应急需求都需要通过立法快速反映出来。为此，各地人大多次加开常委会会议，全年共召开省级人大常委会会议 254 次，减去 31 个省（区、市）每两个月正常召开的 186 次常委会会议，临时召集常委会会议达 68 次（其中部分会议是进行人事任免工作）。以上海市为例，2019 年 10 月至 2020 年 9 月，共召开人大常委会会议 11 次，其中 10 次涉及法律案审议工作。同时，在法律案审议时间上，如前所述，近一半地方性法规从一审到表决通过在地方人大的用时不到两个月，显示出地方立法的较快节奏。

（四）灵活使用"打包"形式开展地方性法规修改、废止工作

"打包"立法（主要是"修改"和"废止"）具有效率高、成本低的优势，能够及时实现法律的与时俱进，不断满足变化了的经济社会生活对法治

的需求，在各行业、各领域全面深化改革不断推进的背景下，对于确保改革于法有据、法律适应现实生活和实际需要发挥了重要作用。各地人大修改、废止法律数量较多的一个重要原因，就是源于"打包"立法的广泛运用。2019 年 10 月至 2020 年 9 月，"打包"修改 39 次，修改 413 件法规条例；"打包"废止 15 次，废止 64 件地方性法规，均占修改、废止总数的 80% 以上。

一是在"打包"修改上，各地人大及时跟进上位法的发展变化，以及本地区实际情况，对有关地方性法规及时作出修改完善。例如，贵州人大一次性对《贵州省道路交通安全条例》等 41 件地方性法规个别条款作"打包"修改，广东通过关于修改《广东省水利工程管理条例》等 16 项地方性法规的决定。二是在"打包"废止上，各地人大适时清理存在与上位法相抵触、内容已严重滞后或已明显不适应形势需要等问题的地方性法规，作出废止有关地方性法规的决定。例如，浙江通过关于废止《浙江省取缔无照经营条例》等 7 件地方性法规和法规性决定的决定，广东通过关于废止《广东省经纪人管理条例》等 5 项地方性法规的决定等。

地方立法统计分析报告：2021 年度

习近平总书记在党的十九届六中全会、中央全面依法治国工作会议、中央人大工作会议等会议上发表重要讲话，对立法的政治原则、立法目标、主要任务、功效作用、指导原则、立法着力点、主体责任等作出重要指示，要求地方立法紧扣大局、着眼急需、着力解决实际问题、维护国家法治统一。2021 年，地方各级人大认真贯彻落实党中央精神，推动地方立法工作取得了新成果。2021 年度，31 个省（自治区、直辖市）① 人大及其常委会共召开 33 次人民代表大会会议和 234 次人大常委会会议，制定地方性法规 322 件，修改 484 件，废止 101 件（不含文中废止），批准设区的市、自治州、自治县的地方性法规和自治条例、单行条例的决定 1000 余件（含制定、修改、废止）。各省（区、市）平均制定省级地方性法规 10 件，修改 14.8 件；28 个省、自治区平均作出批准设区的市地方性法规的决定约 36 件。② 2021 年度的地方立法工作在高质量发展、社会建设、民生立法、生态环保等方面立法取得较大进展，不断创新丰富地方立法新形式、区域协同立法取得显著成效，呈现出省级人民代表大会会议审议法规案作用日渐凸显，省级人大常委会立法数量屡创新高，所有设区的市均被授权立法实现全覆盖的特点。

一、省级人民代表大会会议立法情况

2021 年 1 月，党中央印发的《法治中国建设规划（2020—2025 年）》提出："更好发挥人大代表在起草和修改法律法规中的作用，人民代表大会会议一般都应当安排审议法律法规案。"作为地方政治生活中的一件大事，省级人民代表大会在听取和审议地方政府工作报告等事项的同时积极探索行使地方立法权，视情安排审议涉及本省重大事项的法规案。

（一）省级人民代表大会会议审议法规案数量逐年增加

贯彻落实法治中国建设规划要求，在 2020 年共 10 个省（区、市）人民

---

① 以下简称：省（区、市）。
② 本次年度报告的统计时间范围为 2021 年 1 月 1 日至 2021 年 12 月 31 日。

代表大会通过了 11 部地方性法规的基础上①，2021 年 1 月至 2 月，河北、西藏、内蒙古等 10 个省（区、市）人民代表大会会议通过了《北京历史文化名城保护条例》等 12 部地方性法规。值的注意的是，河南、浙江、宁夏等 17 个省（区、市）人大常委会于 2021 年先后审议决定将《河南省南水北调饮用水水源保护条例》《浙江省公共数据条例》《宁夏回族自治区建设黄河流域生态保护和高质量发展先行区促进条例》等 19 个地方性法规草案提请本地区人民代表大会会议审议，并于 2022 年初经人民代表大会审议通过。其中，江西省十三届人大五次会议 2021 年 1 月通过的《江西省乡村振兴促进条例》是江西省首次以人民代表大会的形式审议通过实体性法规，湖南等多个省份是时隔 20 余年后再次通过大会形式审议通过地方性法规，各地人民代表大会上的法治氛围越发浓厚。

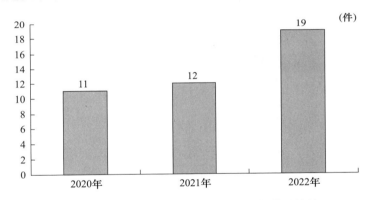

图 1　省级人民代表大会通过地方性法规数量情况

（二）省级人民代表大会立法事项

作为本地区政治经济社会发展中的重要事项，关于 2021 年各省级人民代表大会通过的地方性法规范围，一是在环境保护领域，河北省十三届人大四次会议通过了《白洋淀生态环境治理和保护条例》，西藏自治区十一届人大四次会议通过了《西藏自治区国家生态文明高地建设条例》，凸显生态文明建设在本地区的重要地位。二是关于民族领域，新疆和内蒙古两个自治区分别制定通过了《新疆维吾尔自治区民族团结进步模范区创建条例》和《内蒙古自治区促进民族团结进步条例》，通过人民代表大会会议立法凝聚本地区各民族人民群众共识，对于铸牢中华民族共同体意识具有重要政治意义和法律意义。三是在人大制度建设领域，共有三个省份制定修改了 5 件地方性法规，占

---

① 详见闫然：《地方立法统计分析报告：2019—2020 年》，载《地方立法研究》2020 年第 6 期。

2021 年所有省级人大制定通过的地方性法规数近一半，其中浙江和陕西分别修订通过了《浙江省人民代表大会议事规则》和《陕西省人民代表大会议事规则》，山西省十三届人大四次会议制定《山西省人民代表大会代表议案的提出和处理办法》，并修订通过了《山西省实施〈中华人民共和国全国人民代表大会和地方各级人民代表大会代表法〉办法》和《山西省人民代表大会代表建议、批评和意见的提出和处理办法》。此外，城乡建设与管理领域，重庆市五届人大四次会议通过了《重庆市文明行为促进条例》，江西省十三届人大五次会议通过了《江西省乡村振兴促进条例》；历史文化保护领域，北京市十五届人大四次会议通过了《北京历史文化名城保护条例》。

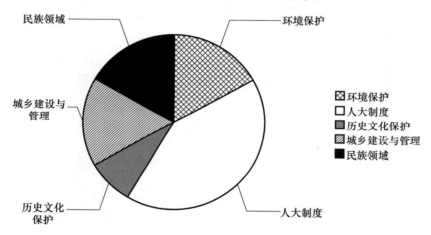

图 2　2021 年省级人民代表大会通过地方性法规分类情况

二、省级人大常委会立法情况

2021 年，各省（区、市）共召开 234 次省级人大常委会会议。其中，各省（区、市）制定地方性法规 314 件，修改 480 件，废止 101 件。平均而言，每次省级人大常委会会议制定通过省级地方性法规 1.34 件，修改 2 件，废止 0.43 件。

（一）省级人大常委会立法数量屡创新高

进一步分时间段分析，各省（区、市）人大常委会 2021 年全年双月立法数量不断增加，在 2021 年 8 月至 9 月、10 月至 11 月分别新制定地方性法规 71 件和 81 件，数量均创同期新高。进一步与 2020 年立法统计数据相比较，自 2020 年 1 月新冠肺炎疫情发生以来，各地地方立法数量出现一定程度下降。各地在疫情防控常态化要求下，自 2020 年下半年起在地方经济社会发展各领域不断加快立法速度，两年来，31 个省（区、市）人大及其常委会共制定地方性法规 590 件，在统筹经济社会发展与疫情防控中发挥了重要的法治保障作用。

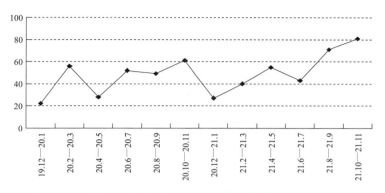

图 3　各省（区、市）人大常委会双月立法情况统计（2019.12—2021.11）

（二）所有设区的市均已被授权立法实现全覆盖

2021 年度，28 个省（区、市）人大常委会共批准设区的市、自治州、自治县地方性法规和自治条例、单行条例共计 1000 余件。其中，设区的市地方性法规新制定 603 件，修改 281 件（含打包修改），废止 99 件，制定、修改、废止自治条例和单行条例 60 余件。平均而言，每个省（区、市）批准设区的市、自治州、自治县法规条例"立改废"年均约 36 件，批准设区的市制定地方性法规 22 件。《立法法》赋予所有设区的市地方立法权以来，新制定设区的市地方性法规数量连续三年超过年均 500 件，设区的市地方立法数量呈现逐步稳定态势。

值得进一步说明的是，根据修改后的《立法法》规定，由省、自治区的人大常委会确定设区的市开始行使地方立法权的时间。2015 年《立法法》修改以来，11 个省、自治区采取一次性全部批准的方式，16 个省、自治区采取分批批准的方式，各地积极稳妥推进赋予设区的市立法权工作，地方立法取得实质性进展。2021 年 9 月，西藏自治区十一届人大常委会第三十二次会议作出关于确定那曲市人民代表大会及其常务委员会开始制定地方性法规的时间的决定，至此，全国所有 289 个设区的市、30 个自治州以及 3 个不设区的市均已被省级人大常委会授权可以行使地方立法权，设区的市地方立法实现全覆盖。

---

① 其中，2019 年至 2021 年地方性法规废止数量未计入文中废止情况。

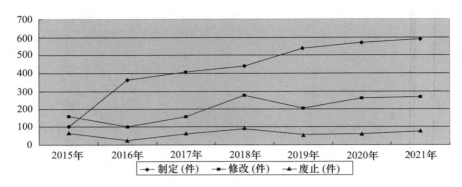

图4　所有设区的市地方性法规制定修改废止数量情况分类统计①

三、2021年度地方性法规的主要内容

2021年12月，栗战书委员长在第二十七次全国地方立法工作座谈会指出，近年来，各地人大围绕贯彻落实习近平总书记关于立法工作的重要指示要求，在立法工作中依法履职、担当作为，制定和修改了一大批适应时代要求、体现地方特色的地方性法规，有力促进了地方改革开放和社会主义现代化建设，为立法理论和实践做了大量创新性的工作。①

（一）关于促进高质量发展立法

贯彻落实党中央关于高质量发展的决策部署，各地紧密结合和反映各地实际，积极通过立法推进创新驱动发展、优化营商环境，在推动经济高质量发展的实践中取得了很好的经济效果、社会效果和法律效果。

一是关于创新驱动发展。创新是引领发展的第一动力，在当前国际国内的形势与挑战面前，以创新驱动发展有着更加直接和迫切的现实意义。安徽制定通过《安徽省创新型省份建设促进条例》，从原始创新、技术创新、产业创新、区域创新、体制机制创新等方面作出规定，坚持创新在现代化建设全局中的核心地位。辽宁、重庆出台了《辽宁省科技创新条例》《重庆市科技创新促进条例》，贵州、天津、浙江先后修改了本省（市）促进科技成果转化条例，广东出台了《广东省科学技术普及条例》。大数据经济方面，安徽、山东、福建先后制定通过《安徽省大数据发展条例》《山东省大数据发展促进条例》《福建省大数据发展条例》，从数据资源的归集整合、开发应用、安全管理和促进大数据发展的相关措施等方面作出规范。陕西省大数据发展应用条

---

① 栗战书：《在第二十七次全国地方立法工作座谈会上的讲话》，载《中国人大》2021年第24期。

例草案也已提请常委会审议。广东出台了《广东省数字经济促进条例》，湖北修正了《湖北省信息化条例》。关于自由贸易港（区）建设，河南、江苏、陕西先后通过《中国（河南）自由贸易试验区条例》《中国（江苏）自由贸易试验区条例》《中国（陕西）自由贸易试验区条例》。天津出台了《天津市推进北方国际航运枢纽建设条例》，推进智慧创新、安全绿色的现代航运枢纽建设。此外，河北出台了《河北雄安新区条例》，将中央和河北省关于支持雄安新区的各项决策部署通过立法予以保障实施。

二是关于促进企业发展。山东、山西、广西出台了《山东省民营经济发展促进条例》《山西省外来投资促进条例》《广西壮族自治区投资促进条例》。陕西、甘肃、河北、江苏、云南等地修改通过了《陕西省实施〈中华人民共和国中小企业促进法〉办法》《甘肃省促进中小企业发展条例》《河北省中小企业促进条例》《江苏省中小企业促进条例》《云南省中小企业促进条例》，北京修改了《北京市促进私营个体经济发展条例》，浙江修改了《浙江省台湾同胞投资保障条例》，湖北修正了《湖北省侨属企业条例》，为企业创立和高质量发展营造稳定、公平、透明、可预期的环境和政策扶持。知识产权保护方面，山西、辽宁、上海等多地出台《山西省知识产权保护工作条例》《辽宁省知识产权保护条例》《上海市浦东新区建立高水平知识产权保护制度若干规定》，浙江修改了《浙江省企业商号管理和保护规定》，激发创新创业活力，更好发挥知识产权制度激励创新的保障作用，推动高质量发展。优化营商环境方面，贵州、青海、四川、重庆先后制定通过本地优化营商环境条例，浙江出台了《浙江省标准化条例》。

三是落实乡村振兴战略。农业农村农民问题是关系国计民生的根本性问题。2021 年 4 月，全国人大常委会通过《中华人民共和国乡村振兴促进法》。贯彻落实党中央决策部署和乡村振兴要求，江西、山东、浙江、吉林、浙江、福建、四川等多地出台了乡村振兴促进条例，结合当地实际情况，从产业发展、人才培养、文化繁荣、生态宜居、乡村治理等多个方面作出规定。粮食安全事关国计民生，四川、天津、辽宁出台《四川省粮食安全保障条例》《天津市地方粮食储备管理条例》《辽宁省地方储备粮管理条例》，以加强和规范地方粮食储备的管理，维护粮食市场稳定，保障粮食安全。此外，山东、新疆出台了实施《中华人民共和国农村土地承包法》办法，落实和细化农村土地承包制度。四川出台了《四川省农村集体经济组织条例》，湖北修改了《湖北省农业机械化促进条例》，江西修改了《江西省赣抚平原灌区管理条例》，江苏修改了《江苏省农民专业合作社条例》。

（二）关于民生领域立法

在民生领域，地方立法紧贴人民对美好生活的需要，发挥"最后一公里"作用，结合当地实际，对国家法律法规相关规定予以细化。

一是关于生活垃圾和物业管理。生活垃圾和物业管理与广大人民群众生产生活息息相关，是重大的民生问题，也是社区治理的重要部分，对打造共建共治共享的社会治理格局具有重要意义。安徽、江西、内蒙古、山东、重庆等地制定通过《安徽省生活垃圾分类管理条例》《江西省生活垃圾管理条例》《内蒙古自治区城乡生活垃圾管理条例》《山东省生活垃圾管理条例》《重庆市生活垃圾管理条例》，甘肃、海南修改了有关垃圾管理条例。为了规范物业管理活动，维护物业管理相关主体的合法权益，促进和谐社区建设，依据民法典和国务院《物业管理条例》，吉林、海南分别制定了《吉林省物业管理条例》《海南经济特区物业管理条例》，陕西修订了《陕西省物业服务管理条例》，对业主大会、业主委员会、物业服务人、住宅专项维修基金、物业服务收费等与时俱进地作出细化规定。

二是道路交通管理。河北、海南出台了《河北省电动自行车管理条例》《海南省电动自行车管理条例》，上海通过《上海市非机动车安全管理条例》，针对电动自行车等非机动车销售、通行和安全管理等方面的问题和隐患作出制度设计，加强电动自行车管理。江西、贵州、江苏、海南、吉林等多地出台铁路安全管理条例，聚焦铁路安全管理中的重点难点问题，对实施翻越闸机、阻碍列车车门关闭等危害铁路运输安全行为的个人明确处罚措施，保障铁路安全和畅通、预防和减少安全事故、保护人身和财产安全。此外，湖南制定《湖南省治理货物运输车辆超限超载条例》，重庆通过《重庆市道路运输管理条例》，江西通过《江西省水路交通条例》，河北通过《河北省公路条例》，广西制定《广西壮族自治区农村公路条例》。

三是关于公民权益保护。贵州通过《贵州省未成年人保护条例》《贵州省预防未成年人犯罪条例》，广西通过了《广西壮族自治区预防未成年人犯罪条例》，贵州、四川先后制定修改华侨权益保护条例，黑龙江制定通过《黑龙江省女职工劳动保护条例》，江苏修改了《江苏省老年人权益保障条例》等。基础设施领域，北京通过《北京市无障碍环境建设条例》，这是保障残疾人、老年人等社会成员平等享有经济社会发展成果，自主参与社会生活的重要民生举措，也是践行对国际社会的庄严承诺，确保北京2022年冬奥会、冬残奥会这件党和国家的大事顺利筹办的重要基础条件。关于工会劳动法律规范，内蒙古、山东出台工会劳动法律监督条例，江西修改了《江西省职工代表大会条例》《江西省厂务公开条例》《江西省企业工资集体协商条例》，化解劳动纠纷，巩固和维护社会和谐稳定。

（三）关于社会治理立法

一是在疫情防控和公共卫生健康方面。辽宁通过《辽宁省公共卫生应急管理条例》，保障人民群众生命安全和身体健康，总结新冠肺炎疫情防控中的经验教训，强化公共卫生法治保障。广西通过了《广西壮族自治区爱国卫生条例》，将爱国卫生运动与疫情防控常态化紧密结合。广东、黑龙江制定通过了《广东省动物防疫条例》《黑龙江省动物防疫条例》，天津、山西、江苏、浙江、甘肃、湖北、山东、安徽分别修订了各地动物防疫条例或实施动物防疫法办法，吉林通过了《吉林省无规定动物疫病区建设管理条例》，青海通过了《青海省鼠疫防控条例》。北京修正了《北京市实验动物管理条例》，加强实验动物管理，保障生物安全和首都城市安全，落实国家总体安全观。浙江通过的《浙江省医疗保障条例》是全国首部医疗保障领域的综合性地方性法规，通过加强顶层设计和制度供给，推进省域医保治理现代化。上海、甘肃制定了《上海市中医药条例》《甘肃省中医药条例》，保障群众享有优质中医药服务。

二是在完善民族和宗教工作方面，内蒙古、新疆先后制定通过《内蒙古自治区促进民族团结进步条例》《新疆维吾尔自治区民族团结进步模范区创建条例》，把铸牢中华民族共同体意识融入立法修法工作。湖北修正了《湖北省散居少数民族工作条例》，青海、云南出台了《青海省宗教事务条例》《云南省宗教事务条例》。贯彻落实中央民族工作会议精神，内蒙古自治区针对教育领域法规存在的问题，制定通过《内蒙古自治区教育条例》，修改了《内蒙古自治区实施〈中华人民共和国国家通用语言文字法〉办法》，同步废止了自治区民族教育条例、蒙古语言文字工作条例等 6 件涉民族问题的法规，取得了良好成效。

三是关于健全社会管理和服务。北京市出台《北京市接诉即办工作条例》，深化"街乡吹哨、部门报到"改革，具体规定了接诉即办工作的内涵、体系和机制，明确"12345"作为诉求受理主渠道的定位。加强社会综合治理方面，新疆、广东先后出台平安建设条例，广西出台了《广西壮族自治区城市管理综合执法条例》，西藏出台了《西藏自治区行政执法监督条例》，北京出台了《北京市户外广告设施、牌匾标识和标语宣传品设置管理条例》，山西、浙江相继修改了《山西省食品小作坊小经营店小摊点管理条例》《浙江省食品小作坊小餐饮店小食杂店和食品摊贩管理规定》。

四是关于安全生产和治安管理领域。浙江修订了《浙江省防汛防台抗旱条例》，吉林通过了《吉林省铁路安全管理条例》，江苏修改了《江苏省公路条例》，江西修正了《江西省防震减灾条例》和《江西省实施〈中华人民共和国人民防空法〉办法》，湖北修正了《湖北省消防条例》和《湖北省食品安全条例》，甘肃修订了《甘肃省消防条例》。此外，在惩治违法犯罪和治安管理方面，北京出台了《北京市禁毒条例》，安徽修正了《安徽省特种行业治安管理条例》等。

（四）关于弘扬社会主义核心价值观立法

一是结合党史学习教育开展红色遗迹保护立法，是 2021 年地方立法的一大突出亮点。2021 年是中国共产党成立 100 周年，红色资源是中国共产党的宝贵财富，红色文化是推动民族复兴伟业的内在力量。在这样的背景下，通过立法加大保护红色文化遗存力度的重要性更加凸显。围绕建党百年主题，天津、上海、安徽、湖南、四川制定了红色资源保护传承条例，河南制定了革命老区振兴发展促进条例，江西制定了革命文物保护条例，贵州制定了《贵州省长征国家文化公园条例》。阳泉、南京、潍坊、信阳等 9 个设区的市也对红色资源保护利用进行了立法，丽水、铜川制定了革命遗址（旧址）保护条例，对本行政区域内的红色资源作出保护和传承规范。

二是社会文明促进类型立法。一些地方制定出台文明行为促进方面的地方性法规，培育和践行社会主义核心价值观。山西、北京、天津、甘肃等地审议通过了《山西省预防和制止餐饮浪费规定》《北京市反食品浪费规定》《天津市反食品浪费若干规定》《甘肃省反餐饮浪费条例》，明确了餐饮服务经营者等各类主体责任，弘扬厉行节约、反对浪费的社会风尚。四川、重庆、云南修订通过见义勇为人员奖励和保护条例，保障见义勇为人员的合法权益，培育和践行社会主义核心价值观提供法治保障。山西出台《山西省慈善事业促进条例》，山东、湖北制定《山东省慈善条例》《湖北省慈善条例》，福建通过了《福建省志愿服务条例》，甘肃通过了《甘肃省红十字会条例》，进一步促进和规范本省慈善和志愿服务事业发展，保护慈善活动参与者的合法权益。

三是加强文化领域立法。山西出台了《山西省全民阅读促进条例》，福建出台了《福建省传统风貌建筑保护条例》，广东出台了《广东省工艺美术保护和发展条例》，山西修正了《山西省实施〈中华人民共和国国家通用语言文字法〉办法》，江西出台了《江西省公共文化服务保障条例》。关于历史遗迹保护立法，河南修订了《河南省安阳殷墟保护条例》，四川出台了《四川省三星堆遗址保护条例》，宁夏出台了《宁夏回族自治区非物质文化遗产保护条例》和修正了《宁夏回族自治区实施〈中华人民共和国文物保护法〉办法》。广东潮州、汕头、揭阳三市协同制定潮剧保护传承条例。

（五）关于生态环境保护立法

深入贯彻落实习近平生态文明思想，建设人与自然和谐共生的美丽家园，各地在生态文明建设方面持续发力，不断完善生态环保法律体系。

一是关于加强生态环境保护。天津修正了《天津市节约用水条例》和《天津市实施〈中华人民共和国水法〉办法》，河北修正了《河北省节约用水条例》《河北省乡村环境保护和治理条例》和《河北省城乡生活垃圾分类管理条例》，山西出台了《山西省禁止一次性不可降解塑料制品规定》，还修正了《山西省实施〈中华人民共和国森林法〉办法》和《山西省永久性生态公益林保护条例》，内蒙古修正了《内蒙古自治区地质环境保护条例》，江西出台了《江西省生活垃圾管理条例》《江西省湖泊保护条例》和《江西省河道管理条例》，湖北修正了《湖北省林地管理条例》，甘肃修订了《甘肃省实施〈中华人民共和国防沙治沙法〉办法》。

二是关于推进绿色发展。在经济及生态资源可持续发展方面，河北修正了《河北省发展循环经济条例》，内蒙古出台了《内蒙古自治区草畜平衡和禁牧休牧条例》。在绿色建筑发展方面，湖南和福建分别出台了绿色建筑发展条例，湖北修正了《湖北省民用建筑节能条例》。

三是关于加强污染治理和废物管理。辽宁出台了《辽宁省医疗废物管理条例》，吉林修订了《吉林省危险废物污染环境防治条例》，福建出台了《福建省水污染防治条例》，河南修正了《河南省大气污染防治条例》，广西出台了《广西壮族自治区土壤污染防治条例》。

（六）人大自身建设方面

贯彻落实中央人大工作会议精神，根据全国人大及其常委会关于人大制度领域各项立法工作，各地人大根据地方实践需要，着重完善地方人大组织和工作制度。

一是关于县乡人大代表选举制度。根据2020年10月新修改的选举法规定，北京、安徽、吉林等20多个省（区、市）修改了本地区选举实施细则。例如，北京修改了区、乡、民族乡、镇人民代表大会代表选举实施细则，内蒙古修改了《内蒙古自治区实施〈中华人民共和国全国人民代表大会和地方各级人民代表大会代表法〉办法》，安徽修改了《安徽省各级人民代表大会选举实施细则》，吉林修改了《吉林省县乡两级人民代表大会选举实施细则》等。

二是人大自身建设方面。与全国人大修改完善议事规则相同步，陕西、浙江在本省人民代表大会上分别修改了《陕西省人民代表大会议事规则》《浙江省人民代表大会议事规则》，湖北修改通过了湖北省人大常委会议事规则，内蒙古修改了《内蒙古自治区旗县级人民代表大会议事规则》，山西制定了《山西省不设区的市和市辖区人民代表大会常务委员会街道工作委员会工作条例》。关于备案审查机制，山西制定了《山西省各级人民代表大会规范性文件备案审查条例》，上海制定了《上海市人民代表大会常务委员会规范性文件备案审查条例》，江西、广东等地修改了本省各级人大常委会规范性文件备案审查条例。

三是关于法治宣传教育。新疆、西藏、广西先后通过《新疆维吾尔自治区法治宣传教育条例》《西藏自治区法治宣传教育条例》《广西壮族自治区法治宣传教育条例》，为增强全民法治观念，弘扬社会主义法治精神，建设社会主义法治文化，提高社会治理法治化水平，全面推进法治建设提供法治保障。

四、2021年度地方立法的主要特点

2020年11月，中央召开全面依法治国工作会议，确立并阐述习近平法治思想，对包括立法工作在内的新时代全面依法治国工作作出部署。2021年10月，习近平总书记在首次召开的中央人大工作会议上强调，"要加快完善中国特色社会主义法律体系，以良法促进发展、保障善治"。新时代新征程上，2021年度地方立法工作，坚持以习近平总书记关于立法工作的重要指示要求作为地方立法工作的根本遵循，围绕中心、服务大局，立足地方实际，创新立法形式，通过立法服务地方经济社会发展，着力提高地方立法实效性。

（一）紧密围绕中央精神确定地方立法选题

习近平总书记强调，地方各级人大及其常委会要依法行使职权，保证宪法法律在本行政区域内得到遵守和执行。从2021年度情况看，各地认真贯彻落实党中央决策部署，围绕中心、服务大局，立足各地实际，为推动各地经济社会发展提供法治保障。

一是贯彻习近平生态文明思想，各地持续推动土壤、大气、固体废物、水、机动车、循环经济等生态文明立法。党中央发布《关于完整准确全面贯彻新发展理念做好碳达峰碳中和工作的意见》后，天津市及时制定《碳达峰碳中和促进条例》。《中华人民共和国长江保护法》通过后，长江流域的省市根据该法，制定修改了一批地方性法规，涉及水资源管理、河道管理、次级流域保护等，云南省还专门作了全面贯彻实施长江保护法的决定。

二是紧跟国家立法，制定配套法规。《立法法》第七十三条第一款第（一）项规定，"地方性法规可以就下列事项作出规定：（一）为执行法律、行政法规的规定，需要根据本行政区域的实际情况作出具体规定的事项"。实

践中，各地紧跟国家立法动态，积极制定配套法规。2020 年 12 月，全国人大常委会通过《关于加强国有资产管理情况监督的决定》，规定"县级以上地方人大常委会结合本地实际，参照本决定建立健全国有资产管理情况监督制度，加强监督力量，依法履行人大国有资产监督职责"。2021 年，山西、山东、湖北、广东、重庆制定了国有资产监督管理条例。

三是贯彻中央决策部署，创造性开展金融监管地方立法。作为国家经济社会发展中重要的基础性制度，根据《立法法》规定，金融的基本制度只能制定法律。同时，根据国家金融改革创新试点落实地方金融风险处置属地责任的需要，在坚持金融管理主要是中央事权的前提下，地方政府在金融监管上承担了越来越多的职责。为解决缺乏上位法关于地方金融监督处罚的法律依据，多地制定出台金融领域地方性法规，在执行层面提供法治保障。北京、贵州、吉林等地出台地方金融监督管理条例，湖北、江苏出台地方金融条例，对地方金融组织提出明确监管要求，建立相关制度，强化风险防范，服务地方经济社会发展成效显著。

（二）从百姓身边事出发，以"小切口"立法发挥地方立法实效性

习近平总书记在十八届中央政治局第四次集体学习时指出，"人民群众对立法的期盼，已经不是有没有，而是好不好、管用不管用、能不能解决实际问题"。在中央人大工作会议上，习近平总书记强调，要做好地方立法工作，着力解决实际问题。贯彻落实习近平总书记关于地方立法的重要指示精神，各地在地方立法中找准在法律体系中的定位，吃透党中央精神，从地方实际出发，坚持地方特色，从百姓身边事出发，需要几条就定几条，以"小切口"立法发挥地方立法实效性，着力更好、更有效地解决实际问题。

一是面对各地电动自行车呈现出保有量大，且逐年上涨的趋势，针对电动自行车在销售、通行和安全管理等方面存在的问题隐患，各地坚持问题导向，结合群众出行的实际需要，海南、湖北，以及山西长治、临汾、朔州和广东东莞等地出台电动自行车管理条例。以《海南省电动自行车管理条例》为例，根据地方实际，考虑到群众的出行需求规定了对本条例实施前已经购买的不符合强制性国家标准的电动两轮车实施过渡期临时号牌管理，过渡期最长不超过 5 年，期满后不得上路；并且为推进电动自行车登记工作，明确规定取消电动自行车牌证工本费。在保障人民群众基本权益的同时确保平缓过渡逐步淘汰"非标"电动两轮车。对于依法有序规范电动自行车管理，规范行政事业性收费管理，保护群众合法权益提供了法治保障。

二是制定反食品浪费法规。贯彻落实习近平总书记对制止餐饮浪费行为作出的重要指示，2021 年 4 月，全国人大常委会通过《中华人民共和国反食

品浪费法》。该法明确了各级人民政府应建立健全反食品浪费工作机制，推进反食品浪费工作。反食品浪费法第三十一条规定，省、自治区、直辖市或者设区的市、自治州根据具体情况和实际需要，制定本地方反食品浪费的具体办法。2021 年，山西、北京、天津、甘肃等地审议通过了《山西省预防和制止餐饮浪费规定》《北京市反食品浪费规定》《天津市反食品浪费若干规定》《甘肃省反餐饮浪费条例》，明确了餐饮服务经营者等各类主体责任，弘扬厉行节约、反对浪费的社会风尚。

（三）扎实稳妥开展法规清理工作，维护国家法治统一

习近平总书记在中央人大工作会议上强调，地方各级人大及其常委会要依法行使职权，保证宪法法律在本行政区域内得到遵守和执行，自觉维护国家法治统一。2021 年度的地方立法中，各地深入贯彻党中央决策部署，各地认真研究扎实稳妥开展地方性法规清理工作，不断完善备案审查体制机制和制度建设，维护国家法治统一。一是各地人大常委会贯彻落实党中央《关于优化生育政策促进人口长期均衡发展的决定》精神，根据新修改的《中华人民共和国人口与计划生育法》对本省（区、市）及有关设区的市（州）地方性法规、单行条例及时作出修改。二是根据新修订的《中华人民共和国行政处罚法》，各地人大积极对涉及行政处罚内容的地方性法规开展专项清理工作。北京市人大对涉及行政处罚内容的 116 件地方性法规进行了逐件研究，提出 22 件法规中存在与行政处罚法规定不一致、不衔接、不配套的问题，并于 2021 年 9 月的常委会会议上通过了关于废止部分地方性法规的决定和关于修改部分地方性法规的决定。三是贯彻落实民法典规定，继续做好有关地方性法规、单行条例的清理工作。西藏废止了《西藏自治区实施〈中华人民共和国收养法〉的变通规定》，四川省人大常委会批准了关于废止《峨边彝族自治县施行〈中华人民共和国继承法〉的补充规定》的决定和关于废止《马边彝族自治县施行〈中华人民共和国继承法〉的补充规定》的决定。

值得注意的是，较之前两年各地大幅修改地方性法规的情况而言，2021年各省（区、市）人大常委会每次常委会会议修改通过的地方性法规数量已明显减少，前两年经常出现的一次性打包修改四五十件的情况已不多见。2021 年 10 月至 11 月，各省级人大常委会修改通过的地方性法规数量已从2020 年最多时的 185 件减少至 75 件，地方法律规范逐渐趋于稳定。

（四）不断探索丰富地方立法新形式

2021 年 6 月，贯彻党中央决策部署，十三届全国人大常委会第二十九次会议落实国家重大战略，制定《中华人民共和国海南自由贸易港法》，受权海

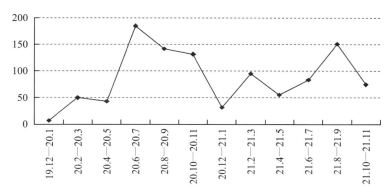

图 5　省级地方性法规双月修改数量统计（2019. 12—2021. 11）

南省人大及其常委会制定海南自由贸易港法规；通过关于授权上海市人民代表大会及其常务委员会制定浦东新区法规的决定，授权上海市人民代表大会及其常委会根据浦东改革创新实践需要，遵循宪法规定以及法律和行政法规基本原则，制定浦东新区法规，在浦东新区实施。这两种法规是全国人大及其常委会以立法引领和保障改革，支持高水平改革开放而创设的新的立法形式，是在宪法法律框架内建立完善与支持有关地方大胆试、大胆闯、自主改相适应的法治保障体系的重要举措，是新时代立法工作贯彻习近平法治思想、正确处理改革与法治关系的生动实践。

　　第一，浦东新区法规授权决定作出后，上海市人大常委会通过《关于加强浦东新区高水平改革开放法治保障制定浦东新区法规的决定》，与既有的《上海市制定地方性法规条例》相衔接，对上海市制定浦东新区法规的相关要求以及浦东新区先行制定管理措施等法治保障工作加以明确。上海市人大常委会连续于 9 月、10 月、11 月、12 月共计出台《上海市浦东新区完善市场化法治化企业破产制度若干规定》等 6 部浦东新区法规，将行之有效、条件成熟的改革成果予以固化，是浦东新区长期探索的系统集成。第二，海南人大常委会根据海南自由贸易港法规定，海南积极探索，加快构建自由贸易港法规体系，制定了《海南自由贸易港公平竞争条例》《海南自由贸易港国际船舶条例》《海南自由贸易港社会信用条例》《海南自由贸易港反消费欺诈规定》等 10 余部海南自由贸易港法规，以立法推动建设高水平的中国特色海南自由贸易港，在法治轨道上打造开放新高地。

　　（五）探索创新区域协同立法、流域共同立法新形式

　　随着经济社会快速发展，相邻行政区域相同治理规则的需求愈加强烈。目前协同立法已在跨区域生态环保、大气污染防治、疫情联防联控、交通一

体化等方面发挥了积极作用。其中，京津冀、长三角已形成比较固定的立法协同工作机制。

一是积极推进区域协同立法不断发展。区域协同立法，是适应区域经济一体化发展应运而生的一种新的立法形式，解决了因为行政区划而形不成政策制度合力的问题。2021 年 7 月，北京、天津、河北三地通过关于授权政府为保障冬奥会筹备和举办工作规定临时性行政措施的决定。上海、江苏、浙江、安徽"三省一市"协同制定关于促进和保障长江流域禁捕工作若干问题的决定，体现了"决策协同、文本协调"的特点，推进长江流域生态环境保护和修复维护。

二是探索流域共治共同立法模式。云南、贵州、四川三省以"共同决定＋条例"的方式，破解共立和共治难题，共同立法保护赤水河流域，三省有关决定和条例于 7 月 1 日起同步施行，是中国首个地方流域共同立法。三省"共同决定"的内容主要包括全方位协作，建立联合防治协调机制、完善生态补偿机制，统一规划、统一标准、统一监测、统一责任、统一防治措施，实行最严格的水资源管理制度，开展生态修复、推进绿色发展，加强红色资源保护协作、地方人大监督协作、共同的法律责任等。为共同保护嘉陵江流域水生态环境、维护水生态安全，2021 年 11 月，重庆市人大常委会通过《关于加强嘉陵江流域水生态环境协同保护的决定》；同日，四川省人大常委会通过《四川省嘉陵江流域生态环境保护条例》，明确划定了适用范围、协同原则和协调机制，并从生态保护补偿、专项规划编制、应急、执法等 13 个方面，对嘉陵江流域水生态环境共标、共建、共治、共管作出了详细规定。

此外，在同一个省级行政区内，省级人大常委会在各设区的市之间加大统筹协调力度，积极探索协同立法。福建厦门、漳州、泉州、龙岩共同制定九龙江流域生态环境协同保护决定。在福建省人大常委会的全程指导下，厦门市人大常委会牵头，与漳州、泉州、龙岩三市人大常委会一起，先行先试，进行了有益探索。四市的《决定》主要内容一致，打破了"行政边界"，就闽西南地区九龙江流域水生态环境保护和饮用水安全问题同步作出规定。山西省临汾、晋城、长治共同制定沁河流域生态修复与保护条例。在生态文明建设领域立法中，山西省人大建立了"省级统筹、省市联动、市市协同、各市立法"的流域立法工作机制，以沁河为试点"求同存异"，完成沁河流域生态修复与保护立法。江西省在萍乡、宜春、吉安三市开展了武功山协同立法。这是江西省首次开展协同立法工作，也是全国首例山岳型协同立法。江西省人大常委会决定采用省人大法制委、省人大常委会法工委牵头，萍乡、宜春、吉安三市人大常委会分别立法、同时报批的协同立法模式。江西省人大及其常委会相关部门曾多次前往三地调研，数次召集省、市两级各方开会讨论，江西省人大常委会先后印发了 6 个版本的具体条文模版供三地参考。2021 年 12 月，广东省人大常委会同时审查批准了汕头、潮州、揭阳三地的潮剧保护传承条例，三部条例将于 2022 年 1 月 1 日起施行。为保护一个地方剧种，在三个地级市间开展区域协同立法，在地方立法史上属首次，也开创了我国在文化领域协同立法的先例。

地方立法统计分析报告：2022 年度

2022 年度，地方立法工作积极发挥省级人民代表大会的立法作用，充分发挥地方立法的实施性、补充性、探索性功能，增强地方立法实效性，创造性开展立法工作，不断推进区域协同立法制度化、规范化，在科技创新、数字经济、就业保障、基层社会治理、人大制度等方面立法取得显著成绩，为《立法法》第二次修改提供了丰富的地方立法实践经验。其中 31 个省（区、市）人大及其常委会共召开 233 次人大常委会会议，共制定地方性法规 386件，修改 396 件，废止 72 件（不含文中废止），批准设区的市、自治州、自治县的地方性法规和自治条例、单行条例的决定 700 余件（含制定、修改、废止），其中设区的市新制定地方性法规 521 件。各省（区、市）年度平均制定地方性法规 12.2 件，修改 12.5 件，废止 2.3 件；28 个省、自治区平均年度批准设区的市地方性法规 18.6 件。

一、省级人民代表大会立法情况

2022 年，共有河南、浙江、湖南、宁夏等 17 个省（区、市）人民代表大会会议通过了 19 件地方性法规。其中，北京、山西、云南等 9 个省（区、市）人民代表大会制定了《北京市种子条例》《山西省汾河保护条例》《河南省南水北调饮用水水源保护条例》《浙江省公共数据条例》《江苏省就业促进条例》《湖南省实施〈中华人民共和国土地管理法〉办法》《云南省土壤污染防治条例》《宁夏回族自治区建设黄河流域生态保护和高质量发展先行区促进条例》《新疆维吾尔自治区乡村振兴促进条例》等 9 项地方性法规，涵盖了经济发展、生态环境保护、乡村振兴等各领域。此外，2022 年省级人民代表大会立法的一个重要特点就是贯彻落实中央人大工作会议精神，对标 2021 年新修改的全国人大组织法和全国人大议事规则的规定，北京、天津、内蒙古、江苏、福建、广东、广西、江西、重庆、甘肃等 10 个省（区、市）人民代表大会及时制定修改了本级人民代表大会议事规则。① 总结本届以来省级人民代

---

① 其中，甘肃省十三届人民代表大会第六次会议制定通过了《甘肃省人民代表大会议事规则》，并在文中废止了原《甘肃省各级人民代表大会议事规则》。

表大会立法情况，贯彻落实党中央关于更好发挥人大代表在起草和修改法律法规中作用的决策部署要求，省级人民代表大会会议审议法规案数量逐年增加，本届以来五年制定修改法规数量分别为 0 件、9 件、11 件、12 件和 19件，2022 年在制定省份和法规数量上均创近年来省级人民代表大会制定法规案的新高。

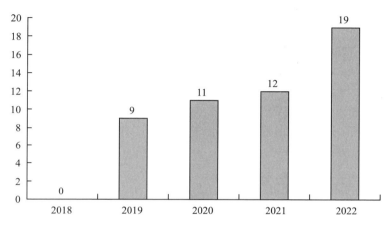

图 1　省级人民代表大会通过地方性法规数量情况

关于法规案内容，作为本地区政治经济社会发展中的重要事项，五年来各地在经济发展、生态文明、社会治理、民族团结进步促进和人大制度等领域积极发挥人民代表大会立法作用。一是在高质量发展方面，上海、山西等地制定《上海市推进科技创新中心建设条例》《山西省优化营商环境条例》《江西省乡村振兴促进条例》等 11 件法规；二是在生态文明方面，西藏、云南、广西等地制定《西藏自治区国家生态文明高地建设条例》《云南省创建生态文明建设排头兵促进条例》《广西壮族自治区水污染防治条例》等 13 件法规，其中北京、天津、河北三地还开展大会协同立法，分别制定了机动车和非道路移动机械排放污染防治条例；三是在社会治理领域，重庆、上海等地通过了《重庆市文明行为促进条例》《上海市生活垃圾管理条例》等 5 件法规；四是文化领域，北京制定《北京历史文化名城保护条例》《北京市非物质文化遗产条例》等 2 件；五是民族领域，新疆、内蒙古、西藏等地制定了本地区民族团结进步促进相关条例 4 件；六是在人大制度建设领域，其中浙江、陕西等 13 地制定修改了本地区人民代表大会议事规则，山西、河南等地制定修改《山西省人民代表大会代表议案的提出和处理办法》《河南省预算审查监督条例》等 2 件法规，占所有省级人大制定修改的地方性法规数近三分之一。

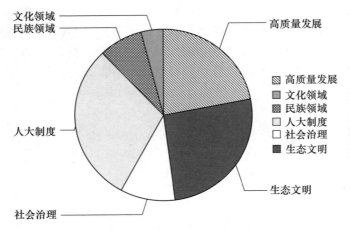

图2 五年来省级人民代表大会通过地方性法规分类情况

二、省级人大常委会立法情况

2022 年，31 个省（区、市）共召开 233 次省级人大常委会会议，共制定地方性法规 376 件，修改 387 件，废止 72 件。① 具体而言，每个省（区、市）年度平均制定地方性法规 12.2 件，修改 12.5 件，废止 2.3 件；每次省级人大常委会会议制定通过省级地方性法规 1.6 件，修改 1.7 件，废止 0.3 件。

（一）省级人大常委会立法数量再创新高，本届取得丰硕成绩

2022 年是各省（区、市）本届人大及其常委会履职的最后一年，各地均已在年末的常委会会议上作出于 2023 年 1 月召开下一届人民代表大会会议的决定。截至 2022 年 12 月，各省（区、市）本届人大常委会认真贯彻落实党中央决策部署和同级党委领导，共召开 1185 次常委会会议，平均每个省（区、市）人大常委会本届共召开 38 次会议，平均每年召开常委会会议 7.6 次，不断推动地方立法工作取得了新成果。

进一步分时间段分析，自 2020 年 1 月新冠肺炎疫情发生以来，各地人大常委会积极开展地方立法，在地方经济社会发展各领域不断加快立法速度，2020 年至 2022 年三年来省级人大常委会统筹提高立法质量和效率，每年制定地方性法规数量分别为 277 件、314 件、376 件，制定地方性法规数量逐年攀升；每年修改地方性法规数量分别为 568 件、480 件、386 件，法规清理情况逐渐减少，在统筹经济社会发展与疫情防控、维护国家法治统一中发挥了重

---

① 地方性法规废止数量未计入文中废止情况。

要作用。

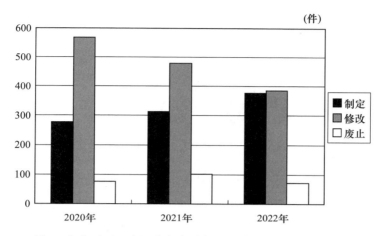

图 3　各省（区、市）人大常委会 2020 年以来立法情况统计

（二）设区的市地方立法进入总体稳定数量区间，立法事项日益丰富完善

2022 年度，28 个省（区、市）人大常委会共批准设区的市、自治州、自治县地方性法规和自治条例、单行条例共计 700 余件。其中，设区的市地方性法规新制定 521 件，修改 144 件（含打包修改），废止 38 件，制定、修改、废止自治条例和单行条例 40 余件。平均而言，每个省（区、市）批准设区的市制定地方性法规 18.6 件，每个设区的市（自治州）年度新制定地方性法规 1.6 件。其中，2022 年 3 月西藏自治区十一届人大常委会第三十九次会议批准了《那曲市制定地方性法规条例》，至此，全国所有 289 个设区的市、30 个自治州以及 3 个不设区的市均已制定了本地区的地方性法规，设区的市地方立法实现全覆盖。

进一步横向比较，自 2015 年《立法法》修改赋予全部设区的市地方立法权以来，设区的市地方立法进入快车道，2019 年至 2022 年连续五年设区的市新制定地方性法规数量超过 500 件，经过相关立法力量的建设和工作磨合，目前已进入较为稳定的立法数量区间。同时值得注意的是，2022 年设区的市修改、废止地方性法规数量较之前几年有了明显下降，从一个侧面显示出各地经过 2018 年以来地方立法的打包修改和清理工作，各地在维护国家法治统一上取得明显成效。

---

①　其中，2019 年至 2022 年地方性法规废止数量未计入文中废止情况。

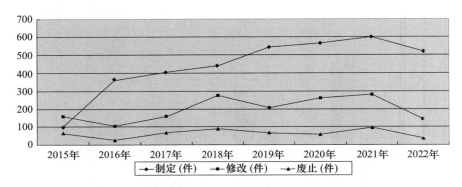

图 4　所有设区的市地方性法规制定修改废止数量情况分类统计

　　关于设区的市立法主要内容，八年实践来看，各地在市容管理、城乡规划、饮用水保护、大气污染防治、历史文化遗产保护、安全生产、文明促进等方面制定出台一系列有效管用的地方性法规。例如，2022 年，各地制定了《嘉兴市危险化学品安全管理条例》《河源市暴雨灾害预警与响应条例》《阳泉市滹沱河生态修复与保护条例》《镇江市房屋安全条例》《宁德市电动自行车管理条例》《上饶市突发公共卫生事件应急条例》《潍坊市出租汽车经营服务管理若干规定》等一大批服务地方经济社会发展和基层社会治理需要的地方性法规。2022 年 12 月，经过两次常委会会议审议，十三届全国人大常委会第三十八次会议表决通过了全国人大常委会关于提请审议《中华人民共和国立法法（修正草案）》的议案，决定将修正草案提请十四届全国人大一次会议审议。此次《立法法》修改，关于设区的市立法事项范围，拟将原"城乡建设与管理、环境保护、历史文化保护等方面的事项"的规定修改为"城乡建设与管理、生态文明建设、历史文化保护、基层社会治理等方面的事项"，根据设区的市立法实践，进一步完善了设区的市立法事项范围，必将为设区的市地方经济社会发展、生态文明建设和基层社会治理提供更为有力的法治保障。

三、2022 年度地方性法规的主要内容

　　2022 年 12 月 7 日，全国人大常委会副委员长王晨在湖南长沙出席第二十八次全国地方立法工作座谈会时指出，党的十八大以来，在以习近平同志为核心的党中央坚强领导下，中国特色社会主义法律体系日臻完善，法治中国建设开创新局面。各地人大围绕同级党委贯彻落实党中央大政方针的决策部署，创造性地做好地方立法工作，为地方经济社会发展和推进改革提供了有

力制度支撑。各地人大在过去一年立法工作中，统筹谋划国家治理急需、满足人民日益增长的美好生活需要必备的法律制度，坚持问题导向，创造性开展立法工作，制定、修改了一大批体现时代要求、反映地方特色的法规，为实现高质量发展、提高人民生活水平、加快治理方式转变和治理能力、保护生态环境、完善人民代表大会制度等发挥了重要作用。

（一）关于高质量发展立法

各地贯彻新发展理念，落实党中央关于高质量发展的决策部署，紧密结合各地实际，积极通过立法推进创新驱动发展、加快科技创新、优化营商环境，取得经济高质量发展新成效。

一是关于创新发展。贯彻落实党的二十大关于加快转变超大特大城市发展方式、实施城市更新行动的部署要求，北京制定通过《北京市城市更新条例》，聚焦老百姓的居住环境和生活品质，为在减量发展形势下推动城市高质量发展、在现行法律框架内破解现实难题提供顶层设计。上海总结进口博览会五年来的经验做法，制定通过《上海市服务办好中国国际进口博览会条例》《上海市促进虹桥国际中央商务区发展条例》等，对创新经验举措进行提炼固化，同时对进博会筹办过程中发现的问题、盲点的查漏补缺，为进博会"越办越好"提供了有力的法治保障。山东省人大常委会通过关于济南新旧动能转换起步区行政管理有关事项的决定，为济南新旧动能转换起步区发展提供法治保障。北京、上海、安徽、新疆等地还先后制定修改了《中国（北京）自由贸易试验区条例》《中国（上海）自由贸易试验区临港新片区条例》《中国（安徽）自由贸易试验区条例》《中国（湖南）自由贸易试验区条例》《中国（天津）自由贸易试验区条例》《安徽省促进大别山等革命老区振兴发展条例》《新疆塔城重点开发开放试验区条例》等。此外，湖南、广东、宁夏等地还结合本地产业发展需要，制定通过《湖南省先进制造业促进条例》《湖南省茶产业发展促进条例》《广东省粤菜发展促进条例》《广东省地理标志条例》《宁夏回族自治区枸杞产业促进条例》等，促进本地相关产业高质量发展。

二是关于科技创新。河南聚焦创新驱动，先后制定通过了《河南省科学院发展促进条例》《河南省中原科技城总体规划管理条例》《河南省创新驱动高质量发展条例》，把推进立法与省科学院的改革创新同步进行，谋划重建重振省科学院工作，提升科技创新能力和核心竞争力。知识产权保护领域，北京、江苏、浙江、广东先后制定《北京市知识产权保护条例》《江苏省知识产权促进和保护条例》《山东省知识产权保护和促进条例》《湖南省知识产权保护和促进条例》《浙江省知识产权保护和促进条例》《广东省知识产权保护条例》《广东省版权条例》《广东省中新广州知识城条例》等，着力激发全社会创新活力，建设知识产权强省，促进经济社会高质量发展。黑龙江、浙江等地加强哲学社会科学建设，制定《黑龙江省哲学社会科学普及条例》《浙江省哲学社会科学工作促进条例》《安徽省社会科学普及条例》。天津市人大常委会还专门通过了关于促进和保障制造业立市推动高质量发展的决定，对全面构建现代工业产业体系、优化产业空间布局，推动制造业发展的实施路径以及保障措施等作出明确规定。

三是进一步优化营商环境。今年以来，各地统筹做好疫情防控和经济社会发展，因地制宜进一步优化营商环境，并注重发挥法治力量稳市场主体，激发经济活力。福建、湖北、广东、云南等地先后制定出台优化营商环境条例，巩固改革成果，回应群众问题。广东还出台了《广东省外商投资权益保护条例》，强调内外资平等对待。黑龙江、贵州、四川、宁夏、西藏还制定或及时修改了促进中小企业发展条例。广西专门制定了《广西壮族自治区企业投资项目承诺制规定》，明确政府统一服务事项以清单形式公开发布，实行企业投资项目承诺制的企业及其承诺的内容向社会公开，着力赋予企业更大经营自主权，降低制度性交易成本。

（二）关于民生保障立法

各地方紧贴人民对美好生活的需要，坚持人民有所呼、立法有所应，切实把维护人民权益落实到民生保障地方立法工作中。

一是关于就业领域。就业是民生之本，也是经济发展最基本的支撑。党中央、国务院高度重视就业工作，将"稳就业"作为"六稳""六保"之首，作出一系列新决策新部署。江苏省十三届人民代表大会第五次会议表决通过了《江苏省就业促进条例》，明确规定本省把就业放在经济社会发展优先位置，实施就业优先战略和积极就业政策，加强就业调控，消除就业歧视，稳定和扩大就业；上海市人大常委会通过关于进一步做好当前促进就业工作的决定，积极应对疫情影响，贯彻实施稳经济、稳市场主体、促进就业的决策部署，积极做好当前就业促进工作；广东、浙江先后修改《广东省失业保险条例》《浙江省失业保险条例》，规定失业保险金按照失业保险金领取地最低工资标准的90%按月计发，实行省级统筹，进一步完善了失业兜底保障；河南、湖南等地还通过了《河南省人力资源市场条例》《湖南省工会劳动法律监督条例》《湖南省职业病防治若干规定》等。

二是关于教育卫生文化体育领域。山西、安徽、上海等地先后制定《山西省教育督导条例》《安徽省教育督导条例》《安徽省学校安全条例》《安徽省实施〈中华人民共和国职业教育法〉办法》《上海市学前教育与托育服务条例》《贵州省老年教育条例》等，加强教育督导和学校安全管理，促进学前教育、职业教育、老年教育等各个环节全面发展。福建制定《福建省禁止中小学幼儿园学生携带手机进入课堂的规定》，作为全国首部专项立法规范学生在校使用手机的地方性法规，明确提出禁止手机进入课堂，给予学校相应的自主管理权决定学生能否携带手机进入校园。医疗卫生领域，天津制定《天津市家庭医生签约服务若干规定》，作为国内首部家庭医生签约服务地方性法规，对于推进分级诊疗、提高基层医疗服务能力、更好满足人民群众医疗卫生和健康需求具有重要意义。山西、江苏、四川等地还制定修改《山西省社区居家养老服务条例》《河南省中医药条例》《广东省艾滋病防治条例》《江苏省院前医疗急救条例》《河北省医疗纠纷预防和处理条例》《四川省医疗机构管理条例》等，健全完善医疗卫生领域法治保障。文化体育方面，湖北出台关于促进全省冰雪运动发展的决定，明确建设国家冰雪运动南展示范区，推广群众冰雪运动。福建、青海、宁夏等多地还制定《福建省全民健身条例》《湖北省全民健身条例》《青海省全民健身条例》《河南省公共文化服务保障促进条例》《宁夏回族自治区公共文化服务保障条例》《湖北省公共图书馆条例》等。

三是关于公民权益保护。应对老龄化带来的新情况新问题，多地及时制定修改了《山西省社区居家养老服务条例》《江苏省养老服务条例》《安徽省养老服务条例》《福建省养老服务条例》《河南省养老服务条例》《湖南省社区居家养老助餐服务若干规定》《广西壮族自治区养老服务条例》等。河北、山东、河南等地制定修改了《河北省反家庭暴力条例》《河南省反家庭暴力条例》《安徽省实施〈中华人民共和国反家庭暴力法〉办法》《上海市妇女权益保障条例》《海南省妇女权益保障若干规定》等，着力保障妇女儿童等权益。此外，天津、山东等地还制定修改了《河北省退役军人保障条例》《天津市华侨权益保护条例》《山东省华侨权益保护条例》《山东省残疾预防和残疾人康复条例》等地方性法规。保障退役军人、华侨、残疾人等群体权益。

（三）关于基层社会治理立法

各地根据经济社会发展要求和人民群众生产生活需要，加强基层社会治理领域立法工作，不断推进社会治理法治化、现代化水平，着力增强人民群众的获得感、幸福感、安全感。

一是关于疫情防控和公共卫生。上海出台关于进一步促进和保障城市运行"一网统管"建设的决定，明确疫情防控信息核验措施相关主体的法定职责和义务，同时规定信息核验中采集、处理个人疫情防控信息应当遵守个人信息保护相关法律、法规的规定，采集的个人信息仅用于疫情防控需求，任何单位和个人不得泄露。湖南等地通过关于科学精准及时有效做好全省新冠肺炎疫情防控工作的决定，湖北集中修改涉及公共卫生体系建设的省本级地方性法规。河北、河南等地先后制定《河北省餐饮服务从业人员佩戴口罩规定》《河南省餐饮服务从业人员佩戴口罩规定》，以及江苏常州、河南开封等多个设区的市关于新冠肺炎疫情防控期间佩戴口罩的决定，明确了从业人员佩戴口罩规范、餐饮服务提供者义务、主管部门及处罚标准等内容。

二是关于社会公共服务和社会治安。江苏制定出台我国首部规范行政程序的地方性法规《江苏省行政程序条例》，对行政机关在行使行政权力过程中应遵循的方式、步骤、时限和顺序作出了全面规范，为国家行政程序立法作出有益探索。山西、黑龙江、湖南等地制定《山西省社会信用条例》《黑龙江省社会信用条例》《湖南省社会信用条例》《贵州省社会信用条例》《云南省社会信用条例》，对社会信用信息的征集与披露、信用主体权益保护等作出具体规范。北京、上海先后制定《北京市住房租赁条例》《上海市住房租赁条例》，进一步规范住房租赁行为、保障消费者合法权益、促进住房租赁市场健康发展。河北、辽宁制定修改《河北省供热用热管理规定》《辽宁省城市供热条例》。山东、广东等地制定修改《山东省人工影响天气管理条例》《河南省气象信息服务条例》《广东省气候资源保护和开发利用条例》。江西、西藏等地制定《天津市平安建设条例》《江西省平安建设条例》《西藏自治区平安建设条例》，加强和创新社会治理，建设更高水平的平安中国。上海、福建、浙江、山东多地制定《上海市公安机关警务辅助人员管理条例》《福建省公安机关警务辅助人员管理条例》《浙江省公安机关警务辅助人员条例》《山东省公安机关警务辅助人员条例》，规范辅警使用管理，保障辅警依法履职。广东、吉林、新疆等地还制定修改了《吉林省禁毒条例》《内蒙古自治区禁毒条例》《上海市禁毒条例》《广东省司法鉴定管理条例》《河南省网络安全条例》《河南省矛盾纠纷多元预防化解条例》《湖北省涉案财物价格认定条例》《新疆维吾尔自治区便民警务站条例》等地方性法规。

三是关于安全生产。落实新修改的《中华人民共和国安全生产法》规定，北京、黑龙江、湖北、湖南、山西、浙江等多地制定修改本地区安全生产条例，进一步明确各方安全生产责任，防范化解生产经营活动中的安全风险，保障人民群众生命财产安全。湖南省深刻吸取长沙望城区"4.29"居民自建房倒塌事故教训，制定出台全国首部规范居民自建房的地方性法规《湖南省居民自建房安全管理若干规定》；安徽通过"决定+立法"形式，先后制定关于加强全省自建房屋安全管理工作的决定以及《安徽省自建房屋安全管理条例》，对自建房屋安全责任人的权利义务、监督管理和法律责任等方面作出详细规定。浙江、重庆等多地制定修改《浙江省铁路安全管理条例》《重庆市铁路安全管理条例》《四川省铁路安全管理条例》《安徽省铁路安全管理条例》等，明确了县级以上人民政府交通运输主管部门负责协调、监督本行政区域内铁路沿线的安全环境治理工作，并对铁路安全管理的职责、铁路建设质量安全、铁路线路和运营安全及法律责任等方面作出具体规定。山东、福建等地还制定了《山东省治理货物运输车辆超限超载条例》《福建省海上搜寻救助条例》《安徽省电动自行车管理条例》等。

四是在完善民族和宗教工作方面。贯彻落实中央民族工作会议和国家宗教工作会议精神，四川、云南迪庆等地制定修改了《四川省民族团结进步条例》《云南省迪庆藏族自治州民族团结进步条例》，河北、海南等地制定修改《河北省宗教事务条例》《海南省宗教事务管理若干规定》《阿坝藏族羌族自治州宗教事务条例》等，贵州出台《贵州省优秀民族文化传承发展促进条例》，把铸牢中华民族共同体意识融入立法修法工作，提高民族和宗教事务治理法治化水平。内蒙古鄂温克族、鄂伦春族、莫力达瓦达斡尔族三个自治旗，根据新制定的《内蒙古自治区教育条例》及时废止了三地民族教育条例，修改废止了《鄂温克族自治旗草原管理条例》《莫力达瓦达斡尔族自治旗达斡尔民族民间传统文化保护条例》等单行条例。四川凉山彝族自治州、青海海西蒙古族藏族自治州、青海大通回族土族自治县等地根据《中华人民共和国民法典》婚姻家庭编，制定修改了当地施行《中华人民共和国民法典》中结婚年龄的变通规定。

（四）关于生态环保立法

近年来，各地人大全面贯彻习近平生态文明思想，根据党中央决策部署和全国人大常委会关于全面加强生态环境保护依法推动打好污染防治攻坚战的决议要求，高度重视生态环境保护方面的立法，突出地方特色，注重可操作性，着力做好对上位法的细化和补充，并按照以最严格制度、最严密法治保护生态环境的要求，积极完善水、大气、土壤、固体废物等污染防治的监管措施，为加强生态环境保护、守住绿水青山提供有力法治保障。

一是关于生态文明建设。浙江认真落实"绿水青山就是金山银山"理念的要求，出台本省生态环境保护领域制定的综合性法规《浙江省生态环境保护条例》，对环境违法行为的法律责任等作了明确的规定。为进一步增强全社会生态文明意识，推动构建生态环境治理全民行动体系，天津出台《天津市生态文明教育促进条例》，在制度设计上着力体现"生态文明教育是全社会的共同责任"的理念，对从社会的各方面、多角度开展生态文明教育作出制度规定。福建、青海等地制定修改《福建省生态环境保护条例》《青海省生态环境保护条例》《上海市环境保护条例》《海南自由贸易港生态环境保护考核评价和责任追究规定》等。

二是关于污染防治。落实新修改的《中华人民共和国固体废物污染环境防治法》要求，河北、山东、浙江、湖南、广西、四川、云南、宁夏等多地结合当地实际，制定修改本地区固体废物污染环境防治条例或实施办法，对本地区固体废物污染环境防治工作作出明确法律规范。关于大气污染防治，吉林、江西等地总结近年来大气污染防治有效经验，制定修改《吉林省大气污染防治条例》《江苏省机动车和非道路移动机械排气污染防治条例》《江西省非道路移动机械排气污染防治条例》《山东省机动车排气污染防治条例》《广东省机动车排气污染防治条例》，突出源头防范，强化排气污染监管。关于土壤污染防治，安徽、云南等地制定修改《北京市土壤污染防治条例》《江苏省土壤污染防治条例》《安徽省实施〈中华人民共和国土壤污染防治法〉办法》《福建省土壤污染防治条例》《云南省土壤污染防治条例》《吉林省黑土地保护条例》等，着力防治土壤污染，改善土壤环境质量。此外，湖北、江西还制定《湖北省磷石膏污染防治条例》《江西省矿山生态修复与利用条例》《广东省建筑垃圾管理条例》等。

三是关于本地区环境保护。各地因地制宜，结合本地实际加强生态环境保护立法，山西针对沟域地区存在水源涵养能力下降、水土流失、矿区生态环境破坏等问题，制定《山西省整沟治理促进条例》，明确了在治理中开展生态保护修复、全域土地综合整治、旱作梯田建设和老旧梯田提升改造、矿山生态修复以及搬迁后退出使用的宅基地复垦复绿等要求。河南、内蒙古、贵州等地加强水资源的利用与保护，制定修改《河南省南水北调饮用水水源保护条例》《山西省汾河保护条例》《江苏省洪泽湖保护条例》《内蒙古自治区河湖保护和管理条例》《贵州省乌江保护条例》《河北省港口污染防治条例》《江苏省长江船舶污染防治条例》等地方性法规。此外，福建、青海、海南等地根据本地区实际还制定修改《福建省湿地保护条例》《青海省可可西里自然遗产地保护条例》《青海湖流域生态环境保护条例》《海南省自然保护区条例》《海南省森林保护管理条例》《海南省沿海防护林建设与保护规定》《海南省古树名木保护管理规定》《江西省林长制条例》《山西省禁牧轮牧休牧条例》等地方性法规。

（五）关于人大制度立法

近年来，贯彻习近平总书记关于坚持和完善人民代表大会制度的重要思想，落实中央人大工作会议精神，全国人大及其常委会先后修改了全国人大组织法和全国人大议事规则、选举法、地方组织法、全国人大常委会议事规则等一系列人民代表大会制度领域重要的基础性法律，制定修改了关于加强中央预算监督、国有资产监督、经济工作监督等财政预算监督的决定，各地人大及时跟进，结合地方实际修改完善相关法规。

一是制定完善人民代表大会议事规则。对标新修改的全国人大议事规则和全国人大常委会议事规则，各地深入总结实践经验，适应改革发展要求，积极推动人大议事规则的制定修改工作。北京、天津、内蒙古、江苏、福建、广东、广西、江西、重庆、甘肃等 10 个省（区、市）人民代表大会及时制定修改了本级人民代表大会议事规则，北京、天津、上海、江苏、江西、广西、海南、四川、贵州、西藏、陕西、宁夏、新疆等 13 个省（区、市）及时修改了本地区人大常委会议事规则，完善人大及其常委会运行机制，将全过程人民民主贯彻到人大工作全过程、各方面。

二是修改完善地方人大组织制度。2022 年修改地方组织法，增加了省和设区的市两级人大常委会组成人员名额。考虑到此前一些设区的市、自治州人大已完成换届，按现行法律规定的名额选举产生了常委会组成人员；有的省、设区的市、自治州的新一届人大常委会组成人员名额已经作出决定但尚未完成换届，为保证修改后的地方组织法的有效实施，使有关地方适时依法增加人大常委会组成人员名额，本次修改地方组织法的决定中明确："本决定通过前，省、设区的市级新的一届人民代表大会常务委员会组成人员的名额已经确定的，根据本决定增加相应的名额，并依法进行选举。"对此，河北、山西、吉林等各地及时作出关于重新确定本地区设区的市人大常委会组成人员名额及选举问题的决定。天津、四川、新疆等地制定《天津市区人民代表大会常务委员会街道工作委员会工作条例》《安徽省街道人大工作条例》《四川省市辖区、不设区的市人民代表大会常务委员会街道工作委员会工作条例》《新疆维吾尔自治区街道人大工作条例》《湖北省人民代表大会专门委员会工作条例》等，加强基层人大组织建设。此外，关于人大常委会任免办法，内蒙古、吉林、福建、贵州、上海、重庆、山东等多地根据新修改的地方组织法，及时修改本地区人大常委会人事任免工作相关的地方性法规。

三是就完善立法、监督、代表等各项工作进行制度规范。安徽、甘肃制定修改《安徽省人民代表大会常务委员会立法征求意见工作规定》《甘肃省公众参与制定地方性法规办法》，践行全过程人民民主，完善地方立法程序。监督领域，浙江开展民生实事票决制监督探索，制定《浙江省民生实事项目人大代表票决制规定》；江苏根据国务院《重大行政决策程序暂行条例》和有关政策文件的规定，通过关于省人民政府重大决策出台前向省人民代表大会常务委员会报告的决定，在全国省级层面首次以地方性法规形式明确，政府在制定有关经济发展、公共服务、市场监管等方面的重大公共政策和措施，制定经济和社会发展等方面的重要规划，制定开发利用、保护重要自然资源和文化资源的重大公共政策和措施，决定在本行政区域实施的重大公共建设项目等重大决策出台前要向同级人大报告；吉林、湖南修改规范性文件备案审查条例。财政预算领域，北京制定《北京市国民经济和社会发展计划审查监督条例》，湖南、云南、甘肃修改了预算审查监督条例，湖北、江苏、西藏、新疆等地作出关于加强本级预算审查监督的决定，内蒙古、上海、江苏、江西等多地作出关于加强经济工作监督的决定，湖北、云南、陕西、宁夏、西藏、新疆等地作出关于加强国有资产管理情况监督的决定。代表工作方面，天津、河北修改《天津市人民代表大会代表议案条例》《天津市人民代表大会代表建议、批评和意见工作条例》《河北省实施〈中华人民共和国全国人民代表大会和地方各级人民代表大会代表法〉办法》。

四、2022 年度地方立法的主要特点

党的二十大报告提出，推进科学立法、民主立法、依法立法，统筹立改废释纂，增强立法系统性、整体性、协同性、时效性。贯彻落实党的二十大精神，各地在地方立法中紧扣地方发展需要和群众关注问题，创新立法形式，积极发挥地方立法的实施性、补充性、探索性功能，增强地方立法实效性，创造性开展立法工作。

（一）用足用好地方立法权，积极探索制度创新

一年来，贯彻落实党中央决策部署，上海、海南等地围绕中心、服务大局，立足各地实际，用好用足地方立法权限，发挥地方立法试验田作用，以创制性地方立法为高水平改革开放提供坚实法治保障。

上海积极推动落实国家关于浦东新区改革决策部署，出台关于制定浦东新区法规相关法律工作规程的规定，形成立法需求项目清单，2022 年度制定了《上海市浦东新区市场主体登记确认制若干规定》《上海市浦东新区绿色金融发展若干规定》《上海市浦东新区推进市场准营承诺即入制改革若干规定》《上海市浦东新区化妆品产业创新发展若干规定》《上海市浦东新区文物艺术品交易若干规定》《上海市浦东新区推进住宅小区治理创新若干规定》《上海市浦东新区优化揭榜挂帅机制促进新型研发机构发展若干规定》《上海市浦东新区促进无驾驶人智能网联汽车创新应用规定》《上海市浦东新区固体废物资源化再利用若干规定》等 9 件浦东新区法规。自 2021 年 6 月全国人大常委会作出授权制定浦东法规的决定以来，一年半时间已制定浦东新区法规 15 件，形成了一系列务实管用的制度创新，涵盖营商环境、城市治理、产业发展、

科技创新等方方面面，运用法治思维和法治方式"试制度、探新路"。

海南省人大及其常委会根据海南自由贸易港法规定，积极探索构建自由贸易港法规体系，制定《海南自由贸易港游艇产业促进条例》《海南自由贸易港海口国家高新技术产业开发区条例》《海南自由贸易港药品进口便利化若干规定》《海南自由贸易港博鳌乐城国际医疗旅游先行区医疗药品器械管理规定》《海南自由贸易港生态环境保护考核评价和责任追究规定》以及关于在海南自由贸易港取消乙级水利工程质量检测单位资质认定等六项行政许可事项的决定。自全国人大常委会制定通过海南自由贸易港法的一年半时间里，已完成全国首个保护公平竞争条例、首个反消费欺诈法规、首个游艇产业地方创制性立法，共同构筑起加快促进海南自由贸易港健康发展的法律制度规范体系。

此外，浙江、山东、安徽、湖北、福建等地，积极探索用足用好地方立法权，制定《山东省税收保障条例》《安徽省地方金融条例》《福建省地方金融监督管理条例》《湖南省地方金融监督管理条例》以及浙江人大常委会关于授权省人民政府在杭州市暂时调整适用《浙江省建设工程质量管理条例》《浙江省计量监督管理条例》有关规定的决定、湖北人大常委会关于武汉长江新区行政管理等有关事项的决定等，对于金融、税收等基本制度在地方执行层面根据实际情况作出细化规定。

（二）积极推进区域协同立法制度化、规范化

贯彻国家区域协调发展战略，总结地方实践经验和做法，2022 年地方组织法修改明确规定，省、设区的市两级人大及其常委会根据区域协调发展的需要，可以开展协同立法。区域协同立法由地方实践逐步向制度化、规范化迈进。根据新修改的地方组织法精神，各地适应区域经济一体化发展需要，积极推进探索区域协同立法实践，依法保障和推动国家区域协调发展战略落实落地。作为随着经济社会快速发展应运而生的一种新的立法形式，各地在生态环保、大气污染防治等基础上，进一步探索历史文化保护传承、公共服务供给互联互通的区域协同立法，解决了因为行政区划而形不成政策制度合力的问题。浙江省提出在重点规划和基础设施建设、生态环境和自然资源保护、市场经济秩序和营商环境、公共服务和社会建设、文化建设的旅游发展等五大协同立法的重点领域，积极推进全流程协同立法机制建设。

2022 年度区域协同立法工作中，一是在京津冀地区，北京、天津、河北三地人大常委会开展大运河保护协同立法，分别通过了关于京津冀协同推进大运河文化保护传承利用的决定，明确三地建立大运河文化保护传承利用工作协调机制，创新合作方式，拓宽合作领域，探索以大运河文化带建设促进

区域协同发展的新模式。二是在长三角地区，2022 年 9 月，上海、浙江、江苏、安徽四地人大常委会分别通过了作出推进长三角区域社会保障卡居民服务一卡通规定，聚焦政府民生服务中唯一既具有身份认证功能，又具备金融功能的社会保障卡，明确三省一市将共同编制应用项目清单，协同推进数字长三角建设，实现一卡通跨省数据标准统一互认和共享交换，统一应用场景，保障长三角区域社会保障卡持卡人可以在社会保障、交通、文化旅游、就医、金融服务等基本公共服务各领域享受相应便利服务，为建立长三角区域以社会保障卡为载体的居民服务一卡通、促进基本公共服务便利共享提供了有力法治保障。

省级立法主体开展协同立法之外，在珠三角地区，广东突破传统同一位阶立法主体的协同立法模式，探索由省市两级"1＋N"协同立法新模式。为凝聚更广泛的粤菜传承发展共识，11 月 30 日，省十三届人大常委会第四十七次会议表决通过《广东省粤菜发展促进条例》，就粤菜产业促进、人才培养、文化传承传播等方面作出规定，解决粤菜发展促进中的全省共性问题，同时推动汕头、佛山、梅州、江门、潮州 5 个立法意愿较强、地域优势突出的市结合三大地方特色风味菜分别起草汕头市潮汕菜特色品牌促进条例等相关条例，合力推进全省粤菜发展工作。此外，湖北省宜昌市、荆州市、荆门市、恩施土家族苗族自治州人大常委会率先在全国生物多样性保护领域探索跨区域协同立法，分别作出关于加强生物多样性协同保护的决定，全面提升区域生物多样性保护与监督能力的现实需要，引领生物多样性保护迈向更深层次、更广领域、更高水平。江苏南京、镇江和安徽马鞍山就长江江豚保护开展协同立法，分别作出关于加强长江江豚保护的决定。福建福州、莆田、泉州、龙岩、三明、南平、宁德 7 个闽江流域城市开展协同立法，分别作出关于加强闽江流域水生态环境协同保护的决定。

（三）在新兴领域发挥地方立法探索性功能

在新兴领域立法方面，地方立法充分发挥探索性功能，在数字经济、大数据、无人驾驶、人工智能等领域取得重要成效。一是在数字经济领域，作为新时代经济转型升级的重要引擎和关键力量，北京、河北等地先后制定《北京市数字经济促进条例》《河北省数字经济促进条例》《山西省数字经济促进条例》《江苏省数字经济促进条例》等，以数字产业化发展和产业数字化改造，加强对高端芯片等数字经济核心产业的重点培育，推动数字经济和实体经济融合发展。二是在大数据应用管理方面，围绕公共数据统筹管理、有序共享开放和安全利用等问题，浙江、重庆、黑龙江等地积极探索以地方性立法推动公共数据规范管理，激发数据创新活力，先后制定了《浙江省公共数据条例》《重庆市数据条例》《四川省数据条例》《辽宁省大数据发展条例》《黑龙江省促进大数据发展应用条例》《广西壮族自治区大数据发展条例》等。三是在人工智能、自动驾驶领域，上海制定《上海市促进人工智能产业发展条例》，强化人工智能企业集聚，建立健全人工智能产业链，推动智能制造关键技术装备、核心支撑软件、工业互联网等系统集成应用，支持相关主体开展基于先进架构的高效能智能芯片设计创新，研制云端芯片和云端智能服务器，布局类脑芯片。《上海市浦东新区促进无驾驶人智能网联汽车创新应用规定》，明确适用于划定的路段、区域开展无驾驶人智能网联汽车道路测试、示范应用、示范运营、商业化运营等创新应用活动以及相关监督管理工作，对发挥浦东新区先行先试作用，增强智能网联汽车技术创新能力和产业竞争力，打造智能网联汽车发展的制高点，具有重要意义。

（四）紧跟国家立法，统筹推进地方立法立改废工作

各地认真贯彻落实党中央决策部署，地方立法及时跟进国家立法，根据《立法法》关于地方性法规就"为执行法律、行政法规的规定，需要根据本行政区域的实际情况作出具体规定的事项"作出规定的要求，立足各地实际，及时列入立法计划，制定、修改、废止配套法规，根据本地实际予以细化落实，确保与党中央精神和上位法相一致。

例如，2020 年 10 月和 12 月，全国人大常委会通过了新修改的未成年人保护法和预防未成年人犯罪法，上海、云南等地及时修改《上海市未成年人保护条例》《天津市未成年人保护条例》《江西省未成年人保护条例》《云南省预防未成年人犯罪条例》《云南省实施〈中华人民共和国未成年人保护法〉办法》《新疆维吾尔自治区未成年人保护条例》和《天津市预防未成年人犯罪条例》《上海市预防未成年人犯罪条例》等。又如，2021 年 12 月全国人大常委会通过了新修改的工会法，山西、上海、云南、甘肃等地及时修改了《山西省实施〈中华人民共和国工会法〉办法》《上海市工会条例》《云南省实施〈中华人民共和国工会法〉办法》《甘肃省实施〈中华人民共和国工会法〉办法》。再如，2021 年 8 月全国人大常委会修改人口与计划生育法，各地贯彻落实党中央关于优化计划生育政策、促进人口均衡发展的决策部署，修改《内蒙古自治区人口与计划生育条例》《山东省人口与计划生育条例》《福建省人口与计划生育条例》《广西壮族自治区人口和计划生育条例》《云南省人口与计划生育条例》《陕西省人口与计划生育条例》《新疆维吾尔自治区人口与计划生育条例》，废止《福建省流动人口计划生育管理办法》《陕西省流动人口计划生育管理办法》等计划生育领域地方性法规。

此外，2022 年 2 月中共中央、国务院发布《信访工作条例》，明确规定

适用于各级党的机关、人大机关、行政机关、政协机关、监察机关、审判机关、检察机关以及群团组织、国有企事业单位等开展信访工作。各地信访条例的主要内容已被覆盖，同时作为其原来上位法依据的国务院《信访条例》已于3月29日废止。据此，天津、河北、山西、内蒙古、贵州等18个省（区、市）及时废止了本地区信访条例，新疆修订通过了新的自治区信访条例。

二、分析

地方立法实效性问题研究

　　地方立法实效性是地方立法服务现代国家治理的重要环节。2019 年 7 月，习近平总书记对县级以上地方人大设立常委会 40 周年作出重要指示，要求"结合地方实际，创造性地做好立法、监督等工作"，"增强工作整体实效"，为地方立法工作指明了方向，提出了更高的要求。《法治中国建设规划（2020—2025 年）》明确要求："加强地方立法工作。有立法权的地方应当紧密结合本地发展需要和实际，突出地方特色和针对性、实效性，创造性做好地方立法工作。"首次在中央文件中对地方立法实效性作出明确要求。2015 年 3 月，十二届全国人大三次会议修改《立法法》，赋予所有设区的市地方立法权，在维护社会主义法治统一、完善中国特色社会主义法律体系中发挥了重要作用。2018 年 3 月，十三届全国人大一次会议通过宪法修正案，明确了设区的市地方立法权的宪法地位。2023 年 3 月 13 日，十四届全国人大一次会议审议通过了关于修改《立法法》的决定，对包括地方立法在内的我国立法制度和立体体制机制作出修改完善。八年来，全国所有 289 个设区的市、30 个自治州以及 4 个不设区的市新制定了地方性法规超过 3500 件，涵盖物业管理、文明促进、烟花爆竹、城市养犬、垃圾分类、环境保护等方方面面，因地制宜满足了当地治理的需要，也体现出鲜明的地方特色。作为基层的立法单元，地方立法既要满足现代中国国家治理的需要，同时也要满足基层政权民主建设的要求。探索当代中国国家成长中的地方立法实施的功能性和有效性，是中国特色社会主义法律体系基本建成和地方立法全面赋权之后所面临的重要课题。本文的核心问题就是运用实证研究和规范研究的方法系统研究地方立法的整体实施与具体条例操作实施中的理念与制度问题，探索解决地方立法实效性领域的实施困难、实施不当和实施无力等问题，发挥其应有的价值功效。本文认真学习梳理习近平总书记关于地方立法的相关重要论述和中央有关文件，梳理理论与实务界对完善地方立法的意见建议，对地方立法基本情况和实效性进行了统计分析，先后赴福建、海南、浙江、山东、上海等地召开地方立法座谈会，调研听取有关省、市人大常委会及法工委对地方立法实效性问题的意见建议，形成研究报告。

一、新时代研究地方立法实效性问题的指导思想和重要意义

（一）习近平法治思想是加强和改进新时代立法工作的根本遵循

党的十八大以来，以习近平同志为核心的党中央推进全面依法治国建设取得举世瞩目的重大成果，在思想理论上的集中体现就是形成了习近平法治思想。2020年11月，党中央第一次召开中央全面依法治国工作会议，明确了习近平法治思想在全面依法治国中的指导地位，深刻回答了新时代为什么实行全面依法治国、怎样实行全面依法治国等一系列重大问题，在我国社会主义法治建设进程中具有重大政治意义、理论意义、实践意义。习近平法治思想是习近平新时代中国特色社会主义思想的重要组成部分，是马克思主义法学理论中国化最新成果，是全面依法治国的根本遵循和行动指南。习近平法治思想的主要内容和核心要义，集中体现为习近平总书记在中央全面依法治国工作会议上提出的"十一个坚持"，即坚持党对全面依法治国的领导，坚持以人民为中心，坚持中国特色社会主义法治道路，坚持依宪治国、依宪执政，坚持在法治轨道上推进国家治理体系和治理能力现代化，坚持建设中国特色社会主义法治体系，坚持依法治国、依法执政、依法行政共同推进，法治国家、法治政府、法治社会一体建设，坚持全面推进科学立法、严格执法、公正司法、全民守法，坚持统筹推进国内法治和涉外法治，坚持建设德才兼备的高素质法治工作队伍，坚持抓住领导干部这个"关键少数"。同时，习近平总书记在中央人大工作会议上总结的"六个必须坚持"重大原则和"六个方面"重点任务，对立法工作都具有重要指导意义。

习近平总书记关于立法工作的指示要求，内容十分丰富，主要有：一是关于立法的政治原则，鲜明提出党的领导是社会主义法治之魂，加强党对立法工作的集中统一领导，健全党领导立法的制度机制，确保党的主张通过法定程序成为国家意志。二是关于立法的目标，鲜明提出要加快完善中国特色社会主义法律体系，以良法促进发展、保障善治。三是关于立法的主要任务，鲜明提出加强重点领域、新兴领域、涉外领域立法，注重将社会主义核心价值观融入立法，健全国家治理急需、满足人民日益增长的美好生活需要必备的法律制度。四是关于立法的功效作用，鲜明提出发挥立法的引领和推动作用，把改革发展决策同立法决策更好结合起来，确保国家发展、重大改革于法有据。五是关于立法的指导原则，鲜明提出要坚持科学立法、民主立法、依法立法，坚持尊重和体现客观规律，坚持为了人民、依靠人民，坚持严格依照法定权限和法定程序，努力使每一项立法都符合宪法精神、反映人民意愿、得到人民拥护。六是关于立法的着力点，鲜明提出抓住提高立法质量这

个关键，在确保质量的前提下加快立法工作步伐，增强立法的系统性、整体性、协同性、时效性，使法律体系更加科学完备、统一权威。七是关于立法的主体责任，鲜明提出发挥好人大在立法工作中的主导作用，健全立法起草、论证、协调、审议机制，坚持系统观念和问题导向，丰富立法形式，增强立法的针对性、适用性、可操作性。

除了以上 7 个方面，习近平总书记还专门针对地方立法工作作了十分具体、明确的指示要求。一是紧扣大局。习近平总书记在纪念地方人大设立常委会 40 周年之际作出重要指示，要求地方人大及其常委会要围绕地方党委贯彻落实党中央大政方针的决策部署，更好助力经济社会发展和改革攻坚任务。在中央人大工作会议上，习近平总书记强调，要严格遵循立法权限，围绕贯彻落实党中央大政方针和决策部署，做好地方立法工作。地方立法作为中国特色社会主义法律体系的重要组成部分，是国家法律、行政法规的重要补充，最主要的职能就是通过法定程序使党的政策、中央精神、国家法律落地生根，解决好法治通达群众、通达基层的"最后一公里"问题。二是着眼急需。"坚持急用先行"，是习近平总书记对立法工作的明确要求。习近平总书记强调，要有步骤、分阶段加快推进重要领域立法，积极回应人民群众新要求新期待，系统研究谋划和解决法治领域人民群众反映强烈的突出问题。要发挥法治对改革发展稳定的引领、规范、保障作用，以立法高质量保障和促进经济持续健康发展。要深刻领会和把握这些指示要求，找准地方立法的着力点、切入口，制定出更多适用、管用的良善之法。去年在疫情防控关键时期，习近平总书记明确要求"在法治轨道上统筹推进各项防控工作"，强调要完善疫情防控相关立法，构建系统完备、科学规范、运行有效的疫情防控法律体系。当年就有 20 多个省级人大及时通过关于依法防疫的地方性法规，有力保障疫情防控工作有序进行。三是着力解决实际问题。在十八届中央政治局第四次集体学习时，习近平总书记指出："人民群众对立法的期盼，已经不是有没有，而是好不好、管用不管用、能不能解决实际问题。"在中央全面依法治国工作会议上，习近平总书记强调，要有地方特色，需要几条就定几条，能用三五条解决问题就不要搞"鸿篇巨制"，关键是吃透党中央精神，从地方实际出发，解决突出问题。在中央人大工作会议上，习近平总书记又强调，要做好地方立法工作，着力解决实际问题。这就是要求地方立法找准在法律体系中的定位，突出实践特色和针对性、适用性、可操作性，发挥协同效能，更好、更有效地解决实际问题。四是维护国家法治统一。习近平总书记指出，要严格遵循立法权限，自觉维护国家法治统一。对一切违反宪法法律的法规、规范性文件必须坚决予以纠正和撤销，防止和杜绝违背上位法规定、地方立法

"放水"等问题。要深刻认识到，维护国家法治统一，关乎国家统一、民族团结、社会稳定，不仅是法治建设中的重大问题，也是一个严肃的政治问题。在地方立法工作中，必须始终牢记、自觉贯彻。

习近平法治思想具有很强的政治性、理论性、指导性、实践性。党的二十大报告指出："全面依法治国是国家治理的一场深刻革命，关系党执政兴国，关系人民幸福安康，关系党和国家长治久安。必须更好发挥法治固根本、稳预期、利长远的保障作用，在法治轨道上全面建设社会主义现代化国家。"2023年十四届全国人大一次会议修改《立法法》全面贯彻了习近平法治思想特别是习近平总书记关于立法工作的重要论述，对立法制度和立法工作机制作出一系列重要完善。我们要全面学习领会习近平法治思想，贯彻新修改的《立法法》，以习近平法治思想作为加强和改进新时代立法工作的科学指引和根本遵循，将其落实到立法实践的全过程、各方面，谱写新时代全面依法治国新篇章。

（二）新时代增强地方立法实效性的重要意义

第一，地方立法实效性是增强人大整体实效的内在要求。2019年7月，习近平总书记对县级以上地方人大设立常委会40周年作出重要指示："地方人大及其常委会要按照党中央关于人大工作的要求，围绕地方党委贯彻落实党中央大政方针的决策部署，结合地方实际，创造性地做好立法、监督等工作，更好助力经济社会发展和改革攻坚任务。……要加强自身建设，提高依法履职能力和水平，增强工作整体实效。"梳理常委会领导同志关于地方立法的有关讲话，全国人大常委会高度关注地方立法的实效性问题。关于实效性提法和要求，最初是在人大监督领域强调监督实效，逐步强调增强包括立法实效在内的人大整体实效。① 全国人大常委会委员长赵乐际同志在2023年全国地方立法工作座谈会上明确提出："地方立法要牢牢把握实施性、补充性、探索性的功能定位，坚持不抵触、有特色、可操作的原则，防止照抄照转、

---

① 2011年11月，时任全国人大常委会副委员长李建国同志在第十七次全国地方立法研讨会上指出："制度和规范都要尽可能做到详尽具体，重在有效管用，提高立法的可操作性……增强立法的针对性和实效性。"2017年，时任全国人大常委会委员长张德江同志在第二十三次地方立法研讨会上指出："地方立法要以立足实际，聚焦重点问题和关键条款，深入进行研究论证，提出切实可行的措施，做到能具体的尽量具体、能明确的尽量明确，努力增强法规的针对性和有效性。"2019年9月，时任全国人大常委会委员长栗战书同志在省级人大立法工作交流会上，总结各地人大40年地方立法经验时指出，各省（区、市）人大贯彻党中央精神，衔接国家法律，结合本地实际，坚持把重点问题、难点问题、具体问题作为切入点，突出了立法的实用性。2019年11月，时任全国人大常委会副委员长王晨同志在第二十五次全国地方立法工作座谈会上指出："在维护国家法制统一的前提下，鼓励地方立法创新发展，为社会主义法治实践提供更多样本，鼓励和保护地方立法的积极性。"

大而全、小而全，努力提高立法的针对性、精准度、实效性，保证制定修改的法规立得住、行得通、真管用。"全国人大常委会法工委主任沈春耀同志在第二十五次全国地方立法工作座谈会上提出："习近平总书记要求增强人大工作整体实效。很重要的一点，就是在立法上形成整体合力、增强整体实效。地方性法规及时跟进国家立法，是实行社会主义法治、完善以宪法为核心的中国特色社会主义法律体系的必然要求，同时也是人大工作形成整体合力、增强整体实效的内在要求。"

第二，地方立法实效性是提升地方治理效能的重要环节。党的十九届四中全会提出"把我国制度优势更好转化为国家治理效能"。地方立法作为国家治理体系中的重要一环，应进一步增强地方立法实效性，充分发挥地方立法在坚持和完善中国特色社会主义制度、推进国家治理体系和治理能力现代化中的重要作用，把法律和制度优势转化为治理效能。2019 年 11 月，时任中共中央政治局委员、全国人大常委会副委员长王晨同志在第二十五次全国地方立法工作座谈会上的讲话中指出："长期以来，无论是国家层面还是地方层面，都不同程度存在重立法、轻实施的情况。特别是地方性法规在执法、司法、普法中遇到很多问题，干部群众认知度不高，掌握度不够，执行力不强。地方性法规如何有效实施，不仅仅是地方立法遇到的难题，也是地方治理中亟待解决的难题，一定要想方设法破解这个难题。"作为中国特色社会主义法律体系的重要组成部分，地方立法在地方经济社会发展中发挥了重要作用。但同立法层面的完备相比，地方性法规的实施状况却不尽如人意。地方性法规如不能得到有效实施，将直接损害法律体系的权威和尊严。

第三，地方立法实效性是着力解决地方实际问题的重要抓手。习近平总书记关于立法工作的重要论述中，很重要的一点就是立法要着力解决实际问题。在十八届中央政治局第四次集体学习时，习近平总书记指出："人民群众对立法的期盼，已经不是有没有，而是好不好、管用不管用、能不能解决实际问题。"在中央全面依法治国工作会议上，习近平总书记强调，要有地方特色，需要几条就定几条，能用三五条解决问题就不要搞"鸿篇巨制"，关键是吃透党中央精神，从地方实际出发，解决突出问题。在中央人大工作会议上，习近平总书记又强调，要做好地方立法工作，着力解决实际问题。这就是要求地方立法找准在法律体系中的定位，突出实践特色和针对性、适用性、可操作性，发挥协同效能，更好、更有效地解决实际问题。这其中，"突出实践特色和针对性、适用性、可操作性"就是地方立法实效性问题的核心内涵，也是长期以来地方立法工作中总结形成的"不抵触、有特色、可操作"原则和发展完善。应以增强地方立法实效性为切入口，鲜明提出抓住提高立法质量这个关键，坚持立一件成一件，解决地方存在的实际问题。

二、地方立法实效性的主要类型和评价标准

（一）地方立法的权限范围

地方立法的权限范围是增强地方性法规实效性的基础依据。根据《立法法》第七十三条第一款、第二款的规定，地方性法规可以就下列事项作出规定：（一）为执行法律、行政法规的规定，需要根据本行政区域的实际情况作具体规定的事项；（二）属于地方性事务需要制定地方性法规的事项。除国家专属立法权规定的事项外，其他的事项，国家尚未制定法律或者行政法规的，省、自治区、直辖市和设区的市根据本地方的具体情况和实际需要，可以先制定地方性法规。在国家制定的法律或者行政法规生效后，地方性法规同法律或者行政法规相抵触的规定无效，制定机关应当及时予以修改或者废止。关于地方立法的范围，需要不断总结和丰富这方面的实践经验。按照《立法法》的规定，有些事项属于全国人大及其常委会的专属立法权，只有法律才能作出规定，行政法规和地方性法规不能规定；有些事项属于中央（全国人大及其常委会、国务院）的专属立法权，地方性法规不能规定。各地人大在同宪法、法律和行政法规不相抵触的前提下，结合本地方的实际情况和需要，把重点放在经济发展、公共服务、社会管理、城乡建设、环境保护等方面，促进本地区经济社会又好又快发展。各设区的市用足用好《立法法》关于设区的市行使立法权限的规定，充分发挥地方性法规实施性、补充性、探索性功能，在市容管理、城乡规划、饮用水保护、大气污染防治、非物质文化遗产保护以及文明促进等方面制定出台一系列有效管用的地方性法规。具体而言，从地方性法规所规范的内容看，主要有以下四种情况。

一是法律、行政法规在本地区的实施条例或者实施办法，可以是全面的，也可以是就其中部分内容。这可称为"实施配套"立法。我们国家大，各地发展不平衡，为适应各地的不同情况，法律、行政法规对某一领域的事项作出规范时，对难以作出统一规定的事项往往交由地方根据各自的实际情况作出规定。比如，2015年修订的食品安全法第三十六条第一款、第三款规定："食品生产加工小作坊和食品摊贩等从事食品生产经营活动，应当符合本法规定的与其生产经营规模、条件相适应的食品安全要求，保证所生产经营的食品卫生、无毒、无害，食品药品监督管理部门应当对其加强监督管理。""食品生产加工小作坊和食品摊贩等的具体管理办法由省、自治区、直辖市制定。"2016年3月，江苏省人大常委会通过了《江苏省食品小作坊和食品摊

贩管理条例》，对食品小作坊、食品摊贩经营作出了规定。这类"实施配套"性的法规，一方面赋予各地因地制宜管理本地事务的权力，另一方面，也是地方国家机关的义务，法律、行政法规要求作出配套规定，地方应当及时作出，对此《立法法》第六十六条规定："法律规定明确要求有关国家机关对专门事项作出配套的具体规定的，有关国家机关应当自法律施行之日起一年内作出规定。"据以往统计，一些省份的地方性法规中，约有50%以上属于实施性立法。

二是地方具有特殊性的事项，不必也不可能制定法律、行政法规，只能由地方性法规作规定。这可称为"地方事务"立法。比如，天津素有"万国建筑博览会"之称，汇集了西方国家典型的建筑风格和艺术形式，也凝聚了中国历史、特别是中国近代史的发展轨迹，为有效保护和合理开发利用这些历史风貌建筑，天津市制定了《天津市历史风貌建筑保护条例》。北京市为加强养犬管理，保障公民健康和人身安全，根据实行严格管理、限管结合的方针制定了《北京市养犬管理规定》。各设区的市还制定了《阳泉市滹沱河生态修复与保护条例》《镇江市房屋安全条例》《宁德市电动自行车管理条例》等一大批服务地方经济社会发展和基层社会治理需要的地方性法规。

三是在有些方面，改革开放先在地方试验，制定适用全国的法律、行政法规的条件尚不成熟，有关地方根据党和国家的方针政策，先行制定地方性法规作出一定规范；待有关的法律、行政法规出台后，再进行相应修改或废止。这可称为"先行先试"立法。比如，江苏省南京市人大常委会通过的《南京市城乡居民最低生活保障条例》是我国第一部关于公民最低生活保障的地方性法规。浙江省率先出台了《浙江省农民专业合作社条例》。

四是具体到设区的市地方性法规的权限范围，2015年修改的《立法法》规定：设区的市可以对"城乡建设与管理、环境保护、历史文化保护"等方面的事项制定地方性法规，这是在中国特色社会主义法律体系形成并不断完善的基础上，适应设区的市经济社会发展和民主法治建设需要，从实际出发反复考虑确定的。

上述四个方面的事项都是设区的市行政管理的重要职责，也是地方立法大有可为的领域。① 有的意见提出，2015年修改《立法法》，赋予所有设区的市地方立法权，但其立法权限仅包括城乡建设与管理、环境保护、历史文化保护等方面的事项，立法权限范围过窄。对此，全国人大法律委员会在修改

---

① 全国人大常委会法工委研究室编：《全国地方立法研讨会讲话汇编》，中国民主法制出版社2017年版，第14页。

《立法法》审议结果的报告中对此作了专门的说明："'城乡建设与管理、环境保护、历史文化保护等方面的事项'，范围是比较宽的。比如，从城乡建设与管理看，就包括城乡规划、基础设施建设、市政管理等；从环境保护看，按照环境保护法的规定，范围包括大气、水、海洋、土地、矿藏、森林、草原、湿地、野生生物、自然遗迹、人文遗迹等；从目前49个较大的市已制定的地方性法规涉及的领域看，修正案草案规定的范围基本上都可以涵盖。同时，草案规定还考虑了原有49个较大的市的情况，规定其已制定的地方性法规继续有效。总体上看，这样规定能够适应地方实际需要。"

2015年《立法法》修改后，一些地方就设区的市地方立法权限问题，向全国人大常委会法工委请示，问题主要集中在对"城乡建设与管理"的理解，包括政府数据共享、养老服务、科技创新、妇女权益保障、鼓励见义勇为、农村留守儿童保护、多元化解纠纷促进解决等是否属于"城乡建设与管理"事项范围。总的来看，城乡建设与管理、环境保护、历史文化保护这三方面的含义，包含很多内容，有很大的容纳度和实践空间，而且，在当今时代，我国各项事业发展变化很大、现实生活发展变化很快，新情况新问题层出不穷。特别是"城乡建设与管理"的范围是比较宽的，不限于目前城乡规划与建设、城市管理等行政部门的职权范围。① 城乡建设既包括城乡道路交通、市政管网等基础设施建设，也包括医院、学校、体育设施等公共机构、公共设施建设；城乡管理除了包括对市容、市政等事项的管理，还包括对城乡人员、组织提供服务和社会保障以及行政管理等。因此，全国人大常委会法工委在有关具体工作中的理解和答复，掌握上是比较宽的，实践中绝大多数设区的市的立法需求都得到了支持。可以说，在这方面设区的市立法权限有比较大的空间。2023年《立法法》修改，考虑到设区的市的特点和地方创新社会治理的实际需要，增加规定设区的市可以对"基层治理"事项制定地方性法规和地方政府规章；同时，根据2018年宪法修正案有关表述，将"环境保护"修改为"生态文明建设"，进一步适应设区的市制定地方性法规的实际需要。

（二）地方性法规中增强地方立法实效性的主要类型

一是政治效果方面。地方立法在引领和推动地方各项事业改革发展方面发挥出越来越重要的作用。在立法工作中，应坚持实事求是、从实际出发的基本立场，研究清楚需要立什么法和能够立什么法，科学确定立法项目。根据党中央关于统筹推进"五位一体"总体布局和"四个全面"战略布局以及

---

① 沈春耀：《在第二十三次全国地方立法工作座谈会上的小结讲话》，http：//www.npc.gov.cn/zgrdw/npc/lfzt/rlyw/2017-09/13/content_2028782.htm.

不同阶段改革发展的主要目标任务，围绕中心工作，着眼于解决本地区经济社会发展的突出问题，以保障和改善民生为出发点，选择党委决策的重点问题、人民群众关心的热点问题来进行立法，把中央要求、群众期盼、实际需要、实践经验结合起来，立符合当地实际的法，立改革发展管用的法，立人民群众拥护的法。同时，对于不宜制定地方性法规的事项或者超出地方立法权限的，地方人大通过实事求是地向地方党委汇报，避免盲目立法，有效保证了地方立法的实效性。例如，以新一轮创建全国文明城市为牵引，各地人大主动对接地方发展需求，开展文明促进立法工作，着力解决随地吐痰、乱穿马路、乱扔垃圾等群众反映强烈、政府急需法制保障的管理难题，2018 年共 21 个设区的市制定了文明促进条例，取得了良好政治效果和社会效果。又如，围绕党中央、国务院关于优化营商环境的部署要求，各地积极推进地方营商环境领域立法工作。2019 年 10 月国务院出台《优化营商环境条例》后，北京、浙江、山西、山东、广西、福建、湖北、广东、云南等多地先后制定出台优化营商环境条例，巩固改革成果，回应群众关切。再如，围绕建党百年主题，结合党史学习教育，多地积极开展红色遗迹保护立法。天津、上海、安徽、湖南、四川制定了红色资源保护传承条例，河南省制定了革命老区振兴发展促进条例，江西省制定了革命文物保护条例，贵州省制定了《贵州省长征国家文化公园条例》。阳泉、南京、潍坊、信阳等设区的市也对红色资源保护利用进行了立法，丽水、铜川等制定了革命遗址（旧址）保护条例，对本行政区域内的红色资源作出保护和传承规范，通过立法加大保护红色文化遗存力度。

二是社会效果层面。科学规范公民、法人和其他组织权利义务关系是增强设区的市地方立法实效性的关键，也是对普通群众而言感受地方立法实效性的最直接形式。为此，地方立法应坚持问题导向，深入了解本地的实际情况，不断提高立法精细化水平，抓住本地急需通过立法解决的问题，科学分析法治保障需求，对关键条款进行深入研究，做到能具体的尽量具体、能明确的尽量明确，重在管用，切实增强地方立法的有效性、实用性、可执行性和可操作性，把法律赋予的地方立法权变为本地方人民群众看得见、感受得到的实际成果。[①] 例如，《浙江省消费者权益保护法实施办法》于 1995 年制定，2000 年、2017 年先后作了修订。该实施办法结合地方实际，突出立法的实效性和前瞻性。以家用汽车消费为例，2010 年丰田汽车公司就 RAV4 汽车

---

① 沈春耀：《在第二十三次全国地方立法工作座谈会上的小结讲话》，http：//www.npc.gov.cn/zgrdw/npc/lfzt/rlyw/2017－09/13/content_ 2028782.htm。

进行召回，对美国车主提供"上门召回"服务，对自行驾车返厂召回的车主提供交通补贴等补偿，而对我国车主自行驾车返厂的，拒绝提供相应补偿。之所以差别对待，一个重要原因就是我国消费者权益保护法和 2004 年国家质检总局等四部委联合发布的《缺陷汽车产品召回管理规定》对此未作补偿规定。但浙江省的实施办法早在 2000 年修订时已经对此作了规定，根据该实施办法第三十六条规定，对实行"三包"的大件商品，应当由经营者负责修理、更换、退货的，"经营者应当上门服务或者负责运送"；经营者要求消费者运送的，"经营者应当承担运输费、误工费、差旅费等合理费用"。根据这一规定，省消费者权益保护委员会成功维权，丰田公司改变之前"只道歉、不赔钱"的态度，对召回的车主实行上门召回、提供代步车，并作出误工费、汽油费等经济补偿。这一立法被媒体普遍认为是地方性法规富有实效性的典型案例。根据 2017 年修订后的实施办法第二十七条规定：家用汽车产品自销售者开具机动车销售统一发票之日起 60 日内或者行驶里程 3000 公里内（以先到者为准），出现转向系统失效、制动系统失效、车身开裂、燃油泄漏、安全装置失效、车辆自燃或者因其他质量问题引起车辆失控，或者发动机、变速器的主要零件出现产品质量问题的，家用汽车产品销售者或者生产者应当根据消费者的要求予以整车更换或者退货，并依法赔偿损失。据此，陕西奔驰车漏油事件如果发生在浙江，完全可以依法得到妥善解决。又如，2016 年以来，习近平总书记多次对垃圾分类作出重要指示。2017 年以来，设区的市人大制定垃圾分类、处理有关地方性法规 36 件，还有多地在市容和城市卫生管理条例中作出专门规定，发挥了良好的社会效果。以上海市为例，2019 年初上海市十五届人大二次会议上通过《上海市生活垃圾管理条例》，是全国第一部由省级人民代表大会审议通过的规范生活垃圾管理的地方性法规，率先建立生活垃圾强制分类制度，以立法引领了"垃圾分类新时尚"。再如，多地根据大气污染治理和安全生产管理要求，制定出台本地烟花爆竹安全管理条例，其中一项重要内容就是在条例中对于禁止和限制燃放烟花爆竹的区域范围作出具体规定。

三是行政效果层面。应根据法律、行政法规规定，及时制定保证法律、行政法规有效实施必需的、配套的设区的市地方性法规。地方性法规的一个特点就是多为行政法领域法规，在地方政府执法管理工作中发挥重要作用。具体而言，首先，明确各行政主体权力责任，厘清各部门职责权限。例如，浙江省制定首个专门规范河长制的地方性法规《浙江省河长制规定》，合理界定各级河长的职责以及河长与政府部门职责之间的关系。又如，济南市在制定《户外广告和牌匾标识管理条例》过程中，针对镇人民政府和街道办事处监管越位、要求千篇一律的问题，全面落实"放管服"改革要求，在多方征求意见的基础上果断取消其管理职责。再如，各地根据国务院《城市市容和环境卫生管理条例》，针对本市面临的突出问题，着力规范市容和环境卫生工作管理制度，科学划分各部门责任权限，对于统筹推进城市市容和环境卫生工作发挥重要作用。其次，规定行政管理制度规范。《中国（海南）自由贸易试验区商事登记条例》规定了信用修复制度、简化简易注销公告程序、减免商事主体信息公示事项等内容。2018 年浙江省人大常委会通过的《浙江省保障"最多跑一次"改革规定》坚持问题导向，以立法保障改革顺利推进。保障"最多跑一次"改革规定总结改革实践中行之有效的做法，对行政许可告知承诺制、商事登记便利制度，以及企业投资项目核准和备案管理中的有关内容，在立法层面予以明确。《山东省水路交通管理条例》适应安全生产需要，对山东特有的浮桥经营设定了许可。《浙江省学前教育条例》明确规定县级财政性学前教育经费占同级财政性教育经费的比例不低于 5%，每个乡镇至少设置一所公办幼儿园。

四是司法效果层面。人民法院在司法裁判中对地方性法规的适用是增强地方立法实效性的重要途径，也是地方性法规立法后"管用"的直接体现。实践中，地方立法特别是设区的市地方性法规目前在审判实践中较少得到司法机关适用，有研究统计，河南省高院在 2008 年至 2013 年 5 年期间对河南省 179 部地方性法规中仅有约 30 部得到法院适用；上海市行政审判和民事审判中地方性法规适用率分别是 0.25% 和 0.32%。对此，有学者对其成因作了详细分析。① 本课题通过调研进一步提出，在前述通过科学规范公民、法人和其他组织权利义务关系，明确行政执法管理制度权责的基础上，应进一步研究解决基层法院在选择适用地方性法规中遇到的问题，科学区分地方性法规与上位法规定不一致时的不同情况，规范完善基层法院的选择适用程序机制，增强设区的市地方立法权的"硬度"。2003 年"洛阳种子案"后，2004 年最高人民法院通过关于审理行政案件适用法律规范问题的座谈会纪要形式明确了法官对于法律的选择适用。根据纪要规定，法官审理案件时在下位法和上位法相抵触时，可以直接选择适用上位法，无需逐级上报给最高人民法院后送请有关机关裁决，只有在同一法律位阶新的一般规定与旧的特别规定不一致，地方性法规、地方政府规章与部门规章不一致等情况下需要逐级上报。实践中，法官在审理案件中遇到地方性法规对于上位法的细化、补充和完善时，更倾向于较为小心地采取选择适用上位法的方式尽可能回避了对于法律

---

① 参见俞棋：《地方立法适用中的上位法依赖与实用性考量》，载《法学家》2017 年第 6 期。

冲突的判断乃至报送处理。这是造成目前审判实践中法院较少愿意适用地方性法规的一个重要原因。例如，根据国务院《道路运输条例》第二十七条第一款的规定，运输危险货物应当配备必要的押运人员，但没有规定法律责任。《山东省道路运输条例》（2015 年 7 月修正）第七十一条第四项规定，未随车配备押运人员的，由县级以上道路运输管理机构或者交通运输监察机构责令改正，处三千元以上一万元以下罚款。在相关具体案例中，原告的司机驾驶运输车辆运输天然气时因未配备必要的人员，H 区行政执法局依据《山东省道路运输条例》对其作出了三千元的罚款。经过 H 区人民法院一审、D 市中级人民院二审，法院选择适用了作为上位法的国务院《道路运输条例》，撤销了被告依据山东省地方性法规作出的行政处罚行为。

三、各地加强立法实效性的主要做法和特点

各级地方人大在工作中坚持围绕中心、服务大局，立足地方实际，创新立法形式，自觉担负起新时代对地方立法提出的新任务，通过立法服务地方经济社会发展，着力提高地方立法实效性，积极探索积累了有益经验。

（一）地方立法选题紧扣地方发展中心任务

地方性法规紧扣地方发展中心任务，是人大工作形成整体合力、增强整体实效的内在要求。各地人大聚焦地方发展的中心任务、社会治理的突出问题，有针对性地开展地方立法，提高地方治理效能，充分发挥了地方立法在国家立法中的独特作用与价值。在选题上，各地人大立足地方需要，科学确定立法项目，着眼于解决本地区经济社会发展的突出问题，以保障和改善民生为出发点，选择党委决策的重点问题、人民群众关心的热点问题来进行立法，在引领和推动地方各项事业改革发展方面发挥重要作用。实践中，上海以建设具有全球影响力的科技创新中心为抓手，制定通过《上海市推进科技创新中心建设条例》；河南系统总结郑州、洛阳、新乡三地建设国家自主创新示范区的经验和需求，制定通过《郑洛新国家自主创新示范区条例》。2018年 7 月，十三届全国人大常委会专门加开了一次常委会会议聚焦大气污染防治，关于大气污染防治法的执法检查报告中指出，新赋予地方立法权的设区的市过去三年仅制定大气污染防治领域地方性法规 14 件。会后，贯彻落实党中央确定的三大攻坚战要求和全国人大常委会决定精神，设区的市地方立法紧密结合国家发展大局和地方实际需要，针对群众高度关心的环境保护领域开展环境保护立法。2018 年当年即有宿迁、商丘、黄石等 42 个设区的市制定了饮用水、水资源、水体保护相关地方性法规，兰州、阳泉、晋城、聊城等18 个设区的市制定了大气污染、扬尘污染、燃煤、畜禽等防治条例，以立法

手段打好污染防治攻坚战。同时，各地在环境卫生、市容管理、烟花爆竹管理、城市绿化等地方治理事项上积极开展地方立法，成为设区的市地方立法服务地方发展的一个的突出亮点。

（二）各地人大用足用好地方立法权，积极探索创造性做好立法工作

贯彻落实习近平总书记关于结合地方实际创造性做好立法工作的重要指示精神，各地人大充分发挥地方立法贴近实践、贴近基层的重要特点，积极探索创造性做好立法工作。一是在用足用好地方立法权，积极探索制度创新。为探索推行适应更高标准贸易投资开放规则改革举措，高质量推进自贸试验区建设，海南围绕贸易投资自由化、便利化、贸易高质量发展等，对标国际最高标准、最高水平，制定通过《海南经济特区外国企业从事服务贸易经营活动登记管理暂行规定》《海南自由贸易港博鳌乐城国际医疗旅游先行区条例》《海南省反走私暂行条例》《海南自由贸易港企业破产程序条例》《海南自由贸易港国际船舶条例》等一系列体现海南特色，与国际接轨的创新体制机制。上海积极推动落实国家关于浦东新区改革决策部署，出台关于制定浦东新区法规相关法律工作规程的规定，形成立法需求项目清单，自 2021 年 6 月全国人大作出授权制定浦东法规的决定以来，先后制定了《上海市浦东新区市场主体登记确认制若干规定》《上海市浦东新区绿色金融发展若干规定》《上海市浦东新区推进市场准营承诺即入制改革若干规定》《上海市浦东新区推进住宅小区治理创新若干规定》《上海市浦东新区促进无驾驶人智能网联汽车创新应用规定》《上海市浦东新区固体废物资源化再利用若干规定》等 15 件浦东新区法规，形成了一系列务实管用的制度创新，涵盖营商环境、城市治理、产业发展、科技创新等方方面面，运用法治思维和法治方式"试制度、探新路"。二是浙江、山东、安徽、湖北、福建等地，制定《山东省税收保障条例》《安徽省地方金融条例》《福建省地方金融监督管理条例》《湖南省地方金融监督管理条例》以及浙江人大常委会关于授权省人民政府在杭州市暂时调整适用《浙江省建设工程质量管理条例》《浙江省计量监督管理条例》有关规定的决定、湖北人大常委会关于武汉长江新区行政管理等有关事项的决定等，对于金融、税收等基本制度在地方执行层面根据实际情况作出细化规定。

（三）从百姓身边事出发，以"小切口"立法发挥地方立法实效性

习近平总书记在十八届中央政治局第四次集体学习时指出："人民群众对立法的期盼，已经不是有没有，而是好不好、管用不管用、能不能解决实际问题。"在中央人大工作会议上，习近平总书记强调，要做好地方立法工作，着力解决实际问题。贯彻落实习近平总书记关于地方立法的重要指示精神，

各地在地方立法中针对近几年地方立法出现的"大而全"倾向，积极调整工作方向，找准在法律体系中的定位，吃透党中央精神，从地方实际出发，坚持地方特色，从百姓身边事出发，需要几条就定几条，以"小切口"立法发挥地方立法实效性，着力更好、更有效地解决实际问题，推动地方立法向精细化方向发展。浙江省提出推动实现立法"精准化、精细化、精干化"的总体思路。一是"精准化问题导向"，即精确对准当前改革发展中真正需要以立法解决的重大问题，以之作为立法选项的基本依据。二是"精细化方案设计"，即对解决问题的方案措施进行系统论证和科学设计，使方案具有可操作性、突出实效。三是"精干化框架安排"，即实现立法体例轻型化、简约化，需要几条就规定几条，不追求"大而全"。山东省人大常委会提出，地方立法"要在可行，忌在求大求全"，坚持"小切口"立法，坚持精细化立法，能具体的尽量具体、能明确的尽量明确，突出"关键的那么几条"，力争做到法规严谨、实在、精准、详细，精益求精，重在管用。强调法规可操作性，充分考虑法规执行问题，把立法与执法贯通起来，促进规范的有效执行，保证立法意图有效实现。例如，面对各地电动自行车呈现出保有量大，且逐年上涨的趋势，针对电动自行车在销售、通行和安全管理等方面存在的问题隐患，各地坚持问题导向，结合群众出行的实际需要，海南、湖北以及山西长治、临汾、朔州和广东东莞等地出台电动自行车管理条例。以《海南电动自行车管理条例》为例，根据地方实际，考虑到群众的出行需求规定了对本条例实施前已经购买的不符合强制性国家标准的电动两轮车实施过渡期临时号牌管理，过渡期最长不超过 5 年，期满后不得上路；并且为推进电动自行车登记工作，明确规定取消电动自行车牌证工本费。在保障人民群众基本权益的同时确保平缓过渡逐步淘汰"非标"电动两轮车。这些相关立法工作都在增强立法实效性方面作了积极探索，对于依法有序规范电动自行车管理，规范行政事业性收费管理，保护群众合法权益提供了法治保障。

（四）紧跟国家立法，统筹推进地方立法立改废工作

贯彻落实党中央决策部署，各地在地方立法中及时跟进国家立法，根据《立法法》关于地方性法规就"为执行法律、行政法规的规定，需要根据本行政区域的实际情况作出具体规定的事项"作出规定的要求，各地人大及时跟进上位法的发展变化，结合本地区实际情况，及时制定配套法规予以细化落实，同时通过灵活运用"打包"修法（包括废止）形式，适时清理存在与上位法相抵触、内容已严重滞后或已明显不适应形势需要等问题的地方性法规，对有关地方性法规及时作出修改完善或废止，确保与党中央精神和上位法相一致，有力确保了地方立法实效性。例如，贵州人大一次性对《贵州省道路

交通安全条例》等 41 件地方性法规个别条款作"打包"修改；广东通过关于修改《广东省水利工程管理条例》等 16 项地方性法规的决定；浙江通过关于废止《浙江省取缔无照经营条例》等 7 件地方性法规和法规性决定的决定等。这为及时实现法律的与时俱进，不断满足变化了的经济社会生活对法治的需求，在各行业、各领域全面深化改革不断推进的背景下，对于确保改革于法有据、法律适应现实生活和实际需要发挥了重要作用。

（五）积极探索开展立法全过程评估，增强实效性和可操作性

立法评估是检验地方立法实效性的重要手段，也是科学立法的必然要求。实践中，各地人大通过立法全过程评估、督促制定配套性规定、加强法规执法检查等措施不断增强地方立法实效性和可操作性，推动地方性法规得到切实实施。例如，山东省人大常委会积极探索开展立法前、立法中、立法后"三个评估"，取得良好效果。立法前评估重在解决立法必要性问题。对哪些法规项目该立、哪些不该立、哪些先立、哪些缓立，全都通过严格的评估论证来确定。立法中评估重在解决立法质量问题。通过邀请专家全面论证、重点问题立法听证、难点问题分析实证等方式，立足法规制定得好不好、管不管用、能不能解决实际问题等方面，强化对法规的针对性和实效性论证评估。立法后评估重在解决法规实施效果问题，采取问卷调查、联合评估、第三方评估等方式对已生效的法规进行跟踪评估。

四、关于进一步增强地方立法实效性的意见建议

党的二十大报告提出，推进科学立法、民主立法、依法立法，统筹立改废释纂，增强立法系统性、整体性、协同性、时效性，为地方各级人大加强和改进新时代地方立法工作指明了前进方向。习近平总书记要求增强人大工作整体实效，很重要的一点，就是在立法上形成整体合力、增强整体实效。然而应当看到，地方立法特别是设区的市地方性法规在实效性上还存在较大的提升空间，在执法、司法、普法中存在干部群众认知度不高，掌握度不够，执行力不强的问题。对此，要在"不抵触、可操作、有特色"的基础上牢牢抓住"强实效"这个目标，坚持问题导向，突出地方特色，着力增强设区的市地方立法实效性，为地方经济社会等各领域改革发展提供坚实法治保障。

（一）充分发挥地方人大及其常委会的主动性、积极性

宪法第三条第四款规定："中央和地方的国家机构职权的划分，遵循在中央的统一领导下，充分发挥地方的主动性、积极性的原则。"这是在总结建国以来实践经验的基础上，正式确立了中央和地方关系法治化的基本原则，也

是充分发挥地方人大及其常委会在地方立法中的作用的根本依据。同时，1982 年宪法在 1954 年宪法关于"全国人民代表大会是行使国家立法权的唯一机关"规定的基础上，第五十八条规定："全国人民代表大会和全国人民代表大会常务委员会行使国家立法权。"这一规定在增加了全国人大常委会作出国家立法权的行使主体同时，删去了"唯一"二字。这一变化，根据宪法修改委员会成员肖蔚云的记录，当时的主要考虑是 1982 年宪法规定了省级人大及其常委会可以制定地方性法规，虽然不是法律，但总算是一种法。1982 年宪法这样的规定既有利于发挥中央和地方的积极性，又将二者作了区分。[1] 从这个意义上来说，我国现行宪法赋予了地方立法以充分的空间，对于增强地方立法实效性具有重要意义。实践中，针对近些年讨论颇多的《立法法》法律保留规定中的"基本制度"概念，2023 年《立法法》修改，调整了全国人大及其常委会专属立法权中有关"仲裁制度"只能制定法律的规定，将"仲裁制度"修改为"仲裁基本制度"，为地方立法预留一定空间，以适应国际商事仲裁制度改革试点地区先行先试、与国际接轨的实践需要。同时，在金融立法领域，作为国家经济社会发展中重要的基础性制度，根据《立法法》规定，金融的基本制度只能制定法律。各地在地方立法中，根据国家金融改革创新试点落实地方金融风险处置属地责任的需要，在坚持金融管理主要是中央事权的前提下，地方政府在金融监管上承担了越来越多的职责。为解决缺乏上位法关于地方金融监督处罚的法律依据，北京、浙江、贵州、吉林等多地出台地方金融监督管理条例，着力明确地方金融监管部门的监管权限及监管手段，对地方金融组织提出明确监管要求，建立相关制度，强化风险防范，为在国家法律体系之下发挥地方立法的主动性、积极性和实效性作出了有益探索。

（二）进一步研究完善地方立法与上位法关系

地方性法规实效性是立法质量的重要体现。我国各地方情况千差万别，国家立法无法穷尽所有情况而作出整齐划一、事无巨细的安排，有时只能作出原则性的规定。各地方针对当地实际情况和需求开展富有实效的立法，通过发挥法的规范作用，确定权利义务关系，是地方立法的内在属性和重要价值，也是运用法治思维和法治方式解决地方实际问题的重要体现。在实现地方有效治理过程中，针对解决当地面临的实际问题，地方立法面临着如何根据当地经济社会发展水平，在国家立法的规定下，处理地方立法权限的问题。在调研中，有的地方表示，与上位法的关系问题已成为困扰地方立法工作的

---

[1]　肖蔚云：《我国现行宪法的诞生》，北京大学出版社 1986 年版，第 57 页。

一个突出问题。特别是"祁连山事件"之后，地方立法工作较为小心，普遍抱着宁多勿缺的态度，由此也造成了地方立法大量照抄照搬上位法及兄弟省市法规，存在立法条款及立法题目的重复现象，缺少了地方特色，没有考虑到地方实际情况和执行落地问题，地方立法实效性上还有很大的提升空间。实践中地方人大在立法工作中总结了"免责三保险"：一是通过法律责任中明确"法律责任另有规定的从其规定"；二是明确与上位法的关系，规定"法律法规有禁止性规定的从其规定"；三是在草案说明中具体列明与上位法不完全一致的情况。但每部地方性法规都如此处理立法条文不好看、立法技术上也很难处理，有个别地方甚至大量重复上位法及其他省市已出台法规，没有考虑到地方实际情况和执行落地问题，地方立法实效性上还有很大的提升空间。为此，有必要进一步研究法律和地方性法规的关系和范围，发现地方性法规个别条款与上位法不一致的情况时，尊重地方人大及其常委会的首创和探索精神，避免法律与地方性法规的简单比对。

（三）进一步明确设区的市地方性法规定位

《立法法》修改赋予所有设区的市地方立法权，同时将其立法权限限于城乡建设与管理、生态环境保护、历史文化保护、基层治理等方面的事项。在立法工作实践中，产生了省级人大立法权限与辖内一二十个设区的市人大立法权限如何分配的问题。由于法律对二者的立法权限范围没有作明确划分，从提高立法质量和立法效率，避免立法资源浪费的角度，有必要在工作中进一步明确设区的市地方性法规的定位，通过省级人大常委会年度立法工作计划等形式，做好省级人大和设区的市人大立法权限分配工作，完善立法体制机制。一是法律在规定相关制度和行为时，需要充分考虑各地的差异和不同需求，为地方性法规留有必要的空间。例如，有的法律明确授权地方性法规可以增加规定违法行为。如修改后的环境保护法规定，地方性法规可以根据环境保护的实际需要，增加按日连续处罚的违法行为。还有一些法律授权地方就特定事项规定管理制度，地方可以在规定管理制度时规定相应的行政处罚。如固体废物污染环境防治法规定，农村生活垃圾污染环境防治的具体办法，由地方性法规规定。① 二是省级人大及其常委会通过"留白"，给设区的市保留必要的立法空间。省级人大与设区的市人大作为地方性法规的制定主体，随着《立法法》明确将所有设区的市立法权限限于城乡建设与管理、生态环境保护、历史文化保护、基层治理等方面的事项，在立法工作实践中应

---

① 乔晓阳：《在第二十三次全国地方立法工作座谈会上的即席讲话》，中国人大网，http：//www. npc. gov. cn/zgrdw/npc/lfzt/rlyw/2017 – 09/13/content_ 2028781. htm。

做好省级人大和设区的市人大立法权限分配工作。省级人大通过在上述领域作必要的留白，可提倡和鼓励设区的市对一些难点问题进行先行探索，立法规范，为全省立法积累经验；对一些由设区的市经过立法证明切实可行并可复制推广的制度设计，再由省、自治区人大进行立法确定下来。特别是一些具有试验性质的立法，即使最终立法的效果不好，也为一省在此方面的立法积累了经验，同时，也能够有效防止立法失误造成的损失扩大。三是对于有的事项法律、行政法规已经明确由省级人大或人民政府实施，设区的市在制定地方性法规的时候就不得进行规范，更宜由省、自治区人大及其常委会进行立法。如环境保护法第十五条第二款规定："省、自治区、直辖市人民政府对国家环境质量标准中未作规定的项目，可以制定地方环境质量标准；对国家环境质量标准中已作规定的项目，可以制定严于国家环境质量标准的地方环境质量标准。地方环境质量标准应当报国务院环境保护主管部门备案。"又如，野生动物保护法规定，地方重点保护野生动物和其他非国家重点保护野生动物的管理办法，由省、自治区、直辖市人大或者其常委会制定。再如，食品安全法规定，食品生产加工小作坊和食品摊贩等的具体管理办法由省、自治区、直辖市制定。总结而言，设区的市立法工作重点，应当是认真研究如何充分运用好国家赋予的地方立法权，依法推动本地经济社会发展进步，解决好人民群众关心的热点难点问题，促进实现发展成果由人民共享，提高社会治理能力。

（四）及时修改清理地方性法规，确保立法实效

地方性法规在客观情况发生变化，或上位法已作出调整的情况下，应及时修改清理、与时俱进，保持一定的灵活性。2017 年 9 月，全国人大常委会法工委下发了《关于做好涉及生态文明建设和环境保护的地方性法规专项自查和清理的函》，要求各地在自查和清理的基础上，对不符合生态文明建设和环境保护要求，与国家有关法律法规不一致的，按法定程序予以修改或废止。统计显示，2018 年设区的市地方立法的一项重要工作就是生态环保法规专项清理工作。以城市绿化条例为例，2017 年 3 月，国务院对城市绿化条例进行了修改。2018 年，共有 22 个设区的市对于本市城市绿化条例进行了修改，有效回应了经济社会发展和城市绿化工作面临的新情况、新问题，具有较强的实效性。面对立法情况的快速变化，地方立法应及时作出调整。属于地方性事务立法、先行先试立法的，客观情况发生变化要及时修改、清理；属于执行性立法的，在上位法已作出调整的情况下，要及时跟进，确保实效。同时，在地方立法清理中还要注意发挥地方立法的长效作用，避免一废了之，一删完事，造成立法资源的浪费，损害地方立法的权威和效力。

三、数据

2015 年设区的市地方性法规制定情况统计

年份	省份	法规名称	立法形式
2015 年	河北	石家庄市市区禁止燃放烟花爆竹的规定	废止
2015 年	河北	石家庄市农民负担监督管理办法	废止
2015 年	河北	石家庄市技术市场管理条例	废止
2015 年	河北	石家庄市未成年人和精神病人监护办法	废止
2015 年	河北	石家庄市非公有制企业工会条例	废止
2015 年	河北	唐山市防震减灾条例	制定
2015 年	河北	唐山市防震减灾管理条例	文中废止
2015 年	河北	唐山市产品质量监督管理办法	废止
2015 年	河北	唐山市乡村规划建设管理条例	废止
2015 年	河北	唐山市城市房屋拆迁管理条例	废止
2015 年	河北	唐山市技术市场管理办法	废止
2015 年	河北	邯郸市新型墙体材料与建筑保温材料促进条例	制定
2015 年	河北	邯郸市建设工程招标投标条例	废止
2015 年	河北	邯郸市散装水泥和预拌混泥土管理条例	修改
2015 年	河北	邯郸市矿产资源管理条例	修改
2015 年	河北	邯郸市城市供水用水管理条例	修改
2015 年	河北	邯郸市气象灾害防御条例	修改
2015 年	河北	邯郸市城市供热条例	修改
2015 年	河北	石家庄市市区生活饮用水地下水源保护区污染防治条例	修改
2015 年	河北	邯郸市妇女权益保障条例	制定
2015 年	山西	大同市地方立法条例	修改
2015 年	山西	大同市煤矿安全生产监督管理条例	修改
2015 年	山西	大同市餐厨废弃物管理条例	修改
2015 年	山西	太原市消防条例	修改
2015 年	山西	太原市关于集会游行示威的若干规定	修改
2015 年	山西	太原市禁止燃放烟花爆竹的规定	修改

年份	省份	法规名称	立法形式
2015 年	山西	太原市晋祠保护条例	修改
2015 年	山西	太原市文物保护和管理办法	修改
2015 年	山西	太原市东西山绿化条例	修改
2015 年	山西	太原市外商企业投资条例	修改
2015 年	山西	太原市商业网点管理办法	修改
2015 年	内蒙古	包头市义务教育条例	修改
2015 年	内蒙古	呼和浩特市全民义务植树条例	修改
2015 年	内蒙古	呼和浩特市传染病防治条例	废止
2015 年	内蒙古	呼和浩特市职业病防治监督条例	废止
2015 年	内蒙古	呼和浩特市私营企业权益保护条例	废止
2015 年	内蒙古	包头市动物诊疗管理条例	废止
2015 年	内蒙古	呼和浩特市爱国卫生工作条例	制定
2015 年	内蒙古	呼和浩特市城市道路设施管理条例	修改
2015 年	内蒙古	包头市城市市容和环境卫生管理条例	修改
2015 年	内蒙古	包头市房地产交易市场管理条例	废止
2015 年	内蒙古	包头市传染病防治条例	废止
2015 年	辽宁	大连市监护治疗管理肇事肇祸精神病人条例	废止
2015 年	辽宁	大连市建筑市场管理条例	修改
2015 年	辽宁	大连市种子管理条例	修改
2015 年	辽宁	抚顺市烟花爆竹燃放管理条例	修改
2015 年	辽宁	沈阳市保护消费者合法权益规定	废止
2015 年	辽宁	大连市轨道交通条例	制定
2015 年	辽宁	抚顺市消防水源设施管理监督规定	废止
2015 年	辽宁	沈阳市妇女权益保障条例	制定
2015 年	辽宁	本溪市殡葬管理条例	修改
2015 年	辽宁	本溪市安全生产条例	修改
2015 年	辽宁	大连区域性金融中心建设促进条例	制定
2015 年	辽宁	大连市气象灾害防御条例	制定
2015 年	辽宁	辽宁省国家工作人员宪法宣誓组织办法	制定
2015 年	辽宁	沈阳市生活垃圾管理条例	制定
2015 年	辽宁	沈阳市城市公共汽车客运管理条例	制定

年份	省份	法规名称	立法形式
2015 年	辽宁	鞍山市水土保持条例	制定
2015 年	辽宁	鞍山市实施《中华人民共和国水土保持法》规定	文中废止
2015 年	辽宁	抚顺市动物及动物产品检疫监督条例	修改
2015 年	辽宁	抚顺市有线电视管理条例	废止
2015 年	吉林	长春市残疾人保障若干规定	制定
2015 年	吉林	长春市残疾人保障条例	文中废止
2015 年	吉林	长春市精神卫生条例	制定
2015 年	吉林	长春市轨道交通管理条例	制定
2015 年	吉林	长春市酒类专卖管理条例	废止
2015 年	吉林	长春市机动车维修管理条例	修改
2015 年	吉林	长春市燃气管理条例	修改
2015 年	吉林	长春市城市房地产开发经营管理条例	修改
2015 年	吉林	长春市城市供水条例	修改
2015 年	吉林	长春市城市房屋安全管理条例	修改
2015 年	吉林	长春市市政设施管理条例	修改
2015 年	吉林	长春市城市建设档案管理条例	修改
2015 年	吉林	长春市地震安全性评价管理条例	修改
2015 年	吉林	长春市档案安全保护条例	修改
2015 年	吉林	长春市市容和环境卫生管理条例	修改
2015 年	吉林	长春市著名商标认定和保护条例	修改
2015 年	吉林	长春市机动车停车场管理条例	制定
2015 年	吉林	长春净月潭风景名胜区保护管理条例	制定
2015 年	吉林	长春市水土保持条例	修改
2015 年	黑龙江	哈尔滨市保守国家秘密规定	废止
2015 年	黑龙江	哈尔滨市磨盘山水库饮用水水源保护条例	修改
2015 年	黑龙江	哈尔滨市应用散装水泥和预拌混泥土管理条例	修改
2015 年	黑龙江	齐齐哈尔市机动车排气污染防治条例	制定
2015 年	黑龙江	齐齐哈尔市城市房屋安全管理条例	修改
2015 年	江苏	南京市船舶修造业管理条例	废止
2015 年	江苏	无锡市旅游业促进条例	制定
2015 年	江苏	南京市华侨权益保护条例	制定

年份	省份	法规名称	立法形式
2015 年	江苏	无锡市物业管理条例	制定
2015 年	江苏	徐州市无偿献血条例	制定
2015 年	江苏	徐州市无偿献血管理条例	文中废止
2015 年	江苏	南京市农田水利条例	制定
2015 年	江苏	南京市企业国有资产监督管理条例	制定
2015 年	江苏	无锡市社区戒毒康复条例	制定
2015 年	江苏	无锡市粮油流通安全条例	制定
2015 年	江苏	无锡市粮油安全监督管理条例	文中废止
2015 年	江苏	南京市遗体和器官捐献条例	制定
2015 年	江苏	徐州市城乡供水条例	制定
2015 年	江苏	苏州市居家养老服务条例	制定
2015 年	江苏	南京市未成年人保护条例	制定
2015 年	江苏	无锡市公共信用信息条例	制定
2015 年	江苏	无锡市社会医疗机构管理条例	修改
2015 年	江苏	徐州市集中供热条例	制定
2015 年	江苏	苏州市献血条例	修改
2015 年	江苏	镇江市金山焦山北固山南山风景名胜区保护条例	制定
2015 年	浙江	杭州市科学技术普及条例	制定
2015 年	浙江	宁波杭州湾新区条例	制定
2015 年	浙江	宁波市人民调解条例	制定
2015 年	浙江	宁波市历史文化名城名镇名村保护条例	制定
2015 年	浙江	杭州市公路条例	制定
2015 年	浙江	杭州市公路路政管理条例	文中废止
2015 年	浙江	杭州市城市房地产开发经营管理若干规定	修改
2015 年	浙江	杭州市农副产品集贸市场条例	废止
2015 年	浙江	杭州市生活垃圾管理条例	制定
2015 年	浙江	宁波市城市房屋使用安全管理条例	修改
2015 年	浙江	杭州市绩效管理条例	制定
2015 年	浙江	杭州市智慧经济促进条例	制定
2015 年	浙江	杭州市信息化条例	废止
2015 年	浙江	杭州市城市房屋使用安全管理条例	修改

续表

年份	省份	法规名称	立法形式
2015 年	浙江	杭州市人民代表大会常务委员会关于暂停施行《杭州市客运出租汽车管理条例》有关规定的决定	制定
2015 年	浙江	杭州市文明行为促进条例	制定
2015 年	浙江	杭州市第二水源千岛湖配水供水工程管理条例	制定
2015 年	浙江	宁波市市政设施管理条例	修改
2015 年	浙江	温州市市容和环境卫生管理条例	制定
2015 年	安徽	合肥市防震减灾条例	制定
2015 年	安徽	淮南市暂住人口管理条例	制定
2015 年	安徽	淮南市法治宣传教育条例	制定
2015 年	安徽	淮南市消防条例	制定
2015 年	安徽	宿州市城镇绿化条例	制定
2015 年	福建	福州市公共场所控制吸烟条例	制定
2015 年	福建	福州市园林绿化管理条例	制定
2015 年	福建	福州市城市园林绿化管理办法	文中废止
2015 年	福建	福州市人民代表大会常务委员会关于在中国（福建）自由贸易试验区福州片区暂时调整实施本市有关地方性法规规定的决定	制定
2015 年	福建	福州市城乡规划条例	制定
2015 年	福建	福州市城市规划管理条例	文中废止
2015 年	江西	南昌市水资源条例	制定
2015 年	江西	南昌市军山湖保护条例	修改
2015 年	江西	南昌市养犬管理条例	制定
2015 年	江西	南昌市建筑市场管理规定	制定
2015 年	江西	南昌市轨道交通条例	制定
2015 年	山东	济南市道路交通安全条例	制定
2015 年	山东	青岛市养老服务促进条例	制定
2015 年	山东	淄博市招标投标条例	制定
2015 年	山东	淄博市建设工程招标投标管理条例	文中废止
2015 年	山东	淄博市科学技术进步条例	废止
2015 年	山东	淄博市承压设备安全监察条例	废止
2015 年	山东	青岛市供热条例	制定
2015 年	山东	青岛市城市供热条例	文中废止

年份	省份	法规名称	立法形式
2015 年	山东	青岛市轨道交通条例	制定
2015 年	山东	济南市城市市容管理条例	修改
2015 年	山东	青岛市职业教育条例	制定
2015 年	山东	青岛市职业学校管理条例	文中废止
2015 年	山东	青岛市审计监督条例	修改
2015 年	山东	淄博市企业民主管理条例	制定
2015 年	山东	济南市市政设施管理条例	制定
2015 年	山东	济南市市政工程设施管理条例	文中废止
2015 年	河南	洛阳市古树名木保护条例	制定
2015 年	河南	郑州市轨道交通条例	制定
2015 年	河南	郑州市建设工程施工安全管理条例	制定
2015 年	河南	郑州市城乡规划管理条例	制定
2015 年	河南	郑州市市区烟花爆竹安全管理条例	废止
2015 年	河南	郑州市农药管理条例	废止
2015 年	河南	洛阳市燃气管理条例	修改
2015 年	湖北	武汉市法律援助条例	修改
2015 年	湖北	武汉市湖泊保护条例	修改
2015 年	湖北	武汉市全民健身条例	修改
2015 年	湖北	武汉市未成年人保护实施办法	修改
2015 年	湖北	武汉市禁止生产和销售假冒伪劣商品条例	修改
2015 年	湖北	武汉市劳动力市场管理条例	修改
2015 年	湖北	武汉市商品交易市场管理条例	修改
2015 年	湖北	武汉市档案管理条例	修改
2015 年	湖北	武汉市精神卫生条例	修改
2015 年	湖北	武汉市艾滋病性病防治管理条例	修改
2015 年	湖北	武汉市农业机械化促进办法	修改
2015 年	湖北	武汉市见义勇为人员奖励和保护条例	制定
2015 年	湖北	武汉市奖励和保护见义勇为人员条例	文中废止
2015 年	湖北	武汉市文明行为促进条例	制定
2015 年	湖南	长沙市院前医疗急救管理条例	制定
2015 年	湖南	长沙市房屋安全管理条例	制定

续表

年份	省份	法规名称	立法形式
2015 年	广东	广州市公园条例	制定
2015 年	广东	珠海市户外广告设施设置管理条例	废止
2015 年	广东	广州市渔业管理规定	废止
2015 年	广东	广州市农业环境保护管理规定	废止
2015 年	广东	广州市举办展销会管理条例	废止
2015 年	广东	广州市城市快速路路政管理条例	修改
2015 年	广东	广州市促进科技成果转化条例	修改
2015 年	广东	广州市生态公益林条例	修改
2015 年	广东	广州市专利管理条例	修改
2015 年	广东	广州市建筑条例	修改
2015 年	广东	广州市地名管理条例	修改
2015 年	广东	广州市固体废物污染环境防治规定	修改
2015 年	广东	广州市房地产中介服务管理条例	修改
2015 年	广东	广州市城市供水用水条例	修改
2015 年	广东	广州市城市轨道交通管理条例	修改
2015 年	广东	广州市按比例安排残疾人就业办法	修改
2015 年	广东	广州市教育经费投入与管理条例	修改
2015 年	广东	广州市旅游条例	修改
2015 年	广东	广州市科学技术普及条例	修改
2015 年	广东	广州市社会治安综合治理条例	修改
2015 年	广东	广州市销售燃放烟花爆竹管理规定	修改
2015 年	广东	广州市大气污染防治规定	修改
2015 年	广东	广州市野生动物保护管理若干规定	修改
2015 年	广东	广州市义务兵征集优待和退伍安置规定	修改
2015 年	广东	广州市公路路政管理条例	修改
2015 年	广东	广州市环境噪声污染防治规定	修改
2015 年	广东	广州市传染病防治规定	修改
2015 年	广东	广州市社会急救医疗管理条例	修改
2015 年	广东	广州市幼儿教育管理规定	修改
2015 年	广东	广州市市政设施管理条例	修改
2015 年	广东	广州市统计管理条例	修改

续表

年份	省份	法规名称	立法形式
2015 年	广东	广州市环境保护条例	修改
2015 年	广东	广州市建筑条例	修改
2015 年	广东	广州市水利工程设施保护规定	修改
2015 年	广东	广州市宗教事务管理条例	修改
2015 年	广东	广州市科学技术经费投入与管理条例	修改
2015 年	广东	广州市奖励和保护见义勇为人员条例	修改
2015 年	广东	广州市殡葬管理规定	修改
2015 年	广东	广州市劳动力市场管理条例	修改
2015 年	广东	广州市地名管理条例	修改
2015 年	广东	广州市人才市场管理条例	修改
2015 年	广东	广州市森林公园管理条例	修改
2015 年	广东	广州市水上治安管理条例	修改
2015 年	广东	广州市科学技术普及条例	修改
2015 年	广东	广州市促进科技成果转化条例	修改
2015 年	广东	广州市公共汽车电车客运管理条例	修改
2015 年	广东	广州市固体废弃物污染环境防治规定	修改
2015 年	广东	广州市涉案物价格鉴定管理条例	修改
2015 年	广东	广州市地方性法规制定办法	修改
2015 年	广东	广州市违法建设查处条例	修改
2015 年	广东	广州市内部审计条例	修改
2015 年	广东	广州市房地产中介服务管理条例	修改
2015 年	广东	广州市生态公益林条例	修改
2015 年	广东	广州市房地产开发办法	修改
2015 年	广东	广州市人民代表大会代表议案条例	修改
2015 年	广东	广州市生猪屠宰和生猪产品流通管理条例	修改
2015 年	广东	广州市市容环境卫生管理规定	修改
2015 年	广东	广州市机动车排气污染防治规定	修改
2015 年	广东	广州市农药管理规定	修改
2015 年	广东	广州市城市供水用水条例	修改
2015 年	广东	广州市安全生产条例	修改
2015 年	广东	广州市实施《中华人民共和国工会法》办法	修改

续表

年份	省份	法规名称	立法形式
2015 年	广东	广州市残疾人权益保障条例	修改
2015 年	广东	广州市城市管理综合执法条例	修改
2015 年	广东	广州市志愿服务条例	修改
2015 年	广东	广州市养犬管理条例	修改
2015 年	广东	广州市妇女权益保障规定	修改
2015 年	广东	广州市全民健身条例	修改
2015 年	广东	广州市控制吸烟条例	修改
2015 年	广东	广州市饮用水水源污染防治规定	修改
2015 年	广东	广州市政府投资管理条例	修改
2015 年	广东	广州市信息化促进条例	修改
2015 年	广东	广州市劳动关系三方协商规定	修改
2015 年	广东	广州市水务管理条例	修改
2015 年	广东	广州市募捐条例	修改
2015 年	广东	广州市绿化条例	修改
2015 年	广东	广州市建筑废弃物管理条例	修改
2015 年	广东	广州市中新广州知识城条例	修改
2015 年	广东	广州市文物保护规定	修改
2015 年	广东	广州市人民防空管理规定	修改
2015 年	广东	广州市科技创新促进条例	修改
2015 年	广东	广州市社会医疗保险条例	修改
2015 年	广东	广州市未成年人保护规定	修改
2015 年	广东	广州市水域市容环境卫生管理条例	修改
2015 年	广东	广州市流溪河流域保护条例	修改
2015 年	广东	广州市历史文化名城保护条例	修改
2015 年	广东	珠海市土地管理条例	废止
2015 年	广西	南宁市消防条例	制定
2015 年	广西	南宁市养犬管理条例	修改
2015 年	广西	南宁市人民代表大会常务委员会关于暂停实施南宁市出租汽车客运管理条例第八条第二款的决定	制定
2015 年	广西	南宁市五象岭保护条例	制定
2015 年	海南	海口市防控和处置违法建筑若干规定	制定

年份	省份	法规名称	立法形式
2015 年	海南	三亚市白鹭公园保护管理规定	制定
2015 年	海南	海口市房屋租赁管理条例	制定
2015 年	海南	海口市房屋租赁管理办法	文中废止
2015 年	海南	海口市电动自行车管理办法的决定	修改
2015 年	四川	成都市保护消费者权益条例	废止
2015 年	四川	成都市暂住人口治安管理规定	废止
2015 年	四川	成都市农作物种子管理规定	废止
2015 年	四川	成都市城市社区建设管理规定	废止
2015 年	四川	成都市流动人口计划生育管理条例	废止
2015 年	四川	成都市城市房屋拆迁管理条例	废止
2015 年	四川	成都市房屋使用安全管理条例	修改
2015 年	四川	成都市农业灌排设施保护条例	废止
2015 年	四川	成都市征兵工作规定	废止
2015 年	四川	成都市烟草专卖管理条例	修改
2015 年	四川	成都市户外广告和招牌设置管理条例	修改
2015 年	四川	成都市清真食品管理规定	修改
2015 年	四川	成都市宗教活动场所管理规定	修改
2015 年	四川	成都市节约用水管理条例	制定
2015 年	四川	成都市法律援助条例	修改
2015 年	四川	成都市爱国卫生管理条例	修改
2015 年	四川	成都市公共场所治安管理规定	修改
2015 年	贵州	贵阳综合保税区管理条例	制定
2015 年	云南	昆明市城市市容和环境卫生管理条例	修改
2015 年	云南	昆明市殡葬管理条例	修改
2015 年	云南	昆明市道路交通安全条例	修改
2015 年	云南	昆明市会展业促进条例	制定
2015 年	云南	昆明市残疾人保障条例	制定
2015 年	西藏	拉萨市物业管理条例	制定
2015 年	陕西	西安市暂住人口管理条例	废止
2015 年	陕西	西安市扬尘污染防治条例修改	制定
2015 年	陕西	西安市机动车和非道路移动机械排气污染防治条例	制定

年份	省份	法规名称	立法形式
2015 年	陕西	西安市机动车排气污染防治条例	文中废止
2015 年	陕西	西安市城市房屋使用安全管理条例	制定
2015 年	甘肃	兰州市科学技术进步条例修改	制定
2015 年	青海	西宁市餐厨垃圾管理条例	修改
2015 年	青海	西宁市城乡规划管理条例	制定
2015 年	青海	西宁市大气污染防治条例	制定
2015 年	宁夏	银川市市政公用事业特许经营管理条例	制定
2015 年	宁夏	银川市预算审查监管条例	废止
2015 年	宁夏	银川市未成年人保护条例	废止
2015 年	宁夏	银川市建筑管理条例	废止
2015 年	宁夏	银川市民营医疗机构管理条例	废止
2015 年	新疆	乌鲁木齐市查处违法建筑条例	制定

2016 年设区的市地方性法规制定情况统计

年份	省份	法规名称	立法形式
2016 年	河北	石家庄市城市园林绿化管理条例	修改
2016 年	河北	唐山市邮政条例	制定
2016 年	河北	唐山市汉语言文字应用管理办法	废止
2016 年	河北	石家庄市低碳发展促进条例	制定
2016 年	河北	邯郸市城市排水与污水处理条例	制定
2016 年	河北	邯郸市居住证条例	制定
2016 年	河北	石家庄市大气污染防治条例	修改
2016 年	河北	唐山市城市绿化管理条例	修改
2016 年	河北	保定市城市市容和环境卫生条例	制定
2016 年	山西	太原市拥军优属规定	修改
2016 年	山西	太原市殡葬管理办法	修改
2016 年	山西	太原市体育设施建设和管理办法	修改
2016 年	山西	太原市城市节约用水条例	修改
2016 年	山西	太原市公园条例	修改
2016 年	山西	太原市户外广告设施设置管理办法	修改
2016 年	山西	太原市档案管理条例	修改
2016 年	山西	太原市雷电灾害防御条例	制定
2016 年	山西	大同市人民防空工程建设和管理条例	制定
2016 年	山西	大同市气象设施和探测环境保护条例	修改
2016 年	山西	运城市关圣文化建筑群保护条例	制定
2016 年	山西	太原市城市地下管网条例	制定
2016 年	山西	太原市养老机构条例	制定
2016 年	山西	太原市老年人权益保障办法	修改
2016 年	山西	太原市城市绿化条例	修改
2016 年	山西	太原市学前教育管理条例	修改
2016 年	山西	太原市清洁生产条例	修改

年份	省份	法规名称	立法形式
2016 年	山西	太原市天然林保护条例	修改
2016 年	山西	吕梁市人民代表大会及其常务委员会立法程序规定	制定
2016 年	山西	太原市中小学校幼儿园规划建设条例	制定
2016 年	山西	太原市立法条例	修改
2016 年	山西	大同市电动车管理条例	制定
2016 年	山西	晋城市地方立法条例	制定
2016 年	内蒙古	呼和浩特市城市供水用水条例	制定
2016 年	内蒙古	呼和浩特市民办教育促进条例	修改
2016 年	内蒙古	呼和浩特市牛的人工授精管理办法	修改
2016 年	内蒙古	呼和浩特市旅游管理条例	修改
2016 年	内蒙古	通辽市人民代表大会及其常务委员会立法条例	制定
2016 年	内蒙古	乌兰察布市人民代表大会及其常务委员会立法条例	制定
2016 年	内蒙古	乌海市人民代表大会及其常务委员会立法条例	制定
2016 年	内蒙古	赤峰市人民代表大会及其常务委员会立法条例	制定
2016 年	内蒙古	巴彦淖尔市人民代表大会及其常务委员会立法条例	制定
2016 年	内蒙古	呼伦贝尔市人民代表大会及其常务委员会立法条例	制定
2016 年	内蒙古	鄂尔多斯市人民代表大会及其常务委员会立法条例	制定
2016 年	内蒙古	包头市人民代表大会常务委员会讨论决定重大事项的规定	修改
2016 年	内蒙古	呼和浩特市城市供热管理条例	修改
2016 年	内蒙古	呼和浩特市燃气管理条例	制定
2016 年	内蒙古	呼伦贝尔市城市市容和环境卫生管理条例	制定
2016 年	内蒙古	通辽市城市市容和环境卫生管理条例	制定
2016 年	内蒙古	赤峰市红山文化遗址群保护条例	制定
2016 年	内蒙古	鄂尔多斯市环境保护条例	制定
2016 年	内蒙古	乌海市海勃湾生态涵养区保护条例	制定
2016 年	辽宁	鞍山市人民代表大会常务委员会讨论决定重大事项的规定	制定
2016 年	辽宁	鞍山市人民代表大会常务委员会讨论、决定重大事项的规定	文中废止
2016 年	辽宁	本溪市城市绿化管理条例	制定
2016 年	辽宁	本溪市城市绿化管理规定	文中废止
2016 年	辽宁	大连市城市市容管理条例	修改
2016 年	辽宁	大连市消防条例	制定

年份	省份	法规名称	立法形式
2016 年	辽宁	大连市消防若干规定	文中废止
2016 年	辽宁	抚顺市城市供水用水管理条例	修改
2016 年	辽宁	抚顺市志愿服务条例	修改
2016 年	辽宁	丹东市人民代表大会及其常务委员会立法条例	制定
2016 年	辽宁	锦州市人民代表大会及其常务委员会立法条例	制定
2016 年	辽宁	营口市人民代表大会及其常务委员会立法条例	制定
2016 年	辽宁	辽阳市人民代表大会及其常务委员会立法条例	制定
2016 年	辽宁	铁岭市人民代表大会及其常务委员会立法条例	制定
2016 年	辽宁	朝阳市人民代表大会及其常务委员会立法条例	制定
2016 年	辽宁	盘锦市人民代表大会及其常务委员会立法条例	制定
2016 年	辽宁	沈阳市城市市容和环境卫生管理条例	修改
2016 年	辽宁	大连市防震减灾条例	制定
2016 年	辽宁	抚顺市自主创新促进条例	制定
2016 年	辽宁	抚顺市科学技术进步条例	文中废止
2016 年	辽宁	本溪市城市机动车停放管理条例	修改
2016 年	辽宁	铁岭市饮用水水源保护条例	制定
2016 年	辽宁	沈阳市劳动争议调解条例	制定
2016 年	辽宁	抚顺市水土保持条例	修改
2016 年	辽宁	本溪市旅游促进条例	制定
2016 年	辽宁	辽阳市城乡规划条例	制定
2016 年	辽宁	营口市城市供水用水管理条例	制定
2016 年	辽宁	营口市饮用水水源保护区污染防治条例	制定
2016 年	辽宁	朝阳市城市供热条例	制定
2016 年	辽宁	沈阳市农田水利设施条例	制定
2016 年	辽宁	锦州市城市管理综合执法条例	制定
2016 年	吉林	吉林市餐厨垃圾管理条例	制定
2016 年	吉林	吉林市城区养犬管理条例	制定
2016 年	吉林	四平市人民代表大会常务委员会立法条例	制定
2016 年	吉林	长春市城市地下空间开发利用管理条例	制定
2016 年	吉林	四平市城乡规划监察条例	制定
2016 年	吉林	辽源市杨木水库饮用水水源保护条例	制定

年份	省份	法规名称	立法形式
2016 年	吉林	通化市城乡规划管理条例	制定
2016 年	吉林	吉林市气象灾害防御条例	修改
2016 年	黑龙江	哈尔滨市燃煤污染防治条例	制定
2016 年	黑龙江	哈尔滨市新型墙体材料发展应用和建筑节能管理条例	修改
2016 年	黑龙江	哈尔滨市建筑市场管理规定	修改
2016 年	黑龙江	哈尔滨市建设工程安全生产管理条例	修改
2016 年	黑龙江	哈尔滨市燃气管理条例	修改
2016 年	黑龙江	哈尔滨市殡葬管理条例	修改
2016 年	黑龙江	哈尔滨市机动车排气污染防治条例	修改
2016 年	黑龙江	哈尔滨市城市排水与污水处理条例	制定
2016 年	黑龙江	哈尔滨市城市排水条例	文中废止
2016 年	黑龙江	哈尔滨市重点污染物排放总量控制条例	制定
2016 年	黑龙江	齐齐哈尔市基本农田保护条例	废止
2016 年	黑龙江	齐齐哈尔市渔业管理细则	废止
2016 年	江苏	苏州市轨道交通条例	制定
2016 年	江苏	盐城市绿化条例	制定
2016 年	江苏	南京市住宅物业管理条例	制定
2016 年	江苏	无锡市城市公共交通管理条例	文中废止
2016 年	江苏	无锡市测绘管理条例	修改
2016 年	江苏	常州市制定地方性法规条例	制定
2016 年	江苏	南通市制定地方性法规条例	制定
2016 年	江苏	盐城市制定地方性法规条例	制定
2016 年	江苏	扬州市制定地方性法规条例	制定
2016 年	江苏	镇江市制定地方性法规条例	制定
2016 年	江苏	泰州市制定地方性法规条例	制定
2016 年	江苏	苏州市市政设施管理条例	修改
2016 年	江苏	苏州市城市市容和环境卫生管理条例	修改
2016 年	江苏	苏州市城市绿化条例	修改
2016 年	江苏	苏州园林保护和管理条例	修改
2016 年	江苏	苏州市住宅区物业管理条例	修改
2016 年	江苏	苏州市道路运输条例	修改

年份	省份	法规名称	立法形式
2016 年	江苏	苏州市实施《中华人民共和国文物保护法》办法	修改
2016 年	江苏	苏州市体育经营活动管理条例	修改
2016 年	江苏	苏州市市民体育健身条例	修改
2016 年	江苏	淮安市永久性绿地保护条例	制定
2016 年	江苏	南京市邮政条例	制定
2016 年	江苏	南京市邮政管理条例	文中废止
2016 年	江苏	南通市濠河风景名胜区条例	制定
2016 年	江苏	盐城市农作物秸秆综合利用条例	制定
2016 年	江苏	镇江香醋保护条例	制定
2016 年	江苏	泰州市水环境保护条例	制定
2016 年	江苏	泰州市公共信用信息条例	制定
2016 年	江苏	南京市奖励和保护见义勇为人员条例	制定
2016 年	江苏	无锡市残疾人保护条例	修改
2016 年	江苏	徐州市电梯安全管理条例	修改
2016 年	江苏	泰州市房屋安全管理条例	制定
2016 年	江苏	宿迁市城市绿地保护条例	制定
2016 年	江苏	南京市非物质文化遗产保护条例	制定
2016 年	江苏	无锡市实施《江苏省大气污染防治条例》办法	制定
2016 年	江苏	无锡市外送快餐卫生管理规定	修改
2016 年	江苏	无锡市体育经营活动管理条例	修改
2016 年	江苏	无锡市公共交通条例	制定
2016 年	江苏	徐州市景区土地和建筑物管理条例	制定
2016 年	江苏	连云港市海洋牧场管理条例	修改
2016 年	江苏	淮安市古淮河保护条例	制定
2016 年	江苏	盐城市扬尘污染防治条例	制定
2016 年	江苏	扬州古城保护条例	制定
2016 年	江苏	扬州市河道管理条例	制定
2016 年	江苏	镇江市饮用水源地保护条例	制定
2016 年	浙江	杭州市道路交通安全管理条例	修改
2016 年	浙江	杭州市生态文明建设促进条例	制定
2016 年	浙江	嘉兴市秸秆露天禁烧和综合利用条例	制定

年份	省份	法规名称	立法形式
2016 年	浙江	杭州市立法条例	制定
2016 年	浙江	杭州市制定地方性法规的规定	文中废止
2016 年	浙江	金华市制定地方性法规条例	制定
2016 年	浙江	丽水市制定地方性法规条例	制定
2016 年	浙江	宁波市职业技能培训条例	制定
2016 年	浙江	绍兴市制定地方性法规条例	制定
2016 年	浙江	衢州市制定地方性法规条例	制定
2016 年	浙江	舟山市制定地方性法规条例	制定
2016 年	浙江	湖州市制定地方性法规条例	制定
2016 年	浙江	温州市制定地方性法规条例	制定
2016 年	浙江	台州市制定地方性法规条例	制定
2016 年	浙江	嘉兴市制定地方性法规条例	制定
2016 年	浙江	湖州市生态文明先行示范区建设条例	制定
2016 年	浙江	宁波市大气污染防治条例	制定
2016 年	浙江	杭州市大气污染防治规定	制定
2016 年	浙江	杭州市禁止销售燃放烟花爆竹管理规定	制定
2016 年	浙江	台州市城市市容和环境卫生管理条例	制定
2016 年	浙江	杭州市精神卫生条例	修改
2016 年	浙江	湖州市市容和环境卫生管理条例	制定
2016 年	浙江	绍兴市大气污染防治条例	制定
2016 年	浙江	绍兴市水资源保护条例	制定
2016 年	浙江	宁波国家高新技术产业开发区条例	修改
2016 年	浙江	台州市城乡规划条例	制定
2016 年	浙江	衢州市市容和环境卫生管理条例	制定
2016 年	浙江	衢州市市区电动自行车管理规定	制定
2016 年	浙江	金华市水环境保护条例	制定
2016 年	浙江	杭州市旅游条例	制定
2016 年	浙江	丽水市市容和环境卫生管理条例	制定
2016 年	浙江	舟山市国家海洋保护区管理条例	制定
2016 年	浙江	杭州市跨境电子商务促进条例	制定
2016 年	浙江	杭州市法律援助条例	修改

年份	省份	法规名称	立法形式
2016 年	浙江	宁波市轨道交通运营管理条例	制定
2016 年	浙江	宁波市人民代表大会代表建议、批评和意见办理条例	修改
2016 年	安徽	蚌埠市龙子湖景区条例	制定
2016 年	安徽	蚌埠市人民代表大会及其常务委员会立法程序规定	制定
2016 年	安徽	阜阳市人民代表大会及其常务委员会立法程序规定	制定
2016 年	安徽	滁州市人民代表大会及其常务委员会立法程序规定	制定
2016 年	安徽	芜湖市人民代表大会及其常务委员会立法程序规定	制定
2016 年	安徽	宣城市人民代表大会及其常务委员会立法程序规定	制定
2016 年	安徽	铜陵市人民代表大会及其常务委员会立法程序规定	制定
2016 年	安徽	池州市人民代表大会及其常务委员会立法程序规定	制定
2016 年	安徽	合肥市人民代表大会及其常务委员会立法条例	修改
2016 年	安徽	淮南市人民代表大会常务委员会监督司法工作条例	废止
2016 年	安徽	安庆市菱湖风景区条例	修改
2016 年	安徽	亳州市人民代表大会及其常务委员会立法程序规定	制定
2016 年	安徽	阜阳市地下水保护条例	制定
2016 年	安徽	阜阳市城市绿化条例	制定
2016 年	安徽	淮南市人民代表大会及其常务委员会立法条例	修改
2016 年	安徽	宣城市敬亭山风景名胜区条例	制定
2016 年	安徽	合肥市城市供水条例	修改
2016 年	安徽	宿州市市容治理条例	制定
2016 年	安徽	淮南市城市建设档案管理条例	制定
2016 年	安徽	铜陵市燃放经营烟花爆竹管理规定	制定
2016 年	安徽	歙县徽州古城保护条例	修改
2016 年	安徽	合肥市居家养老服务条例	制定
2016 年	安徽	淮北市城乡规划条例	制定
2016 年	安徽	宿州市农村垃圾治理条例	制定
2016 年	安徽	滁州市市区饮用水水源保护条例	制定
2016 年	安徽	芜湖铁画保护和发展条例	制定
2016 年	安徽	池州市城市管理条例	制定
2016 年	安徽	蚌埠市城镇绿化条例	制定
2016 年	安徽	淮南市机动车排放污染防治条例	制定

续表

年份	省份	法规名称	立法形式
2016 年	安徽	宣城市城市管理条例	制定
2016 年	安徽	铜陵市城市绿化条例	制定
2016 年	福建	福州市人民代表大会及其常务委员会立法条例	修改
2016 年	福建	漳州市人民代表大会及其常务委员会立法条例	制定
2016 年	福建	泉州市人民代表大会及其常务委员会立法条例	制定
2016 年	福建	三明市人民代表大会及其常务委员会立法条例	制定
2016 年	福建	莆田市人民代表大会及其常务委员会立法条例	制定
2016 年	福建	龙岩市人民代表大会及其常务委员会立法条例	制定
2016 年	福建	宁德市人民代表大会及其常务委员会立法条例	制定
2016 年	福建	厦门市人民代表大会及其常务委员会立法条例	修改
2016 年	福建	南平市人民代表大会及其常务委员会立法条例	制定
2016 年	福建	厦门市消防管理若干规定	修改
2016 年	福建	厦门市无居民海岛保护与利用管理办法	修改
2016 年	福建	厦门市海洋环境保护若干规定	修改
2016 年	福建	福州市湿地保护管理办法	制定
2016 年	福建	福州市轨道交通条例	制定
2016 年	福建	厦门老字号保护发展办法	制定
2016 年	福建	泉州市海上丝绸之路史迹保护条例	制定
2016 年	福建	三明市城市市容和环境卫生管理条例	制定
2016 年	福建	龙岩市烟花爆竹燃放管理条例	制定
2016 年	江西	南昌市电动自行车管理条例	制定
2016 年	江西	南昌市低碳发展促进条例	制定
2016 年	江西	南昌市劳动力市场管理条例	废止
2016 年	江西	南昌市城市房屋拆迁管理办法	废止
2016 年	江西	景德镇市立法条例	制定
2016 年	江西	南昌市燃气管理条例	修改
2016 年	江西	南昌市禁止燃放烟花爆竹规定	制定
2016 年	江西	九江市城区烟花爆竹燃放管理条例	制定
2016 年	山东	淄博市城乡规划管理办法	制定
2016 年	山东	济南市湿地保护条例	制定
2016 年	山东	济南市文物保护规定	修改

年份	省份	法规名称	立法形式
2016 年	山东	青岛市商品流通市场建设与管理条例	制定
2016 年	山东	青岛市海洋环境保护规定	修改
2016 年	山东	东营市制定地方性法规条例	制定
2016 年	山东	烟台市制定地方性法规条例	制定
2016 年	山东	潍坊市制定地方性法规条例	制定
2016 年	山东	济宁市制定地方性法规条例	制定
2016 年	山东	泰安市制定地方性法规条例	制定
2016 年	山东	威海市制定地方性法规条例	制定
2016 年	山东	莱芜市制定地方性法规条例	制定
2016 年	山东	临沂市制定地方性法规条例	制定
2016 年	山东	滨州市制定地方性法规条例	制定
2016 年	山东	菏泽市制定地方性法规条例	制定
2016 年	山东	青岛市城市房地产开发经营管理条例	修改
2016 年	山东	青岛市养犬管理条例	制定
2016 年	山东	淄博市院前医疗急救管理条例	制定
2016 年	山东	青岛市残疾人保障条例	制定
2016 年	山东	青岛市保障残疾人合法权益规定	文中废止
2016 年	山东	济南市民办学校管理办法	废止
2016 年	山东	青岛市城市地下管线管理条例	制定
2016 年	山东	青岛市崂山风景区条例	制定
2016 年	山东	东营市城镇容貌和环境卫生管理条例	制定
2016 年	山东	烟台市森林防火条例	制定
2016 年	山东	济宁市大气污染防治条例	制定
2016 年	山东	威海市城市风貌保护条例	制定
2016 年	山东	滨州市供热条例	制定
2016 年	山东	菏泽市大气污染防治条例	制定
2016 年	山东	济南市大气污染防治条例	修改
2016 年	山东	济南市水土保持条例	制定
2016 年	山东	青岛市文明行为促进条例	制定
2016 年	山东	淄博市地下管线管理条例	制定
2016 年	山东	潍坊市禁用限用剧毒高毒农药条例	制定

年份	省份	法规名称	立法形式
2016 年	山东	潍坊市文物保护条例	制定
2016 年	山东	潍坊市电梯安全条例	制定
2016 年	山东	济宁市城镇容貌和环境卫生管理条例	制定
2016 年	山东	济宁市泗河保护管理条例	制定
2016 年	山东	莱芜市钢结构建筑应用促进条例	制定
2016 年	山东	临沂市城乡规划条例	制定
2016 年	山东	滨州市城区道路管理条例	制定
2016 年	山东	菏泽市城镇容貌和环境卫生管理条例	制定
2016 年	河南	郑州市建筑市场管理条例	修改
2016 年	河南	开封市城市市容和环境卫生管理条例	制定
2016 年	河南	鹤壁市循环经济生态城市建设条例	制定
2016 年	河南	商丘古城保护条例	制定
2016 年	河南	洛阳市旅游条例	修改
2016 年	河南	许昌市城市市容和环境卫生管理条例	制定
2016 年	河南	三门峡市城市环境卫生管理条例	制定
2016 年	河南	信阳市传统村落保护条例	制定
2016 年	河南	洛阳市非物质文化遗产保护条例	制定
2016 年	河南	安阳市林州红旗渠保护条例	制定
2016 年	河南	焦作市北山生态环境保护条例	制定
2016 年	河南	濮阳市马颊河保护条例	制定
2016 年	湖北	武汉市旅游条例	修改
2016 年	湖北	武汉市志愿服务条例	制定
2016 年	湖北	随州市人民代表大会及其常务委员会立法条例	制定
2016 年	湖北	黄石市人民代表大会及其常务委员会立法条例	制定
2016 年	湖北	鄂州市人民代表大会及其常务委员会立法条例	制定
2016 年	湖北	宜昌市人民代表大会及其常务委员会立法条例	制定
2016 年	湖北	襄阳市人民代表大会及其常务委员会立法条例	制定
2016 年	湖北	咸宁市人民代表大会及其常务委员会立法条例	制定
2016 年	湖北	孝感市人民代表大会及其常务委员会立法条例	制定
2016 年	湖北	十堰市人民代表大会及其常务委员会立法条例	制定
2016 年	湖北	荆门市人民代表大会及其常务委员会立法条例	制定

年份	省份	法规名称	立法形式
2016 年	湖北	黄冈市人民代表大会及其常务委员会立法条例	制定
2016 年	湖北	荆州市人民代表大会及其常务委员会立法条例	制定
2016 年	湖北	恩施土家族苗族自治州人民代表大会及其常务委员会立法条例	制定
2016 年	湖北	武汉市基本生态控制线管理条例	制定
2016 年	湖北	武汉市非物质文化遗产保护条例	制定
2016 年	湖北	黄石市工业遗产保护条例	制定
2016 年	湖北	武汉市政府投资项目审计条例	修改
2016 年	湖北	荆门市城市管理条例	制定
2016 年	湖北	鄂州市户外广告和招牌设置管理条例	制定
2016 年	湖北	宜昌市城区重点绿地保护条例	制定
2016 年	湖北	十堰市中心城区山体保护条例	制定
2016 年	湖北	襄阳市汉江流域水环境保护条例	制定
2016 年	湖北	襄阳古城墙保护条例	制定
2016 年	湖北	恩施土家族苗族自治州西水河保护条例	制定
2016 年	湖北	随州市城区燃放烟花爆竹管理条例	制定
2016 年	湖北	黄冈市饮用水水源地保护条例	制定
2016 年	湖北	咸宁市地热资源保护条例	制定
2016 年	湖北	咸宁市古民居保护条例	制定
2016 年	湖南	长沙市人民代表大会及其常务委员会制定地方性法规条例	修改
2016 年	湖南	株洲市人民代表大会及其常务委员会立法条例	制定
2016 年	湖南	长沙市湘江流域水污染防治条例	制定
2016 年	湖南	长沙市城市地下管线管理条例	制定
2016 年	湖南	郴州市苏仙岭—万华岩风景名胜区保护条例	制定
2016 年	湖南	益阳市城市规划区山体水体保护条例	制定
2016 年	湖南	株洲市农村村庄规划建设管理条例	制定
2016 年	湖南	张家界市城镇绿化条例	制定
2016 年	湖南	湘潭市城市市容和环境卫生管理条例	制定
2016 年	湖南	湘西土家族苗族自治州白云山国家级自然保护区条例	制定
2016 年	湖南	衡阳市南岳区综合管理条例	制定
2016 年	广东	佛山市历史文化街区和历史建筑保护条例	制定
2016 年	广东	中山市水环境保护条例	制定

年份	省份	法规名称	立法形式
2016 年	广东	深圳市制定法规条例	修改
2016 年	广东	珠海市人民代表大会及其常务委员会制定法规规定	修改
2016 年	广东	惠州市制定地方性法规条例	制定
2016 年	广东	惠州市西枝江水系水质保护条例	制定
2016 年	广东	江门市制定地方性法规条例	制定
2016 年	广东	韶关市制定地方性法规条例	制定
2016 年	广东	梅州市制定地方性法规条例	制定
2016 年	广东	东莞市制定地方性法规条例	制定
2016 年	广东	中山市制定地方性法规条例	制定
2016 年	广东	阳江市制定地方性法规条例	制定
2016 年	广东	湛江市制定地方性法规条例	制定
2016 年	广东	清远市制定地方性法规条例	制定
2016 年	广东	潮州市制定地方性法规条例	制定
2016 年	广东	揭阳市制定地方性法规条例	制定
2016 年	广东	云浮市制定地方性法规条例	制定
2016 年	广东	佛山市制定地方性法规条例	制定
2016 年	广东	佛山市机动车和非道路移动机械排气污染防治条例	制定
2016 年	广东	肇庆市制定地方性法规条例	制定
2016 年	广东	肇庆市城区市容和环境卫生管理条例	制定
2016 年	广东	广州市邮政管理条例	修改
2016 年	广东	广州市地方性法规制定办法	修改
2016 年	广东	汕头市电力设施建设与保护条例	修改
2016 年	广东	江门市潭江流域水质保护条例	制定
2016 年	广东	汕尾市水环境保护条例	制定
2016 年	广东	广州市依法行政条例	制定
2016 年	广东	湛江市湖光岩景区保护管理条例	制定
2016 年	广东	汕尾市城市市容和环境卫生管理条例	制定
2016 年	广东	清远市饮用水源水质保护条例	制定
2016 年	广东	云浮市农村生活垃圾管理条例	制定
2016 年	广东	中山市供水用水条例	制定
2016 年	广东	珠海市安全生产条例	废止

年份	省份	法规名称	立法形式
2016 年	广东	韶关市烟花爆竹燃放安全管理条例	制定
2016 年	广东	惠州市历史文化名城保护条例	制定
2016 年	广东	河源市恐龙地质遗迹保护条例	制定
2016 年	广东	茂名市高州水库水质保护条例	制定
2016 年	广西	南宁市城市轨道交通管理条例	制定
2016 年	广西	南宁市地方性法规制定条例	制定
2016 年	广西	柳州市立法条例	制定
2016 年	广西	桂林市地方性法规制定条例	制定
2016 年	广西	梧州市立法条例	制定
2016 年	广西	北海市立法条例	制定
2016 年	广西	防城港市立法条例	制定
2016 年	广西	钦州市立法条例	制定
2016 年	广西	贵港市立法条例	制定
2016 年	广西	玉林市立法条例	制定
2016 年	广西	百色市立法条例	制定
2016 年	广西	贺州市立法条例	制定
2016 年	广西	崇左市立法条例	制定
2016 年	广西	南宁市市政设施管理条例	修改
2016 年	广西	南宁市城市房地产交易管理条例	修改
2016 年	广西	南宁市河道与堤防建设管理条例	修改
2016 年	广西	南宁高新技术产业开发区管理规定	修改
2016 年	广西	南宁市城市桥梁管理条例	修改
2016 年	广西	南宁市展会管理条例	修改
2016 年	广西	南宁市城市绿化条例	修改
2016 年	广西	南宁市城乡规划管理若干规定	修改
2016 年	广西	南宁市水库管理条例	制定
2016 年	广西	南宁市西津国家湿地公园保护条例	制定
2016 年	广西	百色市百色起义文物保护条例	制定
2016 年	广西	南宁市暂住户口管理条例	废止
2016 年	广西	南宁市城乡容貌和环境卫生管理条例	修改
2016 年	广西	柳州市莲花山保护条例	制定

续表

年份	省份	法规名称	立法形式
2016 年	广西	桂林市石刻保护条例	制定
2016 年	广西	玉林市城市市容和环境卫生管理条例	制定
2016 年	广西	河池市立法条例	制定
2016 年	广西	来宾市立法条例	制定
2016 年	海南	海口市城镇园林绿化条例	修改
2016 年	海南	三亚市河道生态保护管理条例	制定
2016 年	海南	三亚市山体保护条例	制定
2016 年	四川	绵阳市人民代表大会及其常务委员会立法条例	制定
2016 年	四川	泸州市地方立法条例	制定
2016 年	四川	巴中市地方立法条例	制定
2016 年	四川	眉山市地方立法条例	制定
2016 年	四川	成都市旅游业促进条例	修改
2016 年	四川	成都市地方立法条例	制定
2016 年	四川	成都市体育条例	修改
2016 年	四川	成都市养老服务促进条例	制定
2016 年	四川	雅安市人民代表大会及其常务委员会立法条例	制定
2016 年	四川	达州市地方立法条例	制定
2016 年	四川	自贡市地方立法条例	制定
2016 年	四川	南充市人民代表大会及其常务委员会立法条例	制定
2016 年	四川	攀枝花市地方立法条例	修改
2016 年	四川	成都市建设施工现场管理条例	制定
2016 年	四川	成都市建筑施工现场监督管理规定	文中废止
2016 年	四川	甘孜藏族自治州立法程序规定	制定
2016 年	四川	成都市兴隆湖区域生态保护条例	制定
2016 年	四川	成都市社区教育促进条例	制定
2016 年	四川	遂宁市人民代表大会及其常务委员会立法条例	制定
2016 年	四川	眉山市城乡规划条例	制定
2016 年	四川	南充市城市园林绿化条例	制定
2016 年	四川	自贡市集中式饮用水水源地保护条例	制定
2016 年	四川	内江市地方立法条例	制定
2016 年	四川	绵阳市城市市容和环境卫生管理条例	制定

年份	省份	法规名称	立法形式
2016 年	四川	巴中市城市饮用水水源保护条例	制定
2016 年	贵州	贵阳市人民代表大会常务委员会讨论决定重大事项规定	修改
2016 年	贵州	贵阳市地方立法条例	修改
2016 年	贵州	毕节市地方立法条例	制定
2016 年	贵州	铜仁市地方立法条例	制定
2016 年	贵州	黔南布依族苗族自治州立法条例	制定
2016 年	贵州	遵义市地方立法条例	制定
2016 年	贵州	六盘水市地方立法条例	制定
2016 年	贵州	安顺市地方立法条例	制定
2016 年	贵州	贵阳市殡葬管理办法	修改
2016 年	贵州	黔南布依族苗族自治州500米口径球面射电望远镜电磁波宁静区环境保护条例	制定
2016 年	贵州	黔西南布依族苗族自治州立法条例	制定
2016 年	贵州	遵义市市辖区集中式饮用水水源保护条例	制定
2016 年	贵州	黔南布依族苗族自治州樟江流域保护条例	制定
2016 年	云南	昆明市燃气管理条例	修改
2016 年	云南	昆明市执法责任制条例	废止
2016 年	云南	昆明市旅游业监察条例	修改
2016 年	云南	昆明市户外广告管理条例	修改
2016 年	云南	文山壮族苗族自治州河道管理条例	制定
2016 年	云南	临沧市古茶树保护条例	制定
2016 年	云南	昆明市学校安全条例	制定
2016 年	云南	昆明市河道管理安全条例	制定
2016 年	云南	昆明市河道管理条例	制定
2016 年	云南	楚雄彝族自治州城乡规划建设管理条例	制定
2016 年	西藏	拉萨市古村落保护条例	制定
2016 年	西藏	拉萨市城市供水用水条例	修改
2016 年	西藏	日喀则市市容和环境卫生管理条例	制定
2016 年	陕西	汉中市地方立法条例	制定
2016 年	陕西	安康市地方立法条例	制定
2016 年	陕西	宝鸡市地方立法条例	制定

年份	省份	法规名称	立法形式
2016 年	陕西	咸阳市地方立法条例	制定
2016 年	陕西	铜川市地方立法条例	制定
2016 年	陕西	西安市制定地方性法规条例	修改
2016 年	陕西	渭南市地方立法条例	制定
2016 年	陕西	榆林市地方立法条例	制定
2016 年	陕西	商洛市制定地方性法规条例	制定
2016 年	陕西	延安市制定地方性法规条例	制定
2016 年	陕西	西安市公园条例	制定
2016 年	陕西	西安市城市园林条例	文中废止
2016 年	陕西	西安市物业管理条例	制定
2016 年	陕西	西安市湿地保护条例	制定
2016 年	甘肃	兰州市地方立法条例	制定
2016 年	甘肃	兰州市人民代表大会及其常务委员会立法程序的规定	文中废止
2016 年	甘肃	兰州市物业管理条例	制定
2016 年	甘肃	兰州市城市住宅小区物业管理办法	文中废止
2016 年	甘肃	庆阳市人民代表大会及其常务委员会立法程序规则	制定
2016 年	甘肃	酒泉市人民代表大会及其常务委员会立法程序规则	制定
2016 年	甘肃	兰州市养犬管理条例	制定
2016 年	甘肃	武威市人民代表大会及其常务委员会立法程序规则	制定
2016 年	甘肃	兰州市河道管理条例	制定
2016 年	甘肃	兰州市客运出租汽车管理条例	制定
2016 年	甘肃	兰州市烟花爆竹安全管理条例	修改
2016 年	甘肃	天水市人民代表大会及其常务委员会立法条例	制定
2016 年	青海	西宁市物业管理条例	废止
2016 年	宁夏	石嘴山市人民代表大会及其常务委员会立法程序规定	制定
2016 年	宁夏	银川市人民代表大会及其常务委员会立法程序规定	修改
2016 年	宁夏	银川市西夏陵保护条例	修改
2016 年	宁夏	银川市智慧城市建设促进条例	制定
2016 年	宁夏	石嘴山市饮用水水源保护条例	制定
2016 年	宁夏	银川市规章备案审查条例	废止
2016 年	宁夏	银川市城市生活垃圾分类管理条例	制定

年份	省份	法规名称	立法形式
2016 年	新疆	乌鲁木齐市湿地保护条例	制定
2016 年	新疆	博尔塔拉蒙古自治州立法程序规定	制定
2016 年	新疆	乌鲁木齐市居家养老服务条例	制定
2016 年	新疆	乌鲁木齐市市场中介组织管理条例	制定

2017 年设区的市地方性法规制定情况统计

年份	省份	法规名称	立法形式
2017 年	河北	保定市大气污染防治条例	制定
2017 年	河北	秦皇岛市停车场管理条例	制定
2017 年	河北	石家庄市轨道交通管理条例	制定
2017 年	河北	秦皇岛市环境噪声污染防治条例	制定
2017 年	河北	石家庄市制定地方性法规条例	修改
2017 年	河北	石家庄市肉品管理条例	修改
2017 年	河北	张家口市禁牧条例	制定
2017 年	河北	清东陵保护管理办法	修改
2017 年	河北	唐山市暂住人口管理条例	废止
2017 年	河北	石家庄市各级人民代表大会常务委员会规范性文件备案审查条例	制定
2017 年	河北	石家庄市人大常委会关于规范性文件备案的规定	文中废止
2017 年	河北	邯郸市市政设施条例	制定
2017 年	河北	邯郸市市政设施管理条例	文中废止
2017 年	河北	石家庄市城市供水用水管理条例	制定
2017 年	河北	石家庄市市区供水、节约用水管理条例	文中废止
2017 年	山西	晋中市地方立法条例	制定
2017 年	山西	吕梁市柳林泉域水资源保护条例	制定
2017 年	山西	忻州市地方立法条例	制定
2017 年	山西	吕梁市城市绿化条例	制定
2017 年	山西	太原市物业管理条例	制定
2017 年	山西	太原市餐厨废弃物管理条例	制定
2017 年	山西	朔州市地方立法条例	制定
2017 年	山西	朔州市人民代表大会议事规则	制定
2017 年	山西	朔州市人民代表大会常务委员会议事规则	制定
2017 年	山西	长治市地方立法条例	制定
2017 年	山西	运城市人民代表大会及其常务委员会立法条例	制定

年份	省份	法规名称	立法形式
2017 年	山西	阳泉市地方立法条例	制定
2017 年	山西	临汾市地方立法条例	制定
2017 年	山西	临汾市禁止燃放烟花爆竹规定	制定
2017 年	山西	临汾市非物质文化遗产保护管理办法	制定
2017 年	山西	大同市物业管理条例	修改
2017 年	山西	大同市机动车排气污染防治条例	修改
2017 年	山西	太原市价格调节基金管理条例	废止
2017 年	山西	吕梁市非物质文化遗产保护条例	制定
2017 年	山西	太原市电动自行车管理条例	制定
2017 年	山西	太原市文明行为促进条例	制定
2017 年	山西	太原市晋祠保护条例	修改
2017 年	山西	太原市艾滋病性病防治条例	修改
2017 年	山西	太原市晋阳古城遗址保护条例	修改
2017 年	山西	太原市流动人口服务管理条例	修改
2017 年	山西	太原市客运出租汽车服务管理条例	修改
2017 年	山西	太原市建筑废弃物管理条例	制定
2017 年	山西	大同市散装水泥和预拌混凝土管理条例	修改
2017 年	山西	晋城市公共交通条例	制定
2017 年	山西	吕梁市扬尘污染防治条例	制定
2017 年	山西	晋中市电梯安全条例	制定
2017 年	山西	忻州市电动车管理条例	制定
2017 年	山西	忻州市五台山风景名胜区条例	制定
2017 年	山西	临汾市旅游资源保护和开发办法	制定
2017 年	山西	临汾市燃煤污染防治规定	制定
2017 年	内蒙古	呼和浩特市人民代表大会及其常务委员会制定地方性法规条例	修改
2017 年	内蒙古	呼和浩特市城乡规划条例	修改
2017 年	内蒙古	包头市人民代表大会及其常务委员会制定地方性法规条例	修改
2017 年	内蒙古	乌兰察布市水资源保护条例	制定
2017 年	内蒙古	乌兰察布市城乡规划管理条例	制定
2017 年	内蒙古	赤峰市禁牧休牧和草畜平衡条例	制定
2017 年	内蒙古	包头市长城保护条例	制定

年份	省份	法规名称	立法形式
2017 年	内蒙古	巴彦淖尔市河套灌区水利工程保护条例	制定
2017 年	内蒙古	呼和浩特市国家建设项目审计办法	修改
2017 年	内蒙古	呼和浩特市地名管理条例	修改
2017 年	内蒙古	包头市商业网点规划建设管理条例	废止
2017 年	内蒙古	包头市城市房地产开发经营管理条例	废止
2017 年	内蒙古	巴彦淖尔市乌梁素海自治区级湿地水禽自然保护区条例	制定
2017 年	内蒙古	鄂尔多斯市城市园林绿化条例	制定
2017 年	辽宁	铁岭市城乡规划条例	制定
2017 年	辽宁	丹东鸭绿江口湿地国家级自然保护区管理条例	制定
2017 年	辽宁	本溪市烟花爆竹燃放管理条例	制定
2017 年	辽宁	抚顺市法治宣传教育条例	修改
2017 年	辽宁	盘锦市湿地保护条例	制定
2017 年	辽宁	葫芦岛市人民代表大会及其常务委员会立法条例	制定
2017 年	辽宁	葫芦岛市饮用水水源保护条例	制定
2017 年	辽宁	阜新市人民代表大会及其常务委员会立法条例	制定
2017 年	辽宁	沈阳市制定地方性法规条例	修改
2017 年	辽宁	大连市人民代表大会及其常务委员会立法条例	制定
2017 年	辽宁	大连市制定地方性法规条例	文中废止
2017 年	辽宁	大连市医疗卫生设施规划建设条例	制定
2017 年	辽宁	大连市燃气管理条例	制定
2017 年	辽宁	大连市城市燃气管理条例	文中废止
2017 年	辽宁	鞍山市城市房屋权属登记条例	废止
2017 年	辽宁	鞍山市特种设备安全监察条例	废止
2017 年	辽宁	大连市安全生产条例	制定
2017 年	辽宁	大连市特种海产品资源保护管理条例	修改
2017 年	辽宁	大连市旅游条例	制定
2017 年	辽宁	朝阳市矿山生态环境恢复治理条例	制定
2017 年	辽宁	沈阳市社会保险费征缴条例	废止
2017 年	辽宁	沈阳市防御雷电灾害条例	修改
2017 年	辽宁	鞍山市矿产资源保护条例	制定
2017 年	辽宁	抚顺市教育督导条例	废止

年份	省份	法规名称	立法形式
2017 年	辽宁	抚顺市建筑市场管理条例	废止
2017 年	辽宁	抚顺市城市排水条例	废止
2017 年	辽宁	抚顺市城市绿化管理条例	修改
2017 年	辽宁	抚顺市体育市场管理条例	修改
2017 年	辽宁	营口市城市供热条例	制定
2017 年	辽宁	大连市水资源管理条例	修改
2017 年	辽宁	本溪市法律援助条例	废止
2017 年	辽宁	本溪市风景名胜资源保护管理条例	废止
2017 年	辽宁	本溪市产品质量监督条例	废止
2017 年	辽宁	本溪市非税收入管理条例	修改
2017 年	辽宁	本溪市科学技术进步条例	修改
2017 年	辽宁	沈阳市城市道路管理条例	修改
2017 年	辽宁	沈阳市城市市容和环境卫生管理条例	修改
2017 年	辽宁	沈阳市绿化条例	修改
2017 年	辽宁	沈阳市地铁建设与运营管理条例	制定
2017 年	辽宁	本溪市人参产业发展条例	制定
2017 年	辽宁	辽阳市文明行为促进条例	制定
2017 年	辽宁	辽阳市烟花爆竹销售燃放管理条例	制定
2017 年	辽宁	葫芦岛市城市市容和环境卫生管理条例	制定
2017 年	辽宁	葫芦岛市殡葬管理条例	制定
2017 年	吉林	白山市人民代表大会及其常务委员会立法条例	制定
2017 年	吉林	延边朝鲜族自治州立法规定	制定
2017 年	吉林	长春市企业负担监督管理条例	修改
2017 年	吉林	长春市城市客运出租汽车管理条例	修改
2017 年	吉林	长春市大气污染防治管理办法	废止
2017 年	吉林	长春市道路货物运输交易市场管理条例	废止
2017 年	吉林	长春市信访工作若干规定	废止
2017 年	吉林	白山市西北岔水库饮用水水源保护条例	制定
2017 年	吉林	长春市预防和制止家庭暴力条例	修改
2017 年	吉林	吉林市技术市场管理条例	废止
2017 年	吉林	吉林市制止价格欺诈和牟取暴利行为的若干规定	废止

年份	省份	法规名称	立法形式
2017 年	吉林	吉林市环境保护条例	废止
2017 年	吉林	吉林市城市公共客运交通管理条例	废止
2017 年	吉林	吉林市绿化管理条例	修改
2017 年	吉林	吉林市城市节约用水管理条例	修改
2017 年	吉林	吉林市水土保持条例	修改
2017 年	吉林	吉林市中小学校园校舍管理条例	修改
2017 年	吉林	吉林市河道管理条例	修改
2017 年	吉林	吉林市防洪条例	修改
2017 年	吉林	吉林市烟草专卖管理若干规定	修改
2017 年	吉林	吉林市市政设施管理条例	修改
2017 年	吉林	长春市节约用水条例	制定
2017 年	吉林	长春市城市节约用水管理条例	文中废止
2017 年	吉林	四平市爱国卫生条例	制定
2017 年	吉林	通化市燃放烟花爆竹安全管理条例	制定
2017 年	吉林	白山市城市环境卫生责任区管理条例	制定
2017 年	黑龙江	哈尔滨市人民代表大会及其常务委员会立法条例	制定
2017 年	黑龙江	哈尔滨市制定地方性法规程序的规定	文中废止
2017 年	黑龙江	佳木斯市人民代表大会及其常务委员会立法条例	制定
2017 年	黑龙江	双鸭山市人民代表大会及其常务委员会立法条例	制定
2017 年	黑龙江	黑河市人民代表大会及其常务委员会立法条例	制定
2017 年	黑龙江	大庆市人民代表大会及其常务委员会立法条例	制定
2017 年	黑龙江	鸡西市人民代表大会及其常务委员会制定地方性法规条例	制定
2017 年	黑龙江	绥化市人民代表大会及其常务委员会制定地方性法规条例	制定
2017 年	黑龙江	哈尔滨市人大常委会关于《哈尔滨市城市规划条例》第七十七条使用问题的解释	制定
2017 年	黑龙江	齐齐哈尔市城市供热管理规定	制定
2017 年	黑龙江	黑河市市容和环境卫生管理条例	制定
2017 年	黑龙江	七台河市人民代表大会及其常务委员会立法条例	制定
2017 年	黑龙江	哈尔滨市城市出租汽车客运管理条例	修改
2017 年	黑龙江	哈尔滨市电梯安全管理条例	制定
2017 年	黑龙江	哈尔滨市城市道路限制交通若干规定	制定

年份	省份	法规名称	立法形式
2017 年	江苏	南京市清真食品管理条例	修改
2017 年	江苏	徐州市港口条例	制定
2017 年	江苏	徐州市市容和环境卫生管理条例	制定
2017 年	江苏	徐州市城市市容和环境卫生管理条例	文中废止
2017 年	江苏	常州市历史文化名城保护条例	制定
2017 年	江苏	无锡市制定地方性法规条例	修改
2017 年	江苏	苏州市制定地方性法规条例	修改
2017 年	江苏	宿迁市制定地方性法规条例	制定
2017 年	江苏	南通市城市建筑垃圾管理条例	制定
2017 年	江苏	南京市院前医疗急救条例	制定
2017 年	江苏	苏州市禁止燃放烟花爆竹条例	制定
2017 年	江苏	南京市法律援助条例	制定
2017 年	江苏	南京市人民代表大会常务委员会关于南京江北新区行政管理事项的决定	制定
2017 年	江苏	南京市公路路政管理条例	修改
2017 年	江苏	南京市城市道路设施管理条例	修改
2017 年	江苏	南京市蔬菜基地管理条例	修改
2017 年	江苏	南京市市容管理条例	修改
2017 年	江苏	南京市促进技术转移条例	修改
2017 年	江苏	南京市机动车排气污染防治条例	修改
2017 年	江苏	南京市环境噪声污染防治条例	修改
2017 年	江苏	南京市城乡规划条例	修改
2017 年	江苏	南京市商品交易市场管理条例	修改
2017 年	江苏	南京市水环境保护条例	修改
2017 年	江苏	南京市国有企业法定代表人离任经济责任审计条例	废止
2017 年	江苏	南京市爱国卫生管理条例	废止
2017 年	江苏	南京市房屋使用安全管理条例	制定
2017 年	江苏	南京市城市房屋安全管理条例	文中废止
2017 年	江苏	淮安市地下管线管理条例	制定
2017 年	江苏	镇江市非物质文化遗产项目代表性传承人条例	制定
2017 年	江苏	扬州市公园条例	制定

年份	省份	法规名称	立法形式
2017 年	江苏	南通市水利工程管理条例	制定
2017 年	江苏	宿迁市户外广告设施和店招标牌管理条例	制定
2017 年	江苏	连云港市市容和环境卫生管理条例	制定
2017 年	江苏	泰州市绿化条例	制定
2017 年	江苏	无锡市安全生产条例	制定
2017 年	江苏	宿迁市住宅物业管理条例	制定
2017 年	江苏	南京市献血条例	制定
2017 年	江苏	镇江市长江岸线资源保护条例	制定
2017 年	江苏	常州市天目湖保护条例	制定
2017 年	江苏	常州市电梯安全管理条例	制定
2017 年	江苏	徐州市旅游条例	制定
2017 年	江苏	徐州市旅游管理条例	文中废止
2017 年	江苏	南京市旅游条例	制定
2017 年	江苏	南京市旅游市场管理条例	文中废止
2017 年	江苏	南京市排水条例	制定
2017 年	江苏	南京市城市排水管理条例	文中废止
2017 年	江苏	连云港市滨海湿地保护条例	制定
2017 年	江苏	泰州市道路交通安全条例	制定
2017 年	江苏	苏州国家历史文化名城保护条例	制定
2017 年	江苏	苏州市古城墙保护条例	制定
2017 年	江苏	淮安市文物保护条例	制定
2017 年	江苏	盐城市城乡规划条例	制定
2017 年	浙江	温州市物业管理条例	制定
2017 年	浙江	杭州大江东产业集聚区管理条例	制定
2017 年	浙江	杭州大江东产业集聚区管理办法	文中废止
2017 年	浙江	杭州市大运河世界文化遗产保护条例	制定
2017 年	浙江	嘉兴市南湖保护条例	制定
2017 年	浙江	宁波市文明行为促进条例	制定
2017 年	浙江	宁波市制定地方性法规条例	制定
2017 年	浙江	宁波市制定地方性法规程序规定	文中废止
2017 年	浙江	宁波市气候资源开发利用和保护条例	制定

年份	省份	法规名称	立法形式
2017 年	浙江	杭州市道路交通安全管理条例	修改
2017 年	浙江	杭州市会展业促进条例	制定
2017 年	浙江	台州府城墙保护条例	制定
2017 年	浙江	金华市电梯安全条例	制定
2017 年	浙江	湖州市禁止销售燃放烟花爆竹规定	制定
2017 年	浙江	绍兴市文明行为促进条例	制定
2017 年	浙江	绍兴市市容和环境卫生管理规定	制定
2017 年	浙江	温州市城市绿化条例	制定
2017 年	浙江	温州市危险住宅处置规定	制定
2017 年	浙江	杭州市城乡规划条例	修改
2017 年	浙江	杭州市机动车驾驶员培训管理条例	修改
2017 年	浙江	衢州市信安湖保护条例	制定
2017 年	浙江	衢州市城市绿化条例	制定
2017 年	浙江	台州市电梯安全管理规定	制定
2017 年	浙江	宁波市荣誉市民条例	制定
2017 年	浙江	舟山市文明行为促进条例	制定
2017 年	浙江	丽水市饮用水水源保护条例	制定
2017 年	安徽	黄山市人民代表大会及其常务委员会立法程序规定	制定
2017 年	安徽	六安市人民代表大会及其常务委员会立法程序规定	制定
2017 年	安徽	淮南市文明行为促进条例	制定
2017 年	安徽	宿州市人民代表大会及其常务委员会立法程序规定	制定
2017 年	安徽	马鞍山市人民代表大会及其常务委员会立法程序规定	制定
2017 年	安徽	马鞍山市非物质文化遗产条例	制定
2017 年	安徽	安庆市城市管理条例	制定
2017 年	安徽	滁州市琅琊山风景名胜区条例	制定
2017 年	安徽	合肥市绿色建筑发展条例	制定
2017 年	安徽	蚌埠市城市管理条例	制定
2017 年	安徽	宣城市青弋江灌区管理条例	制定
2017 年	安徽	安庆市燃放烟花爆竹管理条例	制定
2017 年	安徽	齐云山风景名胜区保护管理条例	制定
2017 年	安徽	合肥市燃放烟花爆竹管理规定	修改

年份	省份	法规名称	立法形式
2017 年	安徽	合肥市禁止燃放烟花爆竹的规定	文中废止
2017 年	安徽	合肥市文物保护办法	修改
2017 年	安徽	滁州市非物质文化遗产保护条例	制定
2017 年	安徽	宿州市采石场修复条例	制定
2017 年	安徽	铜陵市住宅电梯安全管理条例	制定
2017 年	安徽	铜陵市工业遗产保护与利用条例	制定
2017 年	安徽	六安市饮用水水源环境保护条例	制定
2017 年	安徽	淮北市绿化条例	制定
2017 年	安徽	淮南市寿州古城保护条例	制定
2017 年	安徽	淮南市公园管理条例	制定
2017 年	安徽	淮南市煤炭市场管理条例	废止
2017 年	安徽	淮南市淮河水域保护条例	废止
2017 年	安徽	淮南市预防小煤矿生产安全事故规定	废止
2017 年	安徽	芜湖市城市管理条例	制定
2017 年	安徽	芜湖市建筑垃圾管理条例	制定
2017 年	安徽	阜阳市城市排水与污水处理条例	制定
2017 年	安徽	亳州国家历史文化名城保护条例	制定
2017 年	安徽	蚌埠市城市管理执法条例	制定
2017 年	安徽	黄山市徽州古建筑保护条例	制定
2017 年	福建	宁德市畲族文化保护条例	制定
2017 年	福建	漳州市市容和环境卫生"门前三包"责任区管理若干规定	制定
2017 年	福建	南平市朱子文化遗存保护条例	制定
2017 年	福建	三明市万寿岩遗址保护条例	制定
2017 年	福建	南平市市容和环境卫生管理办法	制定
2017 年	福建	泉州市市区内沟河保护管理条例	制定
2017 年	福建	龙岩市红色文化遗存保护条例	制定
2017 年	福建	厦门市海上交通安全条例	制定
2017 年	福建	厦门市海上交通安全管理条例	文中废止
2017 年	福建	福州市闽菜技艺文化保护规定	制定
2017 年	福建	福州市闽江河口湿地自然保护区管理办法	修改
2017 年	江西	新余市立法条例	制定

年份	省份	法规名称	立法形式
2017 年	江西	吉安市立法条例	制定
2017 年	江西	抚州市立法条例	制定
2017 年	江西	赣州市立法条例	制定
2017 年	江西	上饶市立法条例	制定
2017 年	江西	萍乡市立法条例	制定
2017 年	江西	鹰潭市立法条例	制定
2017 年	江西	景德镇市市容和环境卫生管理条例	制定
2017 年	江西	南昌市历史文化名城保护条例	制定
2017 年	江西	吉安市城市市容和环境卫生管理条例	制定
2017 年	江西	赣州市城市管理条例	制定
2017 年	江西	九江市城市市容管理条例	制定
2017 年	江西	上饶市城市管理条例	制定
2017 年	山东	烟台市饮用水水源保护条例	制定
2017 年	山东	烟台市燃放烟花爆竹管理条例	制定
2017 年	山东	济宁市智慧城市促进条例	制定
2017 年	山东	威海市居民养老服务保障条例	制定
2017 年	山东	莱芜市城市市容管理条例	制定
2017 年	山东	聊城市道路交通安全条例	制定
2017 年	山东	菏泽市煤炭清洁生产使用监督管理条例	制定
2017 年	山东	济南市城乡规划条例	修改
2017 年	山东	济南市名泉保护条例	修改
2017 年	山东	枣庄市制定地方性法规条例	制定
2017 年	山东	日照市制定地方性法规条例	制定
2017 年	山东	淄博市制定地方性法规条例	制定
2017 年	山东	淄博市煤炭清洁利用监督管理条例	制定
2017 年	山东	聊城市制定地方性法规条例	制定
2017 年	山东	德州市制定地方性法规条例	制定
2017 年	山东	山东黄河三角洲国家级自然保护区条例	制定
2017 年	山东	济南市科学技术进步条例	废止
2017 年	山东	青岛市国有土地上房屋征收与补偿条例	修改
2017 年	山东	淄博市城市房地产交易管理办法	废止

年份	省份	法规名称	立法形式
2017 年	山东	滨州市文明行为促进条例	制定
2017 年	山东	威海市节约用水条例	制定
2017 年	山东	日照市城市管理条例	制定
2017 年	山东	济南市禁止燃放烟花爆竹的规定	制定
2017 年	山东	济南市限制燃放烟花爆竹的管理规定	文中废止
2017 年	山东	青岛市审计监督条例	修改
2017 年	山东	临沂市供热条例	制定
2017 年	山东	威海市饮用水水源地保护条例	制定
2017 年	山东	日照市物业管理条例	制定
2017 年	山东	滨州市城乡规划条例	制定
2017 年	山东	东营市养犬管理条例	制定
2017 年	山东	济南市山体保护办法	制定
2017 年	山东	青岛市市容和环境卫生管理条例	制定
2017 年	山东	青岛市城市市容和环境卫生管理办法	文中废止
2017 年	山东	青岛市突发事件应对条例	制定
2017 年	山东	青岛市古树名木保护管理办法	修改
2017 年	山东	青岛市市政工程设施管理办法	修改
2017 年	山东	青岛市实施《中华人民共和国水法》若干规定	修改
2017 年	山东	青岛市出租汽车客运管理条例	修改
2017 年	山东	青岛市城市供水条例	修改
2017 年	山东	青岛市实施《中华人民共和国民办教育促进法》办法	修改
2017 年	山东	青岛市森林公园管理条例	修改
2017 年	山东	青岛市城市排水条例	修改
2017 年	山东	青岛市城乡规划条例	修改
2017 年	山东	青岛市城市绿化条例	修改
2017 年	山东	青岛市建筑废弃物资源化利用条例	修改
2017 年	山东	青岛市供热条例	修改
2017 年	山东	淄博市房地产开发经营管理条例	制定
2017 年	山东	莱芜市既有多层住宅增设电梯规定	制定
2017 年	山东	莱芜市文物保护与利用条例	制定
2017 年	山东	滨州市渤海老区革命遗址遗迹保护条例	制定

续表

年份	省份	法规名称	立法形式
2017 年	山东	菏泽市供热条例	制定
2017 年	山东	枣庄市山体保护条例	制定
2017 年	山东	济宁市烟花爆竹燃放管理条例	制定
2017 年	山东	东营市城乡规划条例	制定
2017 年	山东	山东黄河三角洲国家级自然保护区条例	修改
2017 年	河南	驻马店市饮用水水源保护条例	制定
2017 年	河南	濮阳市地方立法条例	制定
2017 年	河南	开封市城市饮用水水源保护条例	制定
2017 年	河南	焦作市地方立法条例	制定
2017 年	河南	南阳市白河水系水环境保护条例	制定
2017 年	河南	漯河市沙澧河风景名胜区条例	制定
2017 年	河南	郑州市湿地保护条例	制定
2017 年	河南	鹤壁市地方立法条例	制定
2017 年	河南	安阳市城市管理综合执法条例	制定
2017 年	河南	濮阳市戚城遗址保护条例	制定
2017 年	河南	新乡市中小学校幼儿园规划建设条例	制定
2017 年	河南	郑州市户外广告和招牌设置管理条例	制定
2017 年	河南	郑州市户外广告设置管理条例	文中废止
2017 年	河南	信阳市鲇鱼山水库饮用水水源保护条例	制定
2017 年	河南	三门峡市白天鹅及其栖息地保护条例	制定
2017 年	河南	漯河市城市市容和环境卫生管理条例	制定
2017 年	河南	洛阳市洛浦公园管理条例	修改
2017 年	河南	开封市城市绿化条例	制定
2017 年	河南	焦作市城市市容和环境卫生管理条例	制定
2017 年	河南	信阳市城市市容和环境卫生管理条例	制定
2017 年	河南	驻马店市城市市容和环境卫生管理条例	制定
2017 年	河南	平顶山市城乡规划建设管理条例	制定
2017 年	河南	商丘市城市市容和环境卫生管理条例	制定
2017 年	河南	南阳市城市绿化条例	制定
2017 年	河南	周口市城市市容和环境卫生管理条例	制定
2017 年	湖北	孝感市城乡规划条例	制定

年份	省份	法规名称	立法形式
2017 年	湖北	荆州古城保护条例	制定
2017 年	湖北	宜昌市城区建筑物外立面管理条例	制定
2017 年	湖北	黄石市商业网点规划建设管理条例	制定
2017 年	湖北	武汉市促进革命老区发展办法	制定
2017 年	湖北	武汉市城市桥梁隧道安全管理条例	制定
2017 年	湖北	武汉市爱国卫生促进条例	制定
2017 年	湖北	十堰市武当山古建筑群保护条例	制定
2017 年	湖北	孝感市城市综合管理条例	制定
2017 年	湖北	荆门市生态环境保护条例	制定
2017 年	湖北	鄂州市文明行为促进条例	制定
2017 年	湖北	荆州市文明行为促进条例	制定
2017 年	湖北	咸宁市禁止燃放烟花爆竹条例	制定
2017 年	湖北	黄冈市革命遗址遗迹保护条例	制定
2017 年	湖北	宜昌市黄柏河流域保护条例	制定
2017 年	湖北	襄阳市农村生活垃圾治理条例	制定
2017 年	湖北	武汉市禁止生产销售使用含磷洗涤用品规定	制定
2017 年	湖北	武汉市未成年人保护条例	制定
2017 年	湖南	常德市饮用水水源环境保护条例	制定
2017 年	湖南	长沙市大围山区域生态和人文资源保护条例	制定
2017 年	湖南	永州市公园广场管理条例	制定
2017 年	湖南	岳阳历史文化名城保护条例	制定
2017 年	湖南	常德市城市河湖环境保护条例	制定
2017 年	湖南	长沙市沩山风景名胜区条例	制定
2017 年	湖南	郴州市房屋安全管理条例	制定
2017 年	湖南	怀化市城市市容和环境卫生管理条例	制定
2017 年	湖南	张家界市扬尘污染防治条例	制定
2017 年	湖南	株洲市城市综合管理条例	制定
2017 年	湖南	邵阳市城市公园广场管理条例	制定
2017 年	湖南	娄底市孙水河保护条例	制定
2017 年	湖南	永州市城市市容和环境卫生管理条例	制定
2017 年	湖南	湘西土家族苗族自治州浦市历史文化名镇保护管理条例	制定

年份	省份	法规名称	立法形式
2017 年	湖南	益阳市安化黑茶文化遗产保护条例	制定
2017 年	湖南	衡阳市城市市容和环境卫生管理条例	制定
2017 年	湖南	湘潭市历史建筑和历史文化街区保护条例	制定
2017 年	湖南	岳阳市城市规划区山体水体保护条例	制定
2017 年	广东	揭阳市扬尘污染防治条例	制定
2017 年	广东	潮州市韩江流域水环境保护条例	制定
2017 年	广东	梅州市森林火源管理条例	制定
2017 年	广东	深圳市会计条例	废止
2017 年	广东	佛山市治理货物运输车辆超限超载条例	制定
2017 年	广东	江门市市区山体保护条例	制定
2017 年	广东	肇庆古城墙保护条例	制定
2017 年	广东	汕尾市制定地方性法规条例	制定
2017 年	广东	茂名市制定地方性法规条例	制定
2017 年	广东	珠海市环境保护条例	修改
2017 年	广东	广州市生态公益林条例	修改
2017 年	广东	河源市制定地方性法规条例	制定
2017 年	广东	广州市非机动车和摩托车管理规定	制定
2017 年	广东	湛江市城区市容和环境卫生管理条例	制定
2017 年	广东	广州市博物馆规定	制定
2017 年	广东	汕尾市品清湖环境保护条例	制定
2017 年	广东	广州市水路货物运输管理规定	废止
2017 年	广东	广州市涉案物价格鉴定管理条例	废止
2017 年	广东	广州市义务兵征集优待和退伍安置规定	废止
2017 年	广东	江门市城市市容和环境卫生管理条例	制定
2017 年	广东	中山市电力设施保护条例	制定
2017 年	广东	潮州市历史文化名城保护条例	制定
2017 年	广东	佛山市扬尘污染防治条例	制定
2017 年	广东	清远市城市市容和环境卫生管理条例	制定
2017 年	广东	深圳市节约用水条例	修改
2017 年	广东	深圳市燃气条例	修改
2017 年	广东	深圳市排水条例	修改

年份	省份	法规名称	立法形式
2017 年	广东	广州市湿地保护规定	制定
2017 年	广东	梅州市客家围龙屋保护条例	制定
2017 年	广西	钦州市坭兴陶土资源保护条例	制定
2017 年	广西	梧州市城市市容和环境卫生管理条例	制定
2017 年	广西	北海市城市市容和环境卫生管理条例	制定
2017 年	广西	贺州市黄姚古镇保护条例	制定
2017 年	广西	河池市非物质文化遗产保护条例	制定
2017 年	广西	玉林市九洲江流域水质保护条例	制定
2017 年	广西	贵港市太平天国金田起义遗址保护条例	制定
2017 年	广西	来宾市忻城土司文化遗产保护条例	制定
2017 年	广西	防城港市城市市容和环境卫生管理条例	制定
2017 年	广西	百色市澄碧河水库水质保护条例	制定
2017 年	广西	百色市农贸市场管理条例	制定
2017 年	广西	桂林市城市市容和环境卫生管理条例	制定
2017 年	海南	海口市城市管理综合行政执法条例	制定
2017 年	海南	海口市制定地方性法规条例	制定
2017 年	海南	海口市制定地方性法规规定	文中废止
2017 年	海南	三亚市制定地方性法规条例	制定
2017 年	海南	海口市扬尘污染防治办法	制定
2017 年	海南	海口市美舍河保护管理规定	制定
2017 年	海南	海口市城市黄线管理办法	制定
2017 年	四川	广安市制定地方性法规条例	制定
2017 年	四川	广元市人民代表大会及其常务委员会立法条例	制定
2017 年	四川	雅安市新村聚居点管理条例	制定
2017 年	四川	德阳市地方立法条例	制定
2017 年	四川	乐山市人民代表大会及其常务委员会立法条例	制定
2017 年	四川	泸州市违法建设治理条例	制定
2017 年	四川	成都市城市轨道交通管理条例	制定
2017 年	四川	成都市市容和环境卫生管理条例	修改
2017 年	四川	宜宾市地方立法条例	制定
2017 年	四川	达州市集中式饮用水水源保护管理条例	制定

年份	省份	法规名称	立法形式
2017 年	四川	成都市燃气管理条例	制定
2017 年	四川	成都市历史建筑和历史文化街区保护条例	制定
2017 年	四川	成都市城乡规划条例	修改
2017 年	四川	凉山彝族自治州立法条例	制定
2017 年	四川	南充市城镇环境卫生管理条例	制定
2017 年	四川	成都市科学技术进步条例	修改
2017 年	四川	泸州市市容和环境卫生管理条例	制定
2017 年	四川	泸州市物业管理条例	制定
2017 年	四川	自贡市物业管理条例	制定
2017 年	四川	甘孜藏族自治州生态环境保护条例	制定
2017 年	四川	广安市集中式饮用水安全管理条例	制定
2017 年	四川	乐山市中心城区绿心保护条例	制定
2017 年	四川	达州市城市公共汽车客运条例	制定
2017 年	四川	成都市城市管理综合行政执法条例	制定
2017 年	四川	达州市传统村落保护与利用条例	制定
2017 年	四川	攀枝花市城市绿化条例	制定
2017 年	四川	巴中市红军文物保护条例	制定
2017 年	四川	巴中市城市道路交通秩序管理条例	制定
2017 年	四川	宜宾市翠屏山保护条例	制定
2017 年	四川	眉山市集中式饮用水水源地保护条例	制定
2017 年	四川	内江市甜城湖保护条例	制定
2017 年	贵州	贵阳市政府数据共享开放条例	制定
2017 年	贵州	六盘水市水城河保护条例	制定
2017 年	贵州	黔东南苗族侗族自治州立法条例	制定
2017 年	贵州	毕节市饮用水水源保护条例	制定
2017 年	贵州	贵阳市预防职务犯罪工作规定	修改
2017 年	贵州	贵阳市城镇养犬规定	修改
2017 年	贵州	贵阳市烟花爆竹安全管理办法	修改
2017 年	贵州	贵阳市市政设施管理办法	修改
2017 年	贵州	贵阳市人民防空工程建设管理办法	修改
2017 年	贵州	贵阳市环境噪声污染防治规定	修改

年份	省份	法规名称	立法形式
2017 年	贵州	贵阳市水污染防治规定	修改
2017 年	贵州	贵阳市城市市容和环境卫生管理办法	修改
2017 年	贵州	贵阳市城乡规划条例	修改
2017 年	贵州	贵阳市房屋使用安全管理条例	修改
2017 年	贵州	贵阳市保护中学小学教育用地规定	修改
2017 年	贵州	贵阳市捐献遗体和角膜办法	修改
2017 年	贵州	贵阳市档案管理规定	修改
2017 年	贵州	贵阳市禁止选择性终止妊娠规定	修改
2017 年	贵州	贵阳市住宅小区人口和计划生育管理服务规定	修改
2017 年	贵州	贵阳市水库管理办法	修改
2017 年	贵州	贵阳市南明河保护管理办法	修改
2017 年	贵州	贵阳市阿哈水库水资源环境保护条例	修改
2017 年	贵州	贵阳市绿化条例	修改
2017 年	贵州	贵阳市环城林带建设保护办法	修改
2017 年	贵州	贵阳市产品质量监督管理办法	废止
2017 年	贵州	贵阳市价格监督检查条例	废止
2017 年	贵州	贵阳市促进非公有制经济发展办法	废止
2017 年	贵州	贵阳市企业国有产权交易管理办法	废止
2017 年	贵州	贵阳市建设循环经济生态城市条例	废止
2017 年	贵州	贵阳市城市房地产管理办法	废止
2017 年	贵州	贵阳市建筑市场管理办法	废止
2017 年	贵州	贵阳市村镇规划建设管理办法	废止
2017 年	贵州	贵阳市房屋拆迁管理办法	废止
2017 年	贵州	贵阳市房屋登记条例	废止
2017 年	贵州	贵阳市职业教育规定	废止
2017 年	贵州	贵阳市科技成果作价出资与提成办法	废止
2017 年	贵州	贵阳市中小学生人身伤害事故预防与处理条例	废止
2017 年	贵州	贵阳市道路货物运输管理办法	废止
2017 年	贵州	贵阳市防雷减灾办法	废止
2017 年	贵州	贵阳市劳动力市场管理规定	废止
2017 年	贵州	铜仁市锦江流域保护条例	制定

年份	省份	法规名称	立法形式
2017 年	贵州	安顺市虹山湖公园管理条例	制定
2017 年	贵州	黔西南布依族苗族自治州古茶树资源保护条例	制定
2017 年	贵州	贵阳市大气污染防治办法	修改
2017 年	云南	玉溪市新平哀牢山县级自然保护区条例	制定
2017 年	云南	丽江市城市管理条例	制定
2017 年	云南	曲靖市人民代表大会及其常务委员会立法条例	制定
2017 年	云南	大理白族自治州乡村清洁条例	制定
2017 年	云南	昭通市人民代表大会及其常务委员会制定地方性法规条例	制定
2017 年	云南	昆明市机动车排气污染防治条例	修改
2017 年	云南	昆明市流动人口计划生育条例	修改
2017 年	云南	昆明市生猪屠宰管理条例	修改
2017 年	云南	昆明市人民代表大会代表议案处理程序的规定	修改
2017 年	云南	保山市昌宁田园城市保护条例	制定
2017 年	云南	楚雄彝族自治州元谋土林保护管理条例	制定
2017 年	云南	玉溪市城镇绿化条例	制定
2017 年	云南	昆明市城乡规划条例	修改
2017 年	云南	昆明市气象灾害防御条例	制定
2017 年	云南	临沧市南汀河保护管理条例	制定
2017 年	西藏	日喀则市制定地方性法规条例	制定
2017 年	西藏	林芝市地方立法条例	制定
2017 年	西藏	昌都市爱国卫生管理条例	制定
2017 年	西藏	林芝市城市市容和环境卫生管理条例	制定
2017 年	陕西	渭南市湿地保护条例	制定
2017 年	陕西	宝鸡市市区餐厨废弃物管理条例	制定
2017 年	陕西	西安市保护消费者合法权益条例	修改
2017 年	陕西	西安市市政工程设施管理条例	修改
2017 年	陕西	西安市中等职业技术教育条例	修改
2017 年	陕西	西安市经纪人条例	修改
2017 年	陕西	西安市城市市容和环境卫生管理条例	修改
2017 年	陕西	西安市限制养犬条例	修改
2017 年	陕西	西安市周丰镐、秦阿房宫、汉长安城和唐大明宫遗址保护管理条例	修改

年份	省份	法规名称	立法形式
2017 年	陕西	西安市蔬菜基地管理条例	修改
2017 年	陕西	西安市股份合作制企业条例	修改
2017 年	陕西	西安市城市饮用水源污染防治管理条例	修改
2017 年	陕西	西安市制止价格欺诈和牟取暴利条例	修改
2017 年	陕西	西安市城市房屋租赁条例	修改
2017 年	陕西	西安市涉案物品价格鉴证条例	修改
2017 年	陕西	西安市统计管理条例	修改
2017 年	陕西	西安市体育经营活动管理条例	修改
2017 年	陕西	西安市户外广告设置管理条例	修改
2017 年	陕西	西安市城乡建设档案管理条例	修改
2017 年	陕西	西安市预算审查监督条例	修改
2017 年	陕西	西安历史文化名城保护条例	修改
2017 年	陕西	西安市开发区条例	修改
2017 年	陕西	西安市社会急救医疗条例	修改
2017 年	陕西	西安市土地储备条例	修改
2017 年	陕西	西安市人民代表大会常务委员会讨论决定重大事项条例	修改
2017 年	陕西	西安市建设工程勘察设计管理条例	修改
2017 年	陕西	西安市旅游条例	修改
2017 年	陕西	西安市黑河引水系统保护条例	修改
2017 年	陕西	西安市档案管理条例	修改
2017 年	陕西	西安市中小学生人身伤害事故预防与处理条例	修改
2017 年	陕西	西安市气象灾害防御条例	修改
2017 年	陕西	西安市流动人口计划生育条例	修改
2017 年	陕西	西安市改革创新促进条例	修改
2017 年	陕西	西安市散装水泥管理条例	修改
2017 年	陕西	西安市授予荣誉市民称号规定	修改
2017 年	陕西	西安市古树名木保护条例	修改
2017 年	陕西	西安市机动车和非道路移动机械排气污染防治条例	修改
2017 年	陕西	西安市城墙保护条例	修改
2017 年	陕西	西安市城乡规划条例	修改
2017 年	陕西	西安市城市轨道交通条例	修改

年份	省份	法规名称	立法形式
2017 年	陕西	西安市村镇建设条例	修改
2017 年	陕西	西安市建筑垃圾管理条例	修改
2017 年	陕西	西安市城市污水处理和再生水利用条例	修改
2017 年	陕西	西安市建筑装饰装修条例	修改
2017 年	陕西	西安市燃气管理条例	修改
2017 年	陕西	西安市秦岭生态环境保护条例	修改
2017 年	陕西	西安市民用建筑节能条例	修改
2017 年	陕西	西安市城市供水用水条例	修改
2017 年	陕西	西安市道路交通安全条例	修改
2017 年	陕西	西安市环境噪声污染防治条例	修改
2017 年	陕西	西安市家畜家禽屠宰检疫条例	废止
2017 年	陕西	商洛市住宅物业管理条例	制定
2017 年	陕西	西安市城市绿化条例	修改
2017 年	陕西	延安市城市市容市貌管理条例	制定
2017 年	陕西	咸阳市禁止露天焚烧农作物秸秆条例	制定
2017 年	陕西	榆林市城镇园林绿化条例	制定
2017 年	陕西	西安市特种行业治安管理条例	制定
2017 年	陕西	西安市不可移动文物保护条例	制定
2017 年	陕西	西安市销售燃放烟花保护安全管理条例	修改
2017 年	陕西	汉中市户外广告设施和招牌设置管理条例	制定
2017 年	甘肃	白银市人民代表大会及其常务委员会立法条例	制定
2017 年	甘肃	定西市人民代表大会及其常务委员会立法程序规则	制定
2017 年	甘肃	平凉市地方立法条例	制定
2017 年	甘肃	嘉峪关市立法条例	制定
2017 年	甘肃	陇南市人民代表大会及其常务委员会立法程序规则	制定
2017 年	甘肃	张掖市立法条例	制定
2017 年	甘肃	庆阳市禁牧条例	制定
2017 年	甘肃	兰州市城市公共汽车客运管理条例	制定
2017 年	甘肃	定西市物业管理条例	制定
2017 年	甘肃	兰州市中小学生人身伤害事故预防与处理条例	制定
2017 年	青海	黄南藏族自治州人民代表大会及其常务委员会立法程序规定	制定

年份	省份	法规名称	立法形式
2017 年	青海	西宁市人民代表大会及其常务委员会立法程序规定	修改
2017 年	青海	海西蒙古族藏族自治州城镇管理条例	制定
2017 年	宁夏	吴忠市人民代表大会及其常务委员会立法程序规定	制定
2017 年	宁夏	石嘴山市市容和环境卫生管理条例	制定
2017 年	宁夏	固原市人民代表大会及其常务委员会立法程序规定	制定
2017 年	宁夏	中卫市人民代表大会及其常务委员会立法程序规定	制定
2017 年	宁夏	银川市停车场规划建设和车辆停放管理条例	修改
2017 年	宁夏	银川市政府投资项目审计监督条例	废止
2017 年	宁夏	吴忠市红色文化遗址保护条例	制定
2017 年	宁夏	固原市须弥山石窟保护条例	制定
2017 年	宁夏	石嘴山市工业固体废物污染环境防治条例	制定
2017 年	宁夏	中卫市城乡居民饮用水安全保护条例	制定
2017 年	新疆	乌鲁木齐市公共文明行为条例	制定
2017 年	新疆	克拉玛依市制定地方性法规条例	制定
2017 年	新疆	吐鲁番市制定地方性法规条例	制定
2017 年	新疆	昌吉回族自治州立法条例	制定
2017 年	新疆	博尔塔拉蒙古自治州语言文字工作管理条例	制定
2017 年	新疆	吐鲁番市林木保护管理条例	制定
2017 年	新疆	昌吉回族自治州全民参与公益活动条例	制定
2017 年	新疆	伊犁哈萨克自治州立法条例	制定
2017 年	新疆	库鲁斯台草原生态保护条例	制定
2017 年	新疆	塔城市河流生态保护条例	制定
2017 年	新疆	克拉玛依市城乡规划条例	制定
2017 年	新疆	克拉玛依市养犬管理条例	制定

2018 年设区的市地方性法规制定情况统计

年份	省份	法规名称	立法形式
2018 年	河北	秦皇岛市物业管理条例	制定
2018 年	河北	沧州市城市绿化管理条例	制定
2018 年	河北	保定市工业遗产保护与利用条例	制定
2018 年	河北	邢台市河道采砂管理条例	制定
2018 年	河北	邯郸市村庄建设条例	制定
2018 年	河北	秦皇岛市制定地方性法规条例	制定
2018 年	河北	沧州市地方立法条例	制定
2018 年	河北	承德市制定地方性法规条例	制定
2018 年	河北	石家庄市公共文明行为条例	制定
2018 年	河北	秦皇岛市长城保护条例	制定
2018 年	河北	承德市水源涵养功能区保护条例	制定
2018 年	河北	石家庄市人才发展促进条例	制定
2018 年	河北	唐山市房地产交易管理条例	制定
2018 年	河北	廊坊市市容和环境卫生条例	制定
2018 年	河北	衡水湖水质保护条例	制定
2018 年	河北	邢台市城乡生活垃圾处理一体化管理条例	制定
2018 年	河北	张家口市城市绿化条例	制定
2018 年	山西	晋中市禁止燃放烟花爆竹规定	制定
2018 年	山西	大同市智慧城市促进条例	制定
2018 年	山西	太原市大气污染防治条例	制定
2018 年	山西	太原市生态环境保护条例	制定
2018 年	山西	大同市电梯安全条例	制定
2018 年	山西	长治市辛安泉饮用水水源地保护条例	制定
2018 年	山西	阳泉市城市绿化条例	制定
2018 年	山西	阳泉市道路交通安全管理条例	制定
2018 年	山西	云冈石窟保护条例	制定

年份	省份	法规名称	立法形式
2018 年	山西	晋城市文明行为促进条例	制定
2018 年	山西	吕梁市中小学校幼儿园规划建设条例	制定
2018 年	山西	吕梁市机动车和非道路移动机械排气污染防治条例	制定
2018 年	山西	晋中市餐厨废弃物管理条例	制定
2018 年	山西	太原市生活垃圾分类管理条例	制定
2018 年	山西	忻州市养犬管理条例	制定
2018 年	山西	吕梁市电梯使用安全条例	制定
2018 年	山西	晋中市燃煤污染防治条例	制定
2018 年	山西	阳泉市大气污染防治条例	制定
2018 年	山西	晋城市大气污染防治条例	制定
2018 年	山西	晋城市太行古堡群保护条例	制定
2018 年	山西	运城市禁止燃放烟花爆竹规定	制定
2018 年	山西	运城市涑水河流域生态修复与保护条例	制定
2018 年	内蒙古	呼和浩特市古树名木保护条例	制定
2018 年	内蒙古	乌兰察布市岱海、黄旗海保护条例	制定
2018 年	内蒙古	通辽市罕山国家级自然保护区条例	制定
2018 年	内蒙古	内蒙古大兴安岭汗马国家级自然保护区条例	制定
2018 年	内蒙古	鄂尔多斯市农村牧区人居环境治理条例	制定
2018 年	内蒙古	呼和浩特市房屋使用安全管理条例	制定
2018 年	内蒙古	赤峰市地下水保护条例	制定
2018 年	内蒙古	巴彦淖尔市市容和环境卫生管理条例	制定
2018 年	内蒙古	乌兰察布市物业管理条例	制定
2018 年	辽宁	辽阳市优化营商环境条例	制定
2018 年	辽宁	辽阳市城市市容和环境卫生管理条例	制定
2018 年	辽宁	锦州市海岸带保护与利用管理条例	制定
2018 年	辽宁	锦州市大气污染防治条例	制定
2018 年	辽宁	丹东市地热水资源保护管理条例	制定
2018 年	辽宁	盘锦市城乡容貌和环境卫生管理条例	制定
2018 年	辽宁	丹东市城市供热条例	制定
2018 年	辽宁	大连市殡葬管理条例	制定
2018 年	辽宁	阜新市城市市容和环境卫生管理条例	制定

年份	省份	法规名称	立法形式
2018 年	辽宁	沈阳市多规合一条例	制定
2018 年	辽宁	鞍山市城镇绿化条例	制定
2018 年	辽宁	朝阳市水资源管理条例	制定
2018 年	辽宁	阜新市优化营商环境条例	制定
2018 年	辽宁	阜新市温泉水资源保护条例	制定
2018 年	辽宁	本溪市城市供热管理条例	制定
2018 年	吉林	白山市城市建筑外立面管理条例	制定
2018 年	吉林	辽源市煤矿文化遗产保护条例	制定
2018 年	吉林	松原市制定地方性法规条例	制定
2018 年	吉林	吉林市地方立法条例	制定
2018 年	吉林	松原市饮用水水源保护条例	制定
2018 年	吉林	四平市小广告发布管理规定	制定
2018 年	吉林	长春市老年人权益保障条例	制定
2018 年	吉林	长春市城市供热管理条例	制定
2018 年	吉林	白山市城市户外广告和招牌设置管理条例	制定
2018 年	吉林	白山市市政设施管理条例	制定
2018 年	吉林	四平市城市绿化条例	制定
2018 年	黑龙江	鹤岗市人民代表大会及其常务委员会立法条例	制定
2018 年	黑龙江	伊春市人民代表大会及其常务委员会立法条例	制定
2018 年	黑龙江	牡丹江市人民代表大会及其常务委员会立法条例	制定
2018 年	黑龙江	齐齐哈尔市人民代表大会及其常务委员会立法条例	制定
2018 年	黑龙江	双鸭山市中心城区山体绿线保护管理条例	制定
2018 年	黑龙江	鹤岗市城乡规划条例	制定
2018 年	黑龙江	大庆市物业管理条例	制定
2018 年	黑龙江	七台河市城市公园条例	制定
2018 年	黑龙江	黑龙江茅兰沟国家级自然保护区管理条例	制定
2018 年	黑龙江	哈尔滨市人大常委会关于禁止燃放烟花爆竹的决定	制定
2018 年	黑龙江	牡丹江市餐厨废弃物管理条例	制定
2018 年	黑龙江	佳木斯市电梯安全条例	制定
2018 年	黑龙江	绥化市城市公园条例	制定
2018 年	黑龙江	哈尔滨市查处假冒巡游出租汽车若干规定	制定

年份	省份	法规名称	立法形式
2018 年	黑龙江	鸡西市城市市容和环境卫生管理条例	制定
2018 年	江苏	泰州市市区烟花爆竹燃放管理条例	制定
2018 年	江苏	南通市人才发展促进条例	制定
2018 年	江苏	淮安市周恩来纪念地保护条例	制定
2018 年	江苏	盐城市畜禽养殖污染防治条例	制定
2018 年	江苏	连云港市地方立法条例	制定
2018 年	江苏	淮安市制定地方性法规条例	制定
2018 年	江苏	无锡市不动产登记条例	制定
2018 年	江苏	徐州市停车场管理条例	制定
2018 年	江苏	淮安市文明行为促进条例	制定
2018 年	江苏	连云港市文明行为促进条例	制定
2018 年	江苏	南京市管线管理条例	制定
2018 年	江苏	宿迁市古黄河马陵河西民便河水环境保护条例	制定
2018 年	江苏	徐州市质量促进条例	制定
2018 年	江苏	常州市公共汽车客运条例	制定
2018 年	江苏	镇江市消防条例	制定
2018 年	江苏	泰州市电力保护条例	制定
2018 年	江苏	盐城市革命遗址和纪念设施保护条例	制定
2018 年	江苏	南通市烟花爆竹燃放管理条例	制定
2018 年	江苏	宿迁市社会信用条例	制定
2018 年	江苏	南京市地下文物保护条例	制定
2018 年	江苏	南京市国家公祭保障条例	制定
2018 年	江苏	镇江市农村公路条例	制定
2018 年	江苏	淮安市市容管理条例	制定
2018 年	江苏	扬州市非物质文化遗产保护条例	制定
2018 年	江苏	无锡市文明行为促进条例	制定
2018 年	江苏	连云港市集中式饮用水水源保护条例	制定
2018 年	江苏	泰州市历史文化名城名镇保护条例	制定
2018 年	浙江	湖州市电梯使用安全条例	制定
2018 年	浙江	温州市电梯安全条例	制定
2018 年	浙江	杭州市流动人口服务管理规定	制定

年份	省份	法规名称	立法形式
2018 年	浙江	金华市农村生活垃圾分类管理条例	制定
2018 年	浙江	舟山市城市绿化条例	制定
2018 年	浙江	嘉兴市大运河世界文化遗产保护条例	制定
2018 年	浙江	嘉兴市住房租赁管理若干规定	制定
2018 年	浙江	宁波市广播电视管理条例	制定
2018 年	浙江	宁波市居家养老服务条例	制定
2018 年	浙江	杭州市城市国际化促进条例	制定
2018 年	浙江	宁波市地理信息资源管理条例	制定
2018 年	浙江	金华市养犬管理规定	制定
2018 年	浙江	湖州市文明行为促进条例	制定
2018 年	浙江	杭州市公共场所控制吸烟条例	制定
2018 年	浙江	杭州市萧山湘湖旅游度假区条例	制定
2018 年	浙江	绍兴古城保护利用条例	制定
2018 年	浙江	温州市文明行为促进条例	制定
2018 年	浙江	嘉兴市户外广告和招牌设置条例	制定
2018 年	浙江	杭州市城市轨道交通管理条例	制定
2018 年	浙江	衢州市餐厨垃圾管理条例	制定
2018 年	浙江	衢州市电梯安全条例	制定
2018 年	浙江	绍兴会稽山香榧群保护规定	制定
2018 年	浙江	宁波市科学技术普及条例	制定
2018 年	浙江	舟山市户外广告和招牌设置管理条例	制定
2018 年	浙江	台州市传统村落保护和利用条例	制定
2018 年	浙江	丽水市南明湖保护管理条例	制定
2018 年	安徽	宣纸保护和发展条例	制定
2018 年	安徽	池州市河道采砂管理条例	制定
2018 年	安徽	黄山市松材线虫病防治条例	制定
2018 年	安徽	安庆市天柱山风景名胜区条例	制定
2018 年	安徽	亳州市城市绿化条例	制定
2018 年	安徽	芜湖市烟花爆竹燃放管理条例	制定
2018 年	安徽	宿州市饮用水水源地保护条例	制定
2018 年	安徽	淮南市燃放烟花爆竹管理规定	制定

续表

年份	省份	法规名称	立法形式
2018 年	安徽	池州市燃放经营烟花爆竹管理条例	制定
2018 年	安徽	宣城市文明行为促进条例	制定
2018 年	安徽	黄山市太平湖风景名胜区条例	制定
2018 年	安徽	六安市燃放烟花爆竹管理条例	制定
2018 年	安徽	芜湖市电梯安全管理条例	制定
2018 年	安徽	淮北市电梯安全条例	制定
2018 年	安徽	滁州市扬尘污染防治条例	制定
2018 年	安徽	蚌埠市实施《中华人民共和国大气污染防治法》办法	制定
2018 年	安徽	阜阳市燃放烟花爆竹和大盘香管理条例	制定
2018 年	安徽	安庆市危险化学品安全管理条例	制定
2018 年	安徽	蚌埠市非物质文化遗产条例	制定
2018 年	安徽	阜阳市生活垃圾管理条例	制定
2018 年	安徽	合肥市地下管线条例	制定
2018 年	安徽	马鞍山市燃放烟花爆竹管理条例	制定
2018 年	福建	宁德市城市停车场建设管理条例	制定
2018 年	福建	莆田市中小学校幼儿园规划建设条例	制定
2018 年	福建	三明市东牙溪和薯沙溪水库饮用水水源保护条例	制定
2018 年	福建	福州市海上丝绸之路史迹保护条例	制定
2018 年	福建	龙岩市文明行为规范条例	制定
2018 年	福建	南平市饮用水水源保护办法	制定
2018 年	福建	龙岩市饮用水水源保护条例	制定
2018 年	福建	泉州市中山路骑楼建筑保护条例	制定
2018 年	福建	南平市河岸生态地保护规定	制定
2018 年	福建	漳州市城市公共停车管理规定	制定
2018 年	福建	莆田市东圳库区水环境保护条例	制定
2018 年	福建	福州市建筑垃圾管理规定	制定
2018 年	江西	新余市仙女湖水体保护条例	制定
2018 年	江西	景德镇市御窑厂遗址保护管理条例	制定
2018 年	江西	萍乡市燃气管理条例	制定
2018 年	江西	抚州市文明行为促进条例	制定
2018 年	江西	宜春市立法条例	制定

续表

年份	省份	法规名称	立法形式
2018 年	江西	九江市立法条例	制定
2018 年	江西	吉安市水库水质保护条例	制定
2018 年	江西	宜春市温汤地热水资源保护条例	制定
2018 年	江西	上饶市农村居民住房建设管理条例	制定
2018 年	江西	新余市畜禽养殖污染防治条例	制定
2018 年	江西	赣州市城市道路车辆通行管理规定	制定
2018 年	江西	抚州市住宅区物业管理条例	制定
2018 年	江西	南昌市文明行为促进条例	制定
2018 年	江西	宜春市生活垃圾分类管理条例	制定
2018 年	江西	九江市城市湖泊保护条例	制定
2018 年	江西	吉安市烟花爆竹燃放管理条例	制定
2018 年	江西	上饶市大坳水库饮用水水源保护条例	制定
2018 年	江西	江西仰天岗国家森林公园保护条例	制定
2018 年	江西	鹰潭市信江饮用水水源保护条例	制定
2018 年	江西	赣南客家围屋保护条例	制定
2018 年	山东	烟台市城市供水条例	制定
2018 年	山东	烟台市安全生产监督管理条例	制定
2018 年	山东	济宁市城市绿化条例	制定
2018 年	山东	泰山风景名胜区生态保护条例	制定
2018 年	山东	聊城市水环境保护条例	制定
2018 年	山东	德州市城乡容貌和环境卫生管理条例	制定
2018 年	山东	德州市湿地保护条例	制定
2018 年	山东	菏泽市物业管理条例	制定
2018 年	山东	潍坊市大气污染防治条例	制定
2018 年	山东	潍坊市燃放烟花爆竹管理条例	制定
2018 年	山东	济南市城市建筑垃圾管理条例	制定
2018 年	山东	日照市饮用水水源地保护条例	制定
2018 年	山东	临沂市蒙山保护条例	制定
2018 年	山东	青岛市湿地保护条例	制定
2018 年	山东	威海市海岸带保护条例	制定
2018 年	山东	济南市 12345 市民服务热线条例	制定

年份	省份	法规名称	立法形式
2018 年	山东	济南市人民代表大会常务委员会关于济南新旧动能转换先行区行政管理事项的决定	制定
2018 年	山东	泰安市城市绿化条例	制定
2018 年	山东	莱芜市文明行为促进条例	制定
2018 年	山东	临沂市文明行为促进条例	制定
2018 年	山东	威海市文明行为促进条例	制定
2018 年	山东	聊城市大气污染防治条例	制定
2018 年	山东	菏泽市非物质文化遗产条例	制定
2018 年	山东	济南市绩效管理条例	制定
2018 年	山东	淄博市城乡建设档案管理条例	制定
2018 年	山东	东营市湿地保护条例	制定
2018 年	山东	东营市文明行为促进条例	制定
2018 年	山东	烟台市节约用水条例	制定
2018 年	山东	潍坊市青州古城保护条例	制定
2018 年	山东	日照市文明行为促进条例	制定
2018 年	山东	德州市文物保护条例	制定
2018 年	山东	枣庄市饮用水水源保护条例	制定
2018 年	山东	泰安市烟花爆竹燃放管理条例	制定
2018 年	山东	聊城市禁止燃放烟花爆竹条例	制定
2018 年	山东	滨州市城镇容貌和环境卫生管理条例	制定
2018 年	山东	菏泽市城乡规划条例	制定
2018 年	河南	郑州市文明行为促进条例	制定
2018 年	河南	洛阳市城市绿线管理条例	制定
2018 年	河南	安阳市城市绿化条例	制定
2018 年	河南	鹤壁市城市市容和环境卫生管理条例	制定
2018 年	河南	新乡市城市绿化条例	制定
2018 年	河南	许昌市中心城区河湖水系保护条例	制定
2018 年	河南	驻马店市城市绿化条例	制定
2018 年	河南	商丘市市区饮用水水源保护条例	制定
2018 年	河南	开封市文物保护条例	制定
2018 年	河南	洛阳市集中供热条例	制定

年份	省份	法规名称	立法形式
2018 年	河南	平顶山市城市绿化条例	制定
2018 年	河南	新乡市城市市容和环境卫生管理条例	制定
2018 年	河南	焦作市城市绿化条例	制定
2018 年	河南	河南小秦岭国家级自然保护区条例	制定
2018 年	河南	信阳市城市道路交通安全设施管理条例	制定
2018 年	河南	周口市淮阳龙湖保护条例	制定
2018 年	河南	安阳市城镇居民二次供水条例	制定
2018 年	河南	漯河市城乡规划条例	制定
2018 年	河南	鹤壁市地下水保护条例	制定
2018 年	河南	许昌市城乡规划条例	制定
2018 年	河南	南阳市城市市容和环境卫生管理条例	制定
2018 年	湖北	黄冈市违法建设治理条例	制定
2018 年	湖北	孝感市城市绿化条例	制定
2018 年	湖北	十堰市生态文明建设条例	制定
2018 年	湖北	黄石市房屋安全管理条例	制定
2018 年	湖北	黄石市生态控制线管理条例	制定
2018 年	湖北	随州市城乡饮用水水源保护条例	制定
2018 年	湖北	恩施土家族苗族自治州硒资源保护与利用条例	制定
2018 年	湖北	武汉市气象灾害防御条例	制定
2018 年	湖北	荆门市城市建筑垃圾管理条例	制定
2018 年	湖北	黄冈市城市市容和环境卫生管理条例	制定
2018 年	湖北	鄂州市湖泊保护条例	制定
2018 年	湖北	襄阳市城市生活垃圾治理条例	制定
2018 年	湖北	武汉市客运出租汽车管理条例	制定
2018 年	湖北	荆州市长湖保护条例	制定
2018 年	湖北	宜昌市电动自行车管理条例	制定
2018 年	湖北	十堰市户外广告和招牌设置管理条例	制定
2018 年	湖北	孝感市住宅小区物业管理条例	制定
2018 年	湖北	襄阳市文明行为促进条例	制定
2018 年	湖北	黄石市饮用水水源地保护条例	制定
2018 年	湖北	咸宁市城区山体保护条例	制定

年份	省份	法规名称	立法形式
2018 年	湖南	张家界市全域旅游促进条例	制定
2018 年	湖南	永州市人民代表大会及其常务委员会立法条例	制定
2018 年	湖南	怀化市人民代表大会及其常务委员会立法条例	制定
2018 年	湖南	常德市人民代表大会及其常务委员会制定地方性法规条例	制定
2018 年	湖南	湘潭市人民代表大会及其常务委员会制定地方性法规条例	制定
2018 年	湖南	长沙市城市绿化条例	制定
2018 年	湖南	长沙市养犬管理条例	制定
2018 年	湖南	湘西土家族苗族自治州边城历史文化名镇保护条例	制定
2018 年	湖南	岳阳市机动车停车条例	制定
2018 年	湖南	益阳市农村村民住房建设管理条例	制定
2018 年	湖南	邵阳市城市绿化条例	制定
2018 年	湖南	常德市城乡生活垃圾管理条例	制定
2018 年	湖南	湘潭市城市绿化条例	制定
2018 年	湖南	株洲市工业遗产保护条例	制定
2018 年	湖南	怀化市城市公园条例	制定
2018 年	湖南	永州市历史文化名城名镇名村保护条例	制定
2018 年	湖南	张家界市八大公山国家级自然保护区条例	制定
2018 年	湖南	岳阳市东洞庭湖国家级自然保护区条例	制定
2018 年	湖南	郴州市历史文化名城名镇名村保护条例	制定
2018 年	湖南	娄底市湄江风景名胜区条例	制定
2018 年	广东	惠州市罗浮山风景名胜区条例	制定
2018 年	广东	湛江市历史建筑保护条例	制定
2018 年	广东	潮州市黄冈河流域水环境保护条例	制定
2018 年	广东	广州市生活垃圾分类管理条例	制定
2018 年	广东	广州市停车场条例	制定
2018 年	广东	东莞市饮用水源水质保护条例	制定
2018 年	广东	茂名市露天矿生态公园保护管理条例	制定
2018 年	广东	揭阳市生活垃圾管理条例	制定
2018 年	广东	肇庆市端砚石资源保护条例	制定
2018 年	广东	广州市社会工作服务条例	制定
2018 年	广东	汕尾市革命老区红色资源保护条例	制定

年份	省份	法规名称	立法形式
2018 年	广东	江门市户外广告设施和招牌设置管理条例	制定
2018 年	广东	东莞市生态文明建设促进与保障条例	制定
2018 年	广东	东莞市出租屋治安与消防安全管理条例	制定
2018 年	广东	韶关市野外用火管理条例	制定
2018 年	广东	肇庆市扬尘污染防治条例	制定
2018 年	广东	阳江市漠阳江流域水质保护条例	制定
2018 年	广东	茂名市城市市容和环境卫生管理条例	制定
2018 年	广东	云浮市畜禽养殖污染防治条例	制定
2018 年	广东	河源市农村生活垃圾治理条例	制定
2018 年	广东	潮州市扬尘污染防治条例	制定
2018 年	广西	南宁市道路交通安全条例	制定
2018 年	广西	梧州市停车场建设和管理条例	制定
2018 年	广西	钦州市饮用水水源保护条例	制定
2018 年	广西	崇左市左江花山岩画文化景观保护条例	制定
2018 年	广西	柳州市城市绿化条例	制定
2018 年	广西	北海市涠洲岛生态环境保护条例	制定
2018 年	广西	南宁市大明山保护管理条例	制定
2018 年	广西	北海市合浦汉墓群保护条例	制定
2018 年	广西	南宁市昆仑关保护管理条例	制定
2018 年	广西	北海市沿海沙滩保护条例	制定
2018 年	广西	百色市市容和环境卫生管理条例	制定
2018 年	广西	来宾市北之江流域水资源保护条例	制定
2018 年	广西	贺州市停车场建设和管理条例	制定
2018 年	广西	防城港市公共汽车客运管理条例	制定
2018 年	广西	河池市城市建筑垃圾管理条例	制定
2018 年	广西	南宁市公园条例	制定
2018 年	广西	北海市重点历史文化街区保护条例	制定
2018 年	海南	海口市电梯安全管理若干规定	制定
2018 年	海南	海口市生活垃圾分类管理办法	制定
2018 年	海南	三亚市烟花爆竹燃放安全管理规定	制定
2018 年	海南	海口市湿地保护若干规定	制定

续表

年份	省份	法规名称	立法形式
2018 年	海南	三亚市爱国卫生管理办法	制定
2018 年	海南	海口市龙塘饮用水水源保护规定	制定
2018 年	海南	三沙市制定地方性法规条例	制定
2018 年	四川	遂宁市城市管理条例	制定
2018 年	四川	德阳市城市管理条例	制定
2018 年	四川	绵阳市水污染防治条例	制定
2018 年	四川	资阳市立法条例	制定
2018 年	四川	阿坝藏族羌族自治州立法条例	制定
2018 年	四川	广元市白龙湖亭子湖保护条例	制定
2018 年	四川	达州市莲花湖湿地保护条例	制定
2018 年	四川	宜宾市城市地下管线管理条例	制定
2018 年	四川	泸州市白酒历史文化遗产保护和发展条例	制定
2018 年	四川	攀枝花市城市市容和环境卫生管理条例	制定
2018 年	四川	雅安市青衣江流域水环境保护条例	制定
2018 年	四川	眉山市市容和环境卫生管理条例	制定
2018 年	四川	内江市城市园林绿化条例	制定
2018 年	四川	乐山市集中式饮用水水源保护管理条例	制定
2018 年	四川	南充市城市道路车辆通行管理条例	制定
2018 年	四川	巴中市石窟保护条例	制定
2018 年	四川	广安市城乡污水处理条例	制定
2018 年	四川	德阳市物业管理条例	制定
2018 年	四川	资阳市安岳石刻保护条例	制定
2018 年	四川	自贡市井盐历史文化保护条例	制定
2018 年	贵州	遵义市海龙屯保护条例	制定
2018 年	贵州	贵阳市社区戒毒康复条例	制定
2018 年	贵州	贵阳市城市轨道交通条例	制定
2018 年	贵州	黔南布依族苗族自治州天然林保护条例	制定
2018 年	贵州	安顺市亚鲁王非物质文化遗产保护条例	制定
2018 年	贵州	贵阳市大数据安全管理条例	制定
2018 年	贵州	贵阳市健康医疗大数据应用发展条例	制定
2018 年	贵州	铜仁市梵净山保护条例	制定

年份	省份	法规名称	立法形式
2018 年	贵州	黔南布依族苗族自治州水书文化保护条例	制定
2018 年	贵州	毕节市百里杜鹃风景名胜区条例	制定
2018 年	贵州	遵义市湘江保护条例	制定
2018 年	贵州	六盘水市村寨规划条例	制定
2018 年	贵州	黔东南苗族侗族自治州锦屏文书保护条例	制定
2018 年	云南	普洱市古茶树资源保护条例	制定
2018 年	云南	玉溪市森林防火条例	制定
2018 年	云南	昭通市城市管理条例	制定
2018 年	云南	昆明市非物质文化遗产保护条例	制定
2018 年	云南	文山壮族苗族自治州人民代表大会及其常务委员会立法条例	制定
2018 年	云南	临沧市人民代表大会及其常务委员会制定地方性法规条例	制定
2018 年	云南	曲靖市建设工程施工现场管理条例	制定
2018 年	云南	昆明市城镇排水与污水处理条例	制定
2018 年	云南	昆明市建设区域性国际中心城市促进条例	制定
2018 年	云南	昆明市献血条例	制定
2018 年	云南	红河哈尼族彝族自治州非物质文化遗产项目代表性传承人保护条例	制定
2018 年	云南	昆明市文明行为促进条例	制定
2018 年	云南	保山市龙陵松山战役战场遗址保护条例	制定
2018 年	云南	迪庆藏族自治州香格里拉城市管理条例	制定
2018 年	云南	临沧市城乡清洁条例	制定
2018 年	西藏	日喀则市人民代表大会议事规则	制定
2018 年	西藏	日喀则市城镇供水用水条例	制定
2018 年	西藏	拉萨市村庄规划建设管理条例	制定
2018 年	西藏	日喀则市城乡规划条例	制定
2018 年	西藏	日喀则市河道采砂管理条例	制定
2018 年	陕西	商洛市农村居民饮水安全管理条例	制定
2018 年	陕西	宝鸡市饮用水水源地保护条例	制定
2018 年	陕西	安康市化龙山国家级自然保护区条例	制定
2018 年	陕西	榆林市城镇环境卫生管理条例	制定
2018 年	陕西	西安市文明行为促进条例	制定
2018 年	陕西	咸阳市湿地公园保护管理条例	制定

年份	省份	法规名称	立法形式
2018 年	陕西	铜川市城市生活饮用水二次供水管理条例	制定
2018 年	陕西	西安市公共汽车客运条例	制定
2018 年	陕西	铜川市烟花爆竹燃放管理条例	制定
2018 年	陕西	延安市退耕还林成果保护条例	制定
2018 年	陕西	西安市特种设备安全条例	制定
2018 年	陕西	渭南市住宅物业管理条例	制定
2018 年	陕西	宝鸡市烟花爆竹销售燃放安全管理条例	制定
2018 年	陕西	西安市急救医疗管理条例	制定
2018 年	甘肃	白银市封山禁牧管理办法	制定
2018 年	甘肃	甘肃省临夏回族自治州人民代表大会及其常务委员会立法条例	制定
2018 年	甘肃	金昌市人民代表大会及其常务委员会立法程序规则	制定
2018 年	甘肃	兰州市机动车排气污染防治条例	制定
2018 年	甘肃	金昌市市政公用设施管理条例	制定
2018 年	甘肃	白银市城市地下综合管廊管理办法	制定
2018 年	甘肃	酒泉市饮用水水源地保护条例	制定
2018 年	甘肃	兰州市什川古梨树保护条例	制定
2018 年	甘肃	平凉市烟花爆竹燃放管理规定	制定
2018 年	甘肃	武威市防沙治沙条例	制定
2018 年	青海	海东市人民代表大会及其常务委员会立法条例	制定
2018 年	青海	海北藏族自治州人民代表大会及其常务委员会立法程序规定	制定
2018 年	青海	海南藏族自治州人民代表大会及其常务委员会立法程序规定	制定
2018 年	青海	果洛藏族自治州人民代表大会及其常务委员会立法程序规定	制定
2018 年	青海	玉树藏族自治州人民代表大会及其常务委员会立法程序规定	制定
2018 年	青海	海西蒙古族藏族自治州人民代表大会及其常务委员会立法程序规定	制定
2018 年	青海	海东市城市管理条例	制定
2018 年	青海	西宁市电梯安全条例	制定
2018 年	青海	西宁市建设绿色发展样板城市促进条例	制定
2018 年	宁夏	银川市人民代表大会常务委员会讨论决定重大事项条例	制定
2018 年	宁夏	银川市餐饮服务业环境污染防治条例	制定
2018 年	宁夏	石嘴山市城市餐厨垃圾管理条例	制定
2018 年	宁夏	银川市电梯使用安全条例	制定

年份	省份	法规名称	立法形式
2018 年	宁夏	银川市文明行为促进条例	制定
2018 年	宁夏	固原市烟花爆竹燃放管理条例	制定
2018 年	宁夏	固原市北朝隋唐墓地保护条例	制定
2018 年	宁夏	吴忠市城乡容貌和环境卫生治理条例	制定
2018 年	新疆	乌鲁木齐市寄递物流安全管理条例	制定
2018 年	新疆	克孜勒苏柯尔克孜自治州立法条例	制定
2018 年	新疆	哈密市制定地方性法规条例	制定
2018 年	新疆	乌鲁木齐市轨道交通管理条例	制定
2018 年	新疆	江布拉克景区保护管理条例	制定
2018 年	新疆	克拉玛依市大风灾害防御条例	制定
2018 年	新疆	伊犁河谷生态环境保护条例	制定
2018 年	新疆	伊犁哈萨克自治州渔业资源保护条例	制定
2018 年	新疆	乌鲁木齐市机动车和非道路移动机械排气污染防治条例	制定
2018 年	新疆	巴音郭楞蒙古自治州物业管理办法	制定
2018 年	河北	邯郸市城市绿化条例	修改
2018 年	河北	邯郸市客运出租汽车管理条例	修改
2018 年	河北	邯郸市水网建设与保护条例	修改
2018 年	河北	邯郸市城市供水用水管理条例	修改
2018 年	河北	邯郸市城市排水与污水处理条例	修改
2018 年	河北	邯郸市城市供热条例	修改
2018 年	河北	邯郸市建筑垃圾处置条例	修改
2018 年	河北	邯郸市城市市容和环境卫生条例	修改
2018 年	河北	邯郸市居住证条例	修改
2018 年	河北	唐山市地方立法条例	修改
2018 年	河北	石家庄市国家建设项目审计条例	修改
2018 年	河北	石家庄市水土保持条例	修改
2018 年	河北	石家庄市河道管理条例	修改
2018 年	河北	邯郸市减少污染物排放条例	修改
2018 年	河北	邯郸市城市绿化条例	修改
2018 年	内蒙古	包头市大气污染防治条例	修改
2018 年	内蒙古	包头市水土保持条例	修改

续表

年份	省份	法规名称	立法形式
2018 年	内蒙古	呼和浩特市城市绿化条例	修改
2018 年	内蒙古	呼和浩特市封山育林管理办法	修改
2018 年	内蒙古	呼和浩特市机动车排气污染防治条例	修改
2018 年	内蒙古	呼和浩特市大气污染防治管理条例	修改
2018 年	辽宁	丹东鸭绿江口湿地国家级自然保护区管理条例	修改
2018 年	辽宁	鞍山市制定地方性法规条例	修改
2018 年	辽宁	鞍山市城市绿化管理条例	修改
2018 年	辽宁	鞍山市城市市容和环境卫生管理条例	修改
2018 年	辽宁	鞍山市节约能源条例	修改
2018 年	辽宁	鞍山市环境保护条例	修改
2018 年	辽宁	鞍山市道路运输条例	修改
2018 年	辽宁	鞍山市城市管理综合行政执法条例	修改
2018 年	辽宁	抚顺市制定地方性法规条例	修改
2018 年	辽宁	沈阳市安全生产条例	修改
2018 年	辽宁	本溪市城市公共交通条例	修改
2018 年	辽宁	沈阳市物业管理条例	修改
2018 年	吉林	长春市燃气管理条例	修改
2018 年	吉林	长春市城市绿化条例	修改
2018 年	吉林	长春市城市客运出租汽车管理条例	修改
2018 年	吉林	长春市市政设施管理条例	修改
2018 年	吉林	长春市城市建设档案管理条例	修改
2018 年	吉林	长春市机动车停车场管理条例	修改
2018 年	吉林	长春市气象灾害防御条例	修改
2018 年	吉林	长春市体育经营活动管理条例	修改
2018 年	吉林	长春净月潭风景名胜区保护管理条例	修改
2018 年	吉林	吉林市城市房地产开发经营管理条例	修改
2018 年	吉林	长春莲花山生态旅游度假区管理条例	修改
2018 年	吉林	长春市散装水泥管理条例	修改
2018 年	黑龙江	哈尔滨市城市供水条例	修改
2018 年	黑龙江	齐齐哈尔市市容和环境卫生管理条例	修改
2018 年	黑龙江	齐齐哈尔市城市排水设施管理条例	修改

年份	省份	法规名称	立法形式
2018 年	黑龙江	齐齐哈尔市河道管理条例	修改
2018 年	黑龙江	齐齐哈尔市水资源管理条例	修改
2018 年	黑龙江	齐齐哈尔市再生资源回收利用管理条例	修改
2018 年	黑龙江	齐齐哈尔市旅游条例	修改
2018 年	黑龙江	齐齐哈尔市档案管理条例	修改
2018 年	黑龙江	哈尔滨市全民体育健身条例	修改
2018 年	黑龙江	哈尔滨市档案管理条例	修改
2018 年	黑龙江	哈尔滨市河道管理条例	修改
2018 年	黑龙江	哈尔滨市新型墙体材料发展应用和建筑节能管理条例	修改
2018 年	黑龙江	哈尔滨市农业机械化促进条例	修改
2018 年	黑龙江	哈尔滨市城市道路管理条例	修改
2018 年	黑龙江	哈尔滨市侵华日军第七三一部队旧址保护条例	修改
2018 年	黑龙江	哈尔滨市养犬管理条例	修改
2018 年	黑龙江	哈尔滨市城乡规划条例	修改
2018 年	黑龙江	哈尔滨市城市绿化条例	修改
2018 年	江苏	苏州市公共汽车客运管理条例	修改
2018 年	江苏	苏州市内河交通安全管理条例	修改
2018 年	江苏	苏州市道路运输条例	修改
2018 年	江苏	苏州市集贸市场管理条例	修改
2018 年	江苏	苏州市档案条例	修改
2018 年	江苏	苏州市禁止猎捕陆生野生动物条例	修改
2018 年	江苏	苏州市湿地保护条例	修改
2018 年	江苏	苏州市阳澄湖水源水质保护条例	修改
2018 年	江苏	徐州市制定地方性法规条例	修改
2018 年	江苏	苏州市人民代表大会常务委员会讨论、决定重大事项的规定	修改
2018 年	江苏	苏州市节约用水条例	修改
2018 年	江苏	苏州市房屋使用安全管理条例	修改
2018 年	江苏	南京市城市绿化条例	修改
2018 年	江苏	南京市固体废物污染环境防治条例	修改
2018 年	江苏	南京市防洪堤保护管理条例	修改
2018 年	江苏	南京市汤山旅游资源保护条例	修改

年份	省份	法规名称	立法形式
2018 年	江苏	南京市水资源保护条例	修改
2018 年	江苏	南京市中小学幼儿园用地保护条例	修改
2018 年	江苏	无锡市排水管理条例	修改
2018 年	江苏	无锡市蠡湖景区条例	修改
2018 年	江苏	无锡市供水条例	修改
2018 年	江苏	苏州市养犬管理条例	修改
2018 年	江苏	徐州市市容和环境卫生管理条例	修改
2018 年	江苏	徐州市无偿献血条例	修改
2018 年	江苏	苏州市旅游条例	修改
2018 年	江苏	苏州市禁止猎捕陆生野生动物条例	修改
2018 年	江苏	苏州市阳澄湖水源水质保护条例	修改
2018 年	江苏	苏州市危险废物污染环境防治条例	修改
2018 年	江苏	苏州市城市绿化条例	修改
2018 年	江苏	苏州市湿地保护条例	修改
2018 年	江苏	连云港市海洋牧场管理条例	修改
2018 年	浙江	杭州市客运出租汽车管理条例	修改
2018 年	浙江	温州市市容和环境卫生管理条例	修改
2018 年	浙江	宁波市气象灾害防御管理条例	修改
2018 年	浙江	宁波市档案工作条例	修改
2018 年	安徽	合肥市水环境保护条例	修改
2018 年	安徽	合肥市环境噪声污染防治条例	修改
2018 年	安徽	合肥市水资源管理办法	修改
2018 年	安徽	合肥市城市节约用水管理条例	修改
2018 年	安徽	合肥市城市绿化管理条例	修改
2018 年	安徽	合肥市控制义务教育阶段学生非正常辍学的规定	修改
2018 年	安徽	合肥市市区义务教育阶段学校规划建设的规定	修改
2018 年	安徽	合肥市中小学校学生人身伤害事故预防与处理条例	修改
2018 年	安徽	合肥市劳动用工条例	修改
2018 年	安徽	合肥市统计管理条例	修改
2018 年	安徽	合肥市市容和环境卫生管理条例	修改
2018 年	安徽	宿州市城镇绿化条例	修改

年份	省份	法规名称	立法形式
2018 年	安徽	淮南市城市绿化条例	修改
2018 年	安徽	淮南市城市市容和环境卫生管理条例	修改
2018 年	安徽	淮南市采煤塌陷地治理条例	修改
2018 年	安徽	淮南市防御雷电灾害条例	修改
2018 年	安徽	淮南市市政设施管理条例	修改
2018 年	安徽	淮南市城市集中供热管理条例	修改
2018 年	安徽	淮南市城市保障性住房条例	修改
2018 年	安徽	淮南市城市管理条例	修改
2018 年	安徽	阜阳市城市绿化条例	修改
2018 年	安徽	宣城市敬亭山风景名胜区条例	修改
2018 年	安徽	蚌埠市龙子湖景区条例	修改
2018 年	安徽	蚌埠市城镇绿化条例	修改
2018 年	安徽	滁州市琅琊山风景名胜区条例	修改
2018 年	安徽	铜陵市城市绿化条例	修改
2018 年	安徽	合肥市大气污染防治条例	修改
2018 年	福建	福州市绿化保护带若干规定	修改
2018 年	福建	福州市园林绿化管理条例	修改
2018 年	福建	福州市湿地保护管理办法	修改
2018 年	福建	厦门市海域使用管理规定	修改
2018 年	福建	厦门市无居民海岛保护与利用管理办法	修改
2018 年	福建	厦门市海洋环境保护若干规定	修改
2018 年	福建	厦门市风景名胜资源保护管理条例	修改
2018 年	福建	厦门市城市供水节水条例	修改
2018 年	江西	九江市城区烟花爆竹燃放管理条例	修改
2018 年	山东	济南市城市绿化条例	修改
2018 年	山东	济南市城市供水条例	修改
2018 年	山东	济南市矿产资源管理规定	修改
2018 年	山东	青岛市崂山风景区条例	修改
2018 年	山东	青岛市轨道交通条例	修改
2018 年	山东	淄博市国土绿化条例	修改
2018 年	山东	淄博市林木保护管理规定	修改

年份	省份	法规名称	立法形式
2018 年	山东	淄博市生猪屠宰管理办法	修改
2018 年	山东	淄博市土地监察条例	修改
2018 年	山东	淄博市基本农田保护办法	修改
2018 年	山东	淄博市市容和环境卫生管理办法	修改
2018 年	山东	淄博市水资源保护管理条例	修改
2018 年	山东	淄博市大武水源地水资源管理办法	修改
2018 年	山东	淄博市太河水库饮用水源地保护管理条例	修改
2018 年	山东	淄博市萌山水库保护管理条例	修改
2018 年	山东	淄博市田庄水库保护管理条例	修改
2018 年	山东	淄博市燃气管理条例	修改
2018 年	山东	淄博市水土保持若干规定	修改
2018 年	山东	青岛市环境噪声管理规定	修改
2018 年	山东	青岛市城市节约用水管理条例	修改
2018 年	山东	青岛市档案管理条例	修改
2018 年	山东	青岛市全民义务植树条例	修改
2018 年	山东	青岛市大气污染防治条例	修改
2018 年	山东	青岛市生活饮用水源环境保护条例	修改
2018 年	山东	青岛市森林防火条例	修改
2018 年	山东	青岛市畜禽屠宰管理条例	修改
2018 年	山东	青岛市机动车排气污染防治条例	修改
2018 年	山东	青岛市无居民海岛管理条例	修改
2018 年	山东	青岛市海洋环境保护规定	修改
2018 年	山东	青岛市河道管理条例	修改
2018 年	山东	青岛市机动车驾驶员培训管理条例	修改
2018 年	山东	青岛市建筑废弃物资源化利用条例	修改
2018 年	山东	青岛市学前教育条例	修改
2018 年	山东	青岛市气象灾害防御条例	修改
2018 年	山东	青岛市价格条例	修改
2018 年	山东	青岛市胶州湾保护条例	修改
2018 年	山东	青岛市养老服务促进条例	修改
2018 年	河南	郑州市政府投资项目管理条例	修改

续表

年份	省份	法规名称	立法形式
2018 年	河南	郑州市城市房屋租赁管理条例	修改
2018 年	河南	郑州市城市园林绿化条例	修改
2018 年	河南	郑州市市区滨河公园建设管理条例	修改
2018 年	河南	郑州市企业职工基本养老保险条例	修改
2018 年	河南	郑州市社会急救医疗条例	修改
2018 年	河南	郑州市大气污染防治条例	修改
2018 年	河南	郑州市建设项目审计条例	修改
2018 年	河南	郑州市失业保险条例	修改
2018 年	河南	郑州市企业职工基本养老保险条例	修改
2018 年	河南	郑州市社会急救医疗条例	修改
2018 年	河南	洛阳市城市市容和环境卫生管理条例	修改
2018 年	河南	洛阳市洛浦公园管理条例	修改
2018 年	河南	洛阳市城市绿化条例	修改
2018 年	河南	洛阳市城市公园和广场管理条例	修改
2018 年	河南	开封市城市饮用水水源保护条例	修改
2018 年	河南	开封市城市市容和环境卫生管理条例	修改
2018 年	河南	开封市城市绿化条例	修改
2018 年	河南	安阳市城市绿化条例	修改
2018 年	河南	鹤壁市城市市容和环境卫生管理条例	修改
2018 年	河南	新乡市城市绿化条例	修改
2018 年	河南	焦作市北山生态环境保护条例	修改
2018 年	河南	濮阳市马颊河保护条例	修改
2018 年	河南	许昌市城市市容和环境卫生管理条例	修改
2018 年	河南	漯河市城市市容和环境卫生管理条例	修改
2018 年	河南	漯河市沙澧河风景名胜区条例	修改
2018 年	河南	三门峡市白天鹅及其栖息地保护条例	修改
2018 年	河南	三门峡市城市环境卫生管理条例	修改
2018 年	河南	南阳市城市绿化条例	修改
2018 年	河南	南阳市白河水系水环境保护条例	修改
2018 年	河南	商丘市城市市容和环境卫生管理条例	修改
2018 年	河南	商丘古城保护条例	修改

续表

年份	省份	法规名称	立法形式
2018 年	河南	信阳市鲇鱼山水库饮用水水源保护条例	修改
2018 年	河南	信阳市城市市容和环境卫生管理条例	修改
2018 年	河南	周口市城市市容和环境卫生管理条例	修改
2018 年	河南	驻马店市城市市容和环境卫生管理条例	修改
2018 年	河南	驻马店市饮用水水源保护条例	修改
2018 年	湖北	武汉市防洪管理规定	修改
2018 年	湖北	武汉市水土保持条例	修改
2018 年	湖北	武汉市湖泊管理条例	修改
2018 年	湖北	武汉东湖风景名胜区条例	修改
2018 年	湖北	武汉市森林资源管理办法	修改
2018 年	湖北	武汉市湿地自然保护区条例	修改
2018 年	湖北	武汉市街道办事处条例	修改
2018 年	湖北	武汉市政府投资项目审计条例	修改
2018 年	湖北	武汉市物业管理条例	修改
2018 年	广东	梅州市森林火源管理条例	修改
2018 年	广东	深圳市养犬管理条例	修改
2018 年	广东	深圳市实施《中华人民共和国人民防空法》办法	修改
2018 年	广东	韶关市烟花爆竹燃放安全管理条例	修改
2018 年	广东	广州市水务管理条例	修改
2018 年	广东	广州市森林公园管理条例	修改
2018 年	广东	广州市白云山风景名胜区保护条例	修改
2018 年	广东	广州市绿化条例	修改
2018 年	广东	广州市社会医疗保险条例	修改
2018 年	广东	广州市饮用水水源污染防治规定	修改
2018 年	海南	海口市城市环境卫生管理办法	修改
2018 年	海南	海口市城市供水排水节约用水管理条例	修改
2018 年	海南	海口市历史文化名城保护条例	修改
2018 年	四川	成都市烟花爆竹燃放管理规定	修改
2018 年	四川	成都市城乡规划条例	修改
2018 年	四川	成都市养老服务促进条例	修改
2018 年	四川	成都市摩托车管理规定	修改

年份	省份	法规名称	立法形式
2018 年	四川	成都市市容和环境卫生管理条例	修改
2018 年	四川	成都市建设施工现场管理条例	修改
2018 年	四川	成都市历史建筑和历史文化街区保护条例	修改
2018 年	四川	成都市户外广告和招牌设置管理条例	修改
2018 年	四川	成都市饮用水水源保护条例	修改
2018 年	四川	成都市节约用水管理条例	修改
2018 年	四川	成都市《中华人民共和国渔业法》实施办法	修改
2018 年	云南	昆明市道路交通安全条例	修改
2018 年	云南	昆明市流动人口服务管理条例	修改
2018 年	云南	昆明市城市轨道交通管理条例	修改
2018 年	西藏	拉萨市制定地方性法规条例	修改
2018 年	西藏	拉萨市拉鲁湿地国家级自然保护区管理条例	修改
2018 年	陕西	西安市大气污染防治条例	修改
2018 年	陕西	西安市集中供热条例	修改
2018 年	陕西	西安市城市饮用水源污染防治管理条例	修改
2018 年	陕西	西安市黑河饮水系统保护条例	修改
2018 年	陕西	西安市城市污水处理和再生水利用条例	修改
2018 年	陕西	西安市城市供水用水条例	修改
2018 年	陕西	西安市扬尘污染防治条例	修改
2018 年	陕西	西安市城市轨道交通条例	修改
2018 年	甘肃	连城国家级自然保护区条例	修改
2018 年	甘肃	兰州市南北两山绿化管理条例	修改
2018 年	甘肃	兰州市城市园林绿化管理办法	修改
2018 年	甘肃	兰州市全民义务植树办法	修改
2018 年	甘肃	兰州市公共场所控制吸烟条例	修改
2018 年	青海	西宁市大气污染防治条例	修改
2018 年	青海	西宁市防御雷电灾害条例	修改
2018 年	青海	西宁市殡葬管理条例	修改
2018 年	青海	西宁市全民义务植树条例	修改
2018 年	青海	西宁市水资源管理条例	修改
2018 年	青海	西宁市市容环境卫生管理条例	修改

续表

年份	省份	法规名称	立法形式
2018 年	青海	西宁市建设工程抗震设防要求和地震安全性评价管理条例	修改
2018 年	青海	西宁市城市园林绿化管理条例	修改
2018 年	青海	西宁市档案管理条例	修改
2018 年	青海	西宁市环境保护条例	修改
2018 年	青海	西宁市林业管理条例	修改
2018 年	宁夏	银川市建筑垃圾管理条例	修改
2018 年	宁夏	银川市水资源管理条例	修改
2018 年	宁夏	银川市城市供水节水条例	修改
2018 年	宁夏	银川市农村环境保护条例	修改
2018 年	宁夏	银川市机动车排气污染防治条例	修改
2018 年	宁夏	银川市基本农田保护规定	修改
2018 年	新疆	乌鲁木齐市大气污染防治条例	修改
2018 年	新疆	乌鲁木齐市湿地保护条例	修改
2018 年	河北	邯郸市节约能源条例	废止
2018 年	河北	邯郸市城市房地产交易管理条例	废止
2018 年	山西	大同市建设项目预防性卫生监督管理办法	废止
2018 年	山西	大同市集市贸易市场管理条例	废止
2018 年	内蒙古	包头市环境保护条例	废止
2018 年	辽宁	抚顺市消费者权益保护办法	废止
2018 年	辽宁	抚顺市科学技术普及条例	废止
2018 年	辽宁	抚顺市小流域开发治理条例	废止
2018 年	辽宁	抚顺市乡镇农业事业站管理条例	废止
2018 年	辽宁	抚顺市基础教育投入条例	废止
2018 年	吉林	长春市劳动力市场管理条例	废止
2018 年	吉林	长春市著名商标认定和保护条例	废止
2018 年	吉林	长春市波罗湖湿地保护若干规定	废止
2018 年	吉林	吉林市知名商标认定和保护条例	废止
2018 年	吉林	吉林市松花湖国家级风景名胜区管理条例	废止
2018 年	黑龙江	哈尔滨高新技术产业开发区条例	废止
2018 年	黑龙江	哈尔滨市城市房地产市场管理条例	废止
2018 年	黑龙江	哈尔滨市统计管理条例	废止

续表

年份	省份	法规名称	立法形式
2018 年	黑龙江	哈尔滨市促进科技成果转化条例	废止
2018 年	黑龙江	哈尔滨市木材经营加工管理条例	废止
2018 年	黑龙江	哈尔滨市法律援助条例	废止
2018 年	黑龙江	哈尔滨市城市房屋权属登记条例	废止
2018 年	黑龙江	哈尔滨市有线电视条例	废止
2018 年	黑龙江	哈尔滨市建设工程安全生产管理条例	废止
2018 年	黑龙江	哈尔滨市职业介绍和劳动用工条例	废止
2018 年	黑龙江	哈尔滨市政府绩效管理条例	废止
2018 年	黑龙江	齐齐哈尔市燃气管理办法	废止
2018 年	黑龙江	齐齐哈尔市酒类管理条例	废止
2018 年	江苏	苏州市渔业管理条例	废止
2018 年	江苏	南京市紫金科技人才创业特别社区条例	废止
2018 年	江苏	无锡市国有企业领导人员离任审计条例	废止
2018 年	江苏	苏州市航道管理条例	废止
2018 年	浙江	杭州市预算监督条例	废止
2018 年	浙江	杭州市蔬菜农药残留监督管理条例	废止
2018 年	浙江	宁波市户外广告管理条例	废止
2018 年	安徽	合肥市价格监督检查条例	废止
2018 年	安徽	合肥市义务兵征集、优待和退伍安置办法	废止
2018 年	安徽	合肥市城市公共汽车客运管理条例	废止
2018 年	安徽	合肥市体育市场管理条例	废止
2018 年	安徽	合肥市学前教育管理条例	废止
2018 年	安徽	淮南市开发建设项目环境保护条例	废止
2018 年	山东	淄博市孝妇河流域水污染防治管理办法	废止
2018 年	山东	淄博市工业炉窑大气污染防治办法	废止
2018 年	山东	淄博市雷电灾害防御管理办法	废止
2018 年	山东	济南市机动车排气污染防治条例	废止
2018 年	山东	淄博市粘土砖瓦生产用地管理规定	废止
2018 年	山东	青岛市资源综合利用若干规定	废止
2018 年	山东	青岛市资源节约条例	废止
2018 年	山东	青岛市流动人口计划生育管理办法	废止

年份	省份	法规名称	立法形式
2018 年	山东	青岛市实施《中华人民共和国水土保持法》的若干规定	废止
2018 年	山东	青岛市暂住人口管理条例	废止
2018 年	山东	青岛市道路货物运输行业管理条例	废止
2018 年	山东	青岛市海域使用管理条例	废止
2018 年	山东	青岛市民营科技企业条例	废止
2018 年	山东	青岛市水路运输行业管理条例	废止
2018 年	山东	青岛市促进企业技术创新条例	废止
2018 年	河南	洛阳市建设项目审计条例	废止
2018 年	湖北	武汉市环境保护条例	废止
2018 年	湖北	武汉市城市排水条例	废止
2018 年	湖北	武汉市计划生育管理办法	废止
2018 年	广东	珠海市物业管理条例	废止
2018 年	广东	深圳市司法鉴定条例	废止
2018 年	广东	汕头市城镇中小学校规划建设和保护条例	废止
2018 年	广东	广州市公路路政管理条例	废止
2018 年	广东	广州市水利工程设施保护规定	废止
2018 年	广东	广州市农药管理规定	废止
2018 年	广东	广州市建筑条例	废止
2018 年	四川	成都市著名商标认定和保护规定	废止
2018 年	云南	昆明市雷电灾害防御条例	废止
2018 年	青海	西宁市城市房屋拆迁管理条例	废止
2018 年	青海	西宁市城市广场管理条例	废止
2018 年	陕西	西安市经纪人条例	废止
2018 年	河北	邯郸市村镇规划建设管理条例	文中废止
2018 年	河北	唐山市城市房地产交易管理条例	文中废止
2018 年	山西	大同市云冈石窟保护管理条例	文中废止
2018 年	吉林	吉林市人民代表大会及其常务委员会立法条例	文中废止
2018 年	黑龙江	牡丹江市制定地方性法规工作规则	文中废止
2018 年	黑龙江	齐齐哈尔市制定地方性法规的规定	文中废止
2018 年	江苏	无锡市房屋登记条例	文中废止
2018 年	江苏	无锡市土地登记条例	文中废止

年份	省份	法规名称	立法形式
2018 年	江苏	南京市地下文物保护管理规定	文中废止
2018 年	浙江	杭州市流动人口服务管理条例	文中废止
2018 年	浙江	宁波市有线广播电视管理条例	文中废止
2018 年	湖北	武汉市城市客运出租汽车管理条例	文中废止
2018 年	湖南	长沙市城市绿化管理条例	文中废止
2018 年	海南	海口市龙塘饮用水源环境保护管理规定	文中废止
2018 年	云南	昆明市流动人口管理条例	文中废止
2018 年	云南	昆明市城市排水管理条例	文中废止
2018 年	宁夏	银川市人民代表大会常务委员会讨论、决定重大事项条例	文中废止
2018 年	宁夏	银川市饮食娱乐业环境污染防治条例	文中废止
2018 年	陕西	西安市社会急救医疗条例	文中废止

2019 年设区的市地方性法规制定情况统计

年份	省份	法规名称	立法形式
2019 年	河北	承德市城市市容和环境卫生管理条例	制定
2019 年	河北	唐山市全域旅游促进条例	制定
2019 年	河北	唐山市旅游业促进条例	文中废止
2019 年	河北	保定市白洋淀上游生态环境保护条例	制定
2019 年	河北	保定市中小学校幼儿园规划建设条例	制定
2019 年	河北	沧州市市容和环境卫生管理条例	制定
2019 年	河北	邢台市地方立法条例	制定
2019 年	河北	石家庄市城市管理综合执法条例	制定
2019 年	河北	秦皇岛市海水浴场管理条例	制定
2019 年	河北	邯郸市电梯安全管理条例	制定
2019 年	河北	邯郸市燃气管理条例	制定
2019 年	河北	邯郸市城市燃气管理条例	文中废止
2019 年	河北	张家口市公共场所控制吸烟条例	制定
2019 年	河北	张家口市无障碍设施建设管理条例	制定
2019 年	河北	秦皇岛市爱国卫生条例	制定
2019 年	河北	唐山市文明行为促进条例	制定
2019 年	河北	廊坊市文明行为促进条例	制定
2019 年	河北	邯郸市工业遗产保护与利用条例	制定
2019 年	河北	邯郸市城市公共汽车客运条例	制定
2019 年	河北	石家庄市正定古城保护条例	制定
2019 年	河北	唐山市大气污染防治若干规定	制定
2019 年	河北	沧州市快递条例	制定
2019 年	河北	衡水市养犬管理条例	制定
2019 年	河北	衡水市城市市容和环境卫生管理条例	制定
2019 年	河北	张家口市烟花爆竹安全管理条例	制定
2019 年	河北	张家口市地下水管理条例	制定

年份	省份	法规名称	立法形式
2019 年	河北	张家口市官厅水库湿地保护条例	制定
2019 年	河北	唐山市港口条例	制定
2019 年	河北	衡水市生态环境教育促进条例	制定
2019 年	河北	衡水市人大常委会关于禁止燃放烟花爆竹的决定	制定
2019 年	河北	邢台市工业企业大气污染防治条例	制定
2019 年	河北	邢台市工业遗产保护与利用条例	制定
2019 年	山西	大同市人民代表大会常务委员会讨论决定重大事项的规定	修改
2019 年	山西	长治市养犬管理条例	制定
2019 年	山西	长治市禁止燃放烟花爆竹规定	制定
2019 年	山西	长治市大气污染防治条例	制定
2019 年	山西	临汾市饮用水水源地保护条例	制定
2019 年	山西	运城市农村环境卫生管理办法	制定
2019 年	山西	长治市不可移动文物保护条例	制定
2019 年	山西	阳泉市市容和环境卫生管理条例	制定
2019 年	山西	阳泉市爱国卫生条例	制定
2019 年	山西	忻州市滹沱河流域生态修复与保护条例	制定
2019 年	山西	朔州市应县佛宫寺释迦塔保护条例	制定
2019 年	山西	朔州市饮用水水源地保护条例	制定
2019 年	山西	忻州市电梯安全管理条例	制定
2019 年	山西	大同市燃煤污染防治条例	制定
2019 年	山西	太原市道路交通安全管理条例	制定
2019 年	山西	朔州市人民代表大会代表议案的提出和处理办法	制定
2019 年	山西	朔州市人民代表大会代表建议、批评和意见的提出和处理办法	制定
2019 年	山西	太原市水资源管理办法	废止
2019 年	山西	太原市大气污染物排放总量控制管理办法	废止
2019 年	山西	太原市矿山地质环境治理恢复保证金管理办法	废止
2019 年	山西	大同市人大常委会关于修改《大同市体育市场管理办法》等 27 件法规的决定	修改
2019 年	山西	大同市乡镇人民代表大会工作条例	修改
2019 年	山西	大同市人民代表大会常务委员会加强同代表联系充分发挥代表作用的办法	修改

年份	省份	法规名称	立法形式
2019 年	山西	临汾市建筑工程施工扬尘污染防治规定	制定
2019 年	山西	太原市养犬管理条例	制定
2019 年	山西	大同市城市节约用水条例	制定 .
2019 年	山西	大同市城市节约用水管理条例	文中废止
2019 年	山西	忻州市住宅物业管理条例	制定
2019 年	山西	忻州市文明行为促进条例	制定
2019 年	山西	晋中市扬尘污染防治条例	制定
2019 年	山西	太原市海绵城市建设管理条例	制定
2019 年	山西	恒山风景名胜区保护条例	修改
2019 年	山西	大同市水土保持条例	制定
2019 年	山西	大同市水土保持管理办法	文中废止
2019 年	山西	朔州市大气污染防治条例	制定
2019 年	山西	吕梁市大气污染防治条例	制定
2019 年	山西	吕梁市横泉水库饮用水水源保护条例	制定
2019 年	山西	吕梁市水污染防治条例	制定
2019 年	山西	吕梁市碛口古镇保护条例	制定
2019 年	山西	晋中市文明行为促进条例	制定
2019 年	山西	晋城市城市绿化条例	制定
2019 年	山西	晋城市村庄规划建设条例	制定
2019 年	山西	运城市大气污染防治条例	制定
2019 年	山西	运城市养犬管理规定	制定
2019 年	内蒙古	呼和浩特市大青山前坡生态保护条例	制定
2019 年	内蒙古	通辽市蒙古族音乐类非物质文化遗产保护条例	制定
2019 年	内蒙古	包头市永久基本农田保护条例	制定
2019 年	内蒙古	乌兰察布市辉腾锡勒草原保护条例	制定
2019 年	内蒙古	包头市禁牧休牧条例	制定
2019 年	内蒙古	赤峰市扬尘污染防治条例	制定
2019 年	内蒙古	鄂尔多斯市大气污染防治条例	制定
2019 年	内蒙古	巴彦淖尔市大气污染防治条例	制定
2019 年	内蒙古	呼和浩特市促进蒙医药发展办法	制定
2019 年	内蒙古	包头市城镇开发边界管理条例	制定

年份	省份	法规名称	立法形式
2019 年	内蒙古	包头市废弃食用油脂管理条例	废止
2019 年	内蒙古	鄂尔多斯市集中式饮用水水源保护条例	制定
2019 年	内蒙古	乌海市城市综合管理条例	制定
2019 年	内蒙古	呼和浩特市再生水利用管理条例	制定
2019 年	内蒙古	包头市城市绿化条例	修改
2019 年	内蒙古	包头市南海子湿地自然保护区条例	修改
2019 年	内蒙古	包头市饮用水水源保护条例	修改
2019 年	内蒙古	呼伦贝尔市大气污染防治条例	制定
2019 年	内蒙古	赤峰市辽代都城州城帝陵遗址保护条例	制定
2019 年	内蒙古	鄂尔多斯市文明行为促进条例	制定
2019 年	辽宁	沈阳市城市机动车停车条例	制定
2019 年	辽宁	大连市物业管理条例	制定
2019 年	辽宁	大连市环境保护条例	修改
2019 年	辽宁	鞍山市扬尘污染防治条例	制定
2019 年	辽宁	鞍山市扬尘污染防治管理条例	文中废止
2019 年	辽宁	抚顺市森林防火条例	废止
2019 年	辽宁	锦州市电动自行车管理条例	制定
2019 年	辽宁	营口市机动车停车管理条例	制定
2019 年	辽宁	辽阳市不可移动文物保护条例	制定
2019 年	辽宁	辽阳市学前教育条例	制定
2019 年	辽宁	铁岭莲花湖国家湿地公园保护管理条例	制定
2019 年	辽宁	朝阳市人民代表大会及其常务委员会立法条例	修改
2019 年	辽宁	盘锦市物业管理条例	制定
2019 年	辽宁	葫芦岛市城市供水用水条例	制定
2019 年	辽宁	大连市华侨权益保护条例	制定
2019 年	辽宁	抚顺市城市房地产开发经营管理条例	废止
2019 年	辽宁	本溪市就业促进条例	修改
2019 年	辽宁	本溪市公路管理条例	废止
2019 年	辽宁	营口市饮用水水源保护区污染防治条例	修改
2019 年	辽宁	营口市文明行为促进条例	制定
2019 年	辽宁	沈阳市道路客运市场管理条例	废止

年份	省份	法规名称	立法形式
2019 年	辽宁	沈阳市机动车维修市场管理条例	废止
2019 年	辽宁	营口市人民代表大会及其常务委员会立法条例	修改
2019 年	辽宁	沈阳市道路货运市场管理条例	修改
2019 年	辽宁	沈阳市环境噪声污染防治条例	修改
2019 年	辽宁	抚顺市机动车排气污染防治条例	修改
2019 年	辽宁	沈阳市居家养老服务条例	制定
2019 年	辽宁	沈阳市城市供水用水管理条例	修改
2019 年	辽宁	本溪市老官砬子饮用水源保护条例	废止
2019 年	辽宁	本溪市气象灾害防御条例	修改
2019 年	辽宁	丹东市城乡规划条例	制定
2019 年	辽宁	锦州市文明行为促进条例	制定
2019 年	辽宁	大连市人民代表大会常务委员会讨论、决定重大事项的规定	修改
2019 年	辽宁	大连市文明行为促进条例	制定
2019 年	辽宁	锦州市城市市容和环境卫生管理条例	制定
2019 年	辽宁	沈阳市大气污染防治条例	修改
2019 年	辽宁	沈阳市湿地保护条例	制定
2019 年	辽宁	大连市推进东北亚国际航运中心建设条例	制定
2019 年	辽宁	鞍山市大气污染防治条例	制定
2019 年	辽宁	鞍山市群众诉求办理条例	制定
2019 年	辽宁	鞍山市预防职务犯罪工作条例	废止
2019 年	辽宁	抚顺市促进民营经济发展条例	制定
2019 年	辽宁	抚顺市促进中小企业发展条例	文中废止
2019 年	辽宁	锦州市电动自行车管理条例	修改
2019 年	辽宁	阜新市细河保护条例	制定
2019 年	辽宁	辽阳市汤河水库饮用水水源保护条例	制定
2019 年	辽宁	朝阳市城市绿化管理规定	制定
2019 年	辽宁	葫芦岛市畜禽养殖污染防治条例	制定
2019 年	吉林	长春市安全生产条例	制定
2019 年	吉林	长春市肉品管理条例	修改
2019 年	吉林	长春市城市房屋安全管理条例	修改
2019 年	吉林	长春市生活垃圾分类管理条例	制定

年份	省份	法规名称	立法形式
2019 年	吉林	吉林市人民代表大会议事规则	修改
2019 年	吉林	通化市地方立法条例	制定
2019 年	吉林	白山市城市供水管理条例	制定
2019 年	吉林	白城市市政设施保护条例	制定
2019 年	吉林	长春市人民代表大会常务委员会关于修改部分地方性法规的决定	修改
2019 年	吉林	辽源市养犬管理条例	制定
2019 年	吉林	白山市生态文明建设促进条例	制定
2019 年	吉林	长春市电梯安全管理条例	制定
2019 年	吉林	长春市统计管理条例	修改
2019 年	吉林	长春市供水条例	制定
2019 年	吉林	长春市城市供水条例	文中废止
2019 年	吉林	长春市农村环境治理条例	制定
2019 年	吉林	长春市农作物秸秆露天禁烧和综合利用管理条例	制定
2019 年	吉林	四平市市区饮用水水源地保护条例	制定
2019 年	吉林	通化市文明祭祀条例	制定
2019 年	吉林	通化市人才发展促进条例	制定
2019 年	吉林	白山市城市管理行政执法条例	制定
2019 年	黑龙江	哈尔滨市人民代表大会常务委员会关于机构改革涉及地方性法规规定的行政机关职责调整问题的决定	制定
2019 年	黑龙江	齐齐哈尔市物业管理条例	制定
2019 年	黑龙江	齐齐哈尔市城市绿化条例	制定
2019 年	黑龙江	齐齐哈尔市城市园林绿化条例	文中废止
2019 年	黑龙江	大庆市露天市场管理条例	制定
2019 年	黑龙江	伊春市废弃食用菌袋污染环境防治条例	制定
2019 年	黑龙江	哈尔滨市西泉眼水库饮用水水源保护条例	废止
2019 年	黑龙江	哈尔滨市旅游管理条例	废止
2019 年	黑龙江	哈尔滨市学校食品安全管理规定	制定
2019 年	黑龙江	齐齐哈尔市技术市场管理办法	废止
2019 年	黑龙江	齐齐哈尔市民营科技企业条例	废止
2019 年	黑龙江	齐齐哈尔市水土保持条例	废止
2019 年	黑龙江	七台河市东北抗联文化遗存保护利用条例	制定

年份	省份	法规名称	立法形式
2019 年	黑龙江	黑河市城市供热用热办法	制定
2019 年	黑龙江	双鸭山市城市综合管理条例	制定
2019 年	黑龙江	鹤岗市饮用水水源保护条例	制定
2019 年	黑龙江	佳木斯市餐饮业油烟污染防治条例	制定
2019 年	黑龙江	鸡西市城市公园管理条例	制定
2019 年	黑龙江	伊春市城乡规划条例	制定
2019 年	黑龙江	鹤岗市公园广场管理条例	制定
2019 年	黑龙江	哈尔滨市文明行为促进条例	制定
2019 年	黑龙江	哈尔滨市机动车排气污染防治条例	修改
2019 年	黑龙江	齐齐哈尔市大气污染防治条例	制定
2019 年	黑龙江	齐齐哈尔市残疾人保障条例	制定
2019 年	黑龙江	牡丹江市城市绿化条例	制定
2019 年	黑龙江	佳木斯市物业管理条例	制定
2019 年	黑龙江	绥化市城市市容和环境卫生管理条例	制定
2019 年	江苏	南京市大气污染防治条例	制定
2019 年	江苏	南京市道路交通安全条例	制定
2019 年	江苏	南京市道路交通安全管理条例	文中废止
2019 年	江苏	无锡市奖励和保护见义勇为人员条例	制定
2019 年	江苏	徐州市房屋使用安全管理条例	制定
2019 年	江苏	徐州市城市房屋安全管理条例	文中废止
2019 年	江苏	徐州市排水与污水处理条例	制定
2019 年	江苏	常州市住宅物业管理条例	制定
2019 年	江苏	苏州市出租房屋居住安全管理条例	制定
2019 年	江苏	盐城市旅游业促进条例	制定
2019 年	江苏	南京市制定地方性法规条例	制定
2019 年	江苏	无锡市生态补偿条例	制定
2019 年	江苏	徐州市大气污染防治条例	制定
2019 年	江苏	宿迁市旅游促进条例	制定
2019 年	江苏	南京市教育督导条例	制定
2019 年	江苏	南京市授予荣誉市民称号条例	制定
2019 年	江苏	无锡市生活垃圾分类管理条例	制定

年份	省份	法规名称	立法形式
2019 年	江苏	常州市轨道交通条例	制定
2019 年	江苏	南通市畜禽养殖污染防治条例	制定
2019 年	江苏	盐城市文明行为促进条例	制定
2019 年	江苏	扬州市农贸市场管理条例	制定
2019 年	江苏	南京市城镇房屋权属登记条例	废止
2019 年	江苏	南京市机动车维修市场管理条例	废止
2019 年	江苏	徐州市轨道交通条例	制定
2019 年	江苏	苏州市河道管理条例	制定
2019 年	江苏	连云港市海岛保护条例	制定
2019 年	江苏	盐城市黄海湿地保护条例	制定
2019 年	江苏	镇江市山体保护条例	制定
2019 年	江苏	南京市长江桥梁隧道条例	制定
2019 年	江苏	南京市城乡规划条例	修改
2019 年	江苏	南京市民用建筑节能条例	修改
2019 年	江苏	无锡市禁止燃放烟花爆竹条例	修改
2019 年	江苏	无锡市水资源节约利用条例	修改
2019 年	江苏	无锡市河道管理条例	修改
2019 年	江苏	无锡市城市绿化管理条例	修改
2019 年	江苏	无锡市市容和环境卫生管理条例	修改
2019 年	江苏	徐州市市区农贸市场管理条例	制定
2019 年	江苏	苏州市残疾人保障条例	制定
2019 年	江苏	南通市城市绿化管理条例	制定
2019 年	江苏	泰州市文明行为条例	制定
2019 年	江苏	无锡市旅游市场条例	制定
2019 年	江苏	无锡市实施《江苏省旅游管理条例》办法	文中废止
2019 年	江苏	徐州市安全生产条例	制定
2019 年	江苏	常州市道路交通安全条例	制定
2019 年	江苏	苏州市生活垃圾分类管理条例	制定
2019 年	江苏	连云港市乡村清洁条例	制定
2019 年	江苏	淮安市住宅物业管理条例	制定
2019 年	江苏	淮安市古淮河保护条例	修改

年份	省份	法规名称	立法形式
2019 年	江苏	扬州市文明行为促进条例	制定
2019 年	江苏	镇江市历史文化名城保护条例	制定
2019 年	江苏	宿迁市扬尘污染防治条例	制定
2019 年	浙江	宁波市环境污染防治规定	修改
2019 年	浙江	湖州市美丽乡村建设条例	制定
2019 年	浙江	嘉兴市养犬管理条例	制定
2019 年	浙江	金华市城市市容和环境卫生管理规定	制定
2019 年	浙江	金华市文明行为促进条例	制定
2019 年	浙江	台州市居住出租房屋安全管理规定	制定
2019 年	浙江	丽水市物业管理条例	制定
2019 年	浙江	杭州市第二水源千岛湖配水供水工程管理条例	修改
2019 年	浙江	宁波市生活垃圾分类管理条例	制定
2019 年	浙江	宁波市非机动车管理条例	制定
2019 年	浙江	金华市传统村落保护条例	制定
2019 年	浙江	舟山市物业管理条例	制定
2019 年	浙江	杭州市生活垃圾管理条例	修改
2019 年	浙江	杭州市机动车排气污染防治条例	修改
2019 年	浙江	宁波市甬江奉化江余姚江河道管理条例	修改
2019 年	浙江	宁波市防洪条例	修改
2019 年	浙江	宁波市市容和环境卫生管理条例	修改
2019 年	浙江	宁波市河道管理条例	修改
2019 年	浙江	湖州市市容和环境卫生管理条例	制定
2019 年	浙江	衢州市烟花爆竹经营燃放管理规定	制定
2019 年	浙江	丽水市传统村落保护条例	制定
2019 年	浙江	湖州市乡村旅游促进条例	制定
2019 年	浙江	嘉兴市文明行为促进条例	制定
2019 年	浙江	绍兴市大运河世界文化遗产保护条例	制定
2019 年	浙江	金华市水环境保护条例	修改
2019 年	浙江	金华市禁止销售燃放烟花爆竹管理规定	制定
2019 年	浙江	杭州市电梯安全管理条例	制定
2019 年	浙江	宁波市全民阅读促进条例	制定

年份	省份	法规名称	立法形式
2019 年	浙江	温州市楠溪江保护管理条例	制定
2019 年	浙江	衢州市城乡网格化服务管理条例	制定
2019 年	浙江	衢州市物业管理条例	制定
2019 年	浙江	舟山市科技创新促进条例	制定
2019 年	浙江	舟山市人民代表大会常务委员会关于暂时停止实施海钓经营许可的决定	制定
2019 年	浙江	丽水市大窑龙泉窑遗址保护条例	制定
2019 年	安徽	合肥市促进民营经济发展条例	制定
2019 年	安徽	淮南市城市管理行政执法条例	制定
2019 年	安徽	马鞍山市采石风景名胜区条例	制定
2019 年	安徽	黄山市农药安全管理条例	制定
2019 年	安徽	淮北市人民代表大会及其常务委员会立法程序规定	制定
2019 年	安徽	淮南市优化投资环境条例	修改
2019 年	安徽	淮南市建筑市场管理条例	修改
2019 年	安徽	淮南市私营企业权益保护条例	修改
2019 年	安徽	淮南市工程建设监理条例	修改
2019 年	安徽	淮南市社会保险费征缴管理条例	修改
2019 年	安徽	淮南市建设工程造价管理条例	修改
2019 年	安徽	宣城市住宅小区物业管理条例	制定
2019 年	安徽	铜陵市居家养老服务促进条例	制定
2019 年	安徽	滁州市城市绿化条例	制定
2019 年	安徽	安庆市花亭湖风景名胜区条例	制定
2019 年	安徽	合肥市献血条例	制定
2019 年	安徽	合肥市公共资源交易管理条例	制定
2019 年	安徽	亳州市城市市容和环境卫生管理条例	制定
2019 年	安徽	宿州市公园条例	制定
2019 年	安徽	蚌埠市养犬管理条例	制定
2019 年	安徽	淮南市科技创新促进条例	制定
2019 年	安徽	马鞍山市文明行为促进条例	制定
2019 年	安徽	黄山市养犬管理条例	制定
2019 年	安徽	淮北市文明行为促进条例	制定

年份	省份	法规名称	立法形式
2019 年	安徽	阜阳市城市市容和环境卫生管理条例	制定
2019 年	安徽	六安市物业管理条例	制定
2019 年	安徽	芜湖市居家养老服务条例	制定
2019 年	安徽	池州市海绵城市建设和管理条例	制定
2019 年	安徽	安庆市实施林长制条例	制定
2019 年	安徽	合肥市城市轨道交通条例	制定
2019 年	安徽	蚌埠市生活垃圾管理条例	制定
2019 年	安徽	淮南市养犬管理条例	制定
2019 年	安徽	滁州市文明行为促进条例	制定
2019 年	安徽	马鞍山市养犬管理条例	制定
2019 年	福建	福州市城市内河管理办法	制定
2019 年	福建	漳州市市区内河管理规定	制定
2019 年	福建	南平市城市绿地管理办法	制定
2019 年	福建	宁德市霍童溪流域保护条例	制定
2019 年	福建	宁德市幼儿园规划建设条例	制定
2019 年	福建	三明市城市园林绿化管理条例	制定
2019 年	福建	莆田市湄洲岛保护管理条例	制定
2019 年	福建	福州市烟花爆竹销售和燃放管理办法	制定
2019 年	福建	福州市生活垃圾分类管理条例	制定
2019 年	福建	厦门市市政工程设施管理条例	修改
2019 年	福建	厦门市节约能源条例	修改
2019 年	福建	漳州市饮用水水源保护办法	制定
2019 年	福建	泉州市晋江洛阳江流域水环境保护条例	制定
2019 年	福建	龙岩市中小学校幼儿园规划建设条例	制定
2019 年	福建	福州市城市房屋拆迁管理办法	废止
2019 年	福建	福州市流动人口计划生育管理办法	废止
2019 年	福建	漳州市生活垃圾管理办法	制定
2019 年	福建	莆田市城乡环境卫生管理条例	制定
2019 年	福建	南平市革命旧址保护利用条例	制定
2019 年	福建	龙岩市城市绿化条例	制定
2019 年	江西	南昌市城乡建设档案管理条例	制定

续表

年份	省份	法规名称	立法形式
2019 年	江西	南昌市城市建设档案管理条例	文中废止
2019 年	江西	萍乡市城市市容和环境卫生管理条例	制定
2019 年	江西	鹰潭市文明旅游促进条例	制定
2019 年	江西	赣州市革命遗址保护条例	制定
2019 年	江西	上饶市历史建筑保护条例	制定
2019 年	江西	抚州市烟花爆竹销售燃放管理条例	制定
2019 年	江西	九江市历史建筑保护条例	制定
2019 年	江西	景德镇市高岭—瑶里风景名胜区条例	制定
2019 年	江西	新余市农村房屋建设管理条例	制定
2019 年	江西	景德镇市烟花爆竹燃放管理条例	制定
2019 年	江西	新余市禁止燃放烟花爆竹规定	制定
2019 年	江西	赣州市饮用水水源保护条例	制定
2019 年	江西	宜春市城市市容和环境卫生管理条例	制定
2019 年	江西	南昌市居家养老服务条例	制定
2019 年	江西	南昌市人民代表大会常务委员会关于废止 2 件和一揽子修改 13 件地方性法规的决定	废止
2019 年	江西	九江市城市道路通行管理条例	制定
2019 年	江西	萍乡市城市绿化条例	制定
2019 年	江西	鹰潭市户外广告设置管理条例	制定
2019 年	江西	上饶市住宅物业管理条例	制定
2019 年	江西	吉安市住宅物业管理条例	制定
2019 年	江西	抚州市抚河流域水污染防治条例	制定
2019 年	山东	济南市文明行为促进条例	制定
2019 年	山东	莱芜市制定地方性法规条例	废止
2019 年	山东	济南市第十七届人民代表大会关于《济南市制定地方性法规条例》适用的决定	制定
2019 年	山东	莱芜市城市市容管理条例	废止
2019 年	山东	莱芜市文物保护与利用条例	废止
2019 年	山东	莱芜市文明行为促进条例	废止
2019 年	山东	济南市钢结构建筑应用促进条例	修改
2019 年	山东	莱芜市钢结构建筑应用促进条例	文中废止

年份	省份	法规名称	立法形式
2019 年	山东	济南市既有多层住宅增设电梯规定	修改
2019 年	山东	莱芜市既有多层住宅增设电梯规定	文中废止
2019 年	山东	济南市禁止燃放烟花爆竹的规定	修改
2019 年	山东	济南市人民代表大会常务委员会关于《济南市人民代表大会常务委员会讨论决定重大事项的规定》等八十件地方性法规适用的决定	制定
2019 年	山东	淄博市电梯安全条例	制定
2019 年	山东	枣庄市古树名木保护条例	制定
2019 年	山东	烟台市全民阅读促进条例	制定
2019 年	山东	临沂市献血条例	制定
2019 年	山东	德州市扬尘污染防治条例	制定
2019 年	山东	菏泽市水污染防治条例	制定
2019 年	山东	济南市人才市场管理条例	废止
2019 年	山东	威海市海上交通安全条例	制定
2019 年	山东	济宁市养犬管理条例	制定
2019 年	山东	济宁市古树名木保护条例	制定
2019 年	山东	潍坊市会展业促进条例	制定
2019 年	山东	济南市户外广告和牌匾标识管理条例	制定
2019 年	山东	济南市户外广告设置管理条例	文中废止
2019 年	山东	济南市人民代表大会常务委员会讨论决定重大事项的规定	制定
2019 年	山东	青岛市燃气管理条例	制定
2019 年	山东	枣庄市文明行为促进条例	制定
2019 年	山东	济宁市文明行为促进条例	制定
2019 年	山东	滨州市住宅物业管理条例	制定
2019 年	山东	青岛市禁止燃放烟花爆竹规定	制定
2019 年	山东	青岛市禁止制作和限制销售燃放烟花爆竹的规定	文中废止
2019 年	山东	淄博市文明行为促进条例	制定
2019 年	山东	日照市海岸带保护与利用管理条例	制定
2019 年	山东	临沂市饮用水水源地保护条例	制定
2019 年	山东	德州市养老服务条例	制定
2019 年	山东	菏泽市烟花爆竹燃放管理条例	制定
2019 年	山东	青岛市海岸带保护与利用管理条例	制定

年份	省份	法规名称	立法形式
2019 年	山东	青岛市海岸带规划管理规定	文中废止
2019 年	山东	青岛市预算审查监督条例	制定
2019 年	山东	青岛市市级预算审查监督条例	文中废止
2019 年	山东	枣庄市电梯安全条例	制定
2019 年	山东	东营市大气污染防治条例	制定
2019 年	山东	东营市海岸带保护条例	制定
2019 年	山东	烟台市山体保护条例	制定
2019 年	山东	烟台市海岸带保护条例	制定
2019 年	山东	潍坊市海岸带保护条例	制定
2019 年	山东	泰安市户外广告设施和招牌设置管理条例	制定
2019 年	山东	泰安市文明行为促进条例	制定
2019 年	山东	日照市大气污染防治条例	制定
2019 年	山东	聊城市文明行为促进条例	制定
2019 年	山东	滨州市海岸带生态保护与利用条例	制定
2019 年	山东	滨州市扬尘污染防治条例	制定
2019 年	山东	菏泽市文明行为促进条例	制定
2019 年	河南	鹤壁市大气污染防治条例	制定
2019 年	河南	新乡市大气污染防治条例	制定
2019 年	河南	焦作市中小学校幼儿园规划建设条例	制定
2019 年	河南	濮阳市大气污染防治条例	制定
2019 年	河南	濮阳市农村生活垃圾治理条例	制定
2019 年	河南	驻马店市山体保护条例	制定
2019 年	河南	郑州市停车场建设管理条例	制定
2019 年	河南	洛阳市科学技术进步条例	修改
2019 年	河南	洛阳市大气污染防治条例	制定
2019 年	河南	焦作市大气污染防治条例	制定
2019 年	河南	漯河市扬尘污染防治条例	制定
2019 年	河南	三门峡市大气污染防治条例	制定
2019 年	河南	南阳市文物保护条例	制定
2019 年	河南	郑州市规范城市客运行为若干规定	制定
2019 年	河南	开封市中小学校幼儿园规划建设条例	制定

续表

年份	省份	法规名称	立法形式
2019 年	河南	平顶山市城市市容和环境卫生管理条例	制定
2019 年	河南	鹤壁市文明行为促进条例	制定
2019 年	河南	商丘市文明行为促进条例	制定
2019 年	河南	信阳市河道采砂管理条例	制定
2019 年	河南	周口市城市绿化条例	制定
2019 年	河南	郑州市贾鲁河保护条例	制定
2019 年	河南	开封市扬尘污染防治条例	制定
2019 年	河南	洛阳市陆浑水库饮用水水源保护条例	修改
2019 年	河南	平顶山市建设工地扬尘污染防治条例	制定
2019 年	河南	许昌市城市绿化条例	制定
2019 年	河南	漯河市文明行为促进条例	制定
2019 年	河南	漯河市散煤污染防治条例	制定
2019 年	河南	南阳市大气污染防治条例	制定
2019 年	河南	信阳市大气污染防治条例	制定
2019 年	河南	驻马店市大气污染防治条例	制定
2019 年	湖北	武汉市区人民代表大会常务委员会街道工作委员会工作条例	制定
2019 年	湖北	宜昌市非物质文化遗产保护条例	制定
2019 年	湖北	武汉市禁毒条例	制定
2019 年	湖北	武汉市实施《中华人民共和国环境保护法》办法	制定
2019 年	湖北	武汉市多元化解纠纷促进条例	制定
2019 年	湖北	荆州市扬尘污染防治条例	制定
2019 年	湖北	随州市机动车停车条例	制定
2019 年	湖北	武汉东湖风景名胜区条例	制定
2019 年	湖北	武汉市人大常委会关于集中修改、废止部分地方性法规的决定	废止
2019 年	湖北	黄冈市白莲河库区水环境保护条例	制定
2019 年	湖北	咸宁市农村生活垃圾治理条例	制定
2019 年	湖北	武汉市控制吸烟条例	制定
2019 年	湖北	襄阳市城市建筑垃圾治理条例	制定
2019 年	湖北	黄石市市容和环境卫生管理条例	制定
2019 年	湖北	十堰市扬尘污染防治条例	制定
2019 年	湖北	孝感市饮用水水源保护条例	制定

年份	省份	法规名称	立法形式
2019 年	湖北	恩施土家族苗族自治州传统村落和民族村寨条例	制定
2019 年	湖北	襄阳古城保护条例	制定
2019 年	湖北	宜昌市扬尘污染防治条例	制定
2019 年	湖北	荆门市民用建筑装饰装修管理条例	制定
2019 年	湖北	鄂州市现代物流业发展促进条例	制定
2019 年	湖南	衡阳市森林防火条例	制定
2019 年	湖南	湘西土家族苗族自治州气象灾害防御条例	制定
2019 年	湖南	长沙市文明行为促进条例	制定
2019 年	湖南	张家界市爱国卫生条例	制定
2019 年	湖南	长沙市人民代表大会常务委员会关于修改和废止部分地方性法规的决定	废止
2019 年	湖南	湘潭市爱国卫生条例	制定
2019 年	湖南	株洲市畜禽养殖污染防治条例	制定
2019 年	湖南	邵阳市邵水保护条例	制定
2019 年	湖南	岳阳市扬尘污染防治条例	制定
2019 年	湖南	永州市乡村房屋建设管理条例	制定
2019 年	湖南	长沙市湿地保护条例	制定
2019 年	湖南	衡阳市"三江六岸"滨水区域规划条例	制定
2019 年	湖南	衡阳市爱国卫生条例	制定
2019 年	湖南	岳阳市农村村民住房建设管理条例	制定
2019 年	湖南	常德市西洞庭湖国际重要湿地保护条例	制定
2019 年	湖南	张家界市文明行为促进条例	制定
2019 年	湖南	益阳市畜禽水产养殖污染防治条例	制定
2019 年	湖南	郴州市城区农贸市场管理条例	制定
2019 年	湖南	怀化市传统村落保护条例	制定
2019 年	湖南	娄底市仙女寨区域生态环境保护条例	制定
2019 年	广东	江门市海上丝绸之路史迹保护条例	制定
2019 年	广东	湛江市公园条例	制定
2019 年	广东	茂名市畜禽养殖污染防治条例	制定
2019 年	广东	揭阳市重点流域水环境保护条例	制定
2019 年	广东	珠海市人民代表大会常务委员会关于修改《珠海市排水条例》等三部地方性法规的决定	修改

年份	省份	法规名称	立法形式
2019 年	广东	广州市政府投资管理条例	废止
2019 年	广东	珠海市旅游条例	废止
2019 年	广东	广州市大气污染防治规定	废止
2019 年	广东	广州市环境噪声污染防治规定	废止
2019 年	广东	广州市固体废物污染环境防治规定	废止
2019 年	广东	广州市野生动物保护管理若干规定	废止
2019 年	广东	广州市环境保护条例	废止
2019 年	广东	广州市供水用水条例	制定
2019 年	广东	广州市城市供水用水条例	文中废止
2019 年	广东	佛山市排水管理条例	制定
2019 年	广东	韶关市皇岗山芙蓉山莲花山保护条例	制定
2019 年	广东	深圳市生态公益林条例	修改
2019 年	广东	汕头市立法条例	修改
2019 年	广东	汕头市生活饮用水源保护条例	废止
2019 年	广东	汕头市防御雷电灾害条例	修改
2019 年	广东	佛山市机动车和非道路移动机械排气污染防治条例	修改
2019 年	广东	惠州市西枝江水系水质保护条例	修改
2019 年	广东	汕尾市水环境保护条例	修改
2019 年	广东	汕尾市品清湖环境保护条例	修改
2019 年	广东	中山市水环境保护条例	修改
2019 年	广东	江门市潭江流域水质保护条例	修改
2019 年	广东	湛江市湖光岩景区保护管理条例	修改
2019 年	广东	茂名市高州水库水质保护条例	修改
2019 年	广东	肇庆市城区市容和环境卫生管理条例	修改
2019 年	广东	清远市饮用水源水质保护条例	修改
2019 年	广东	清远市城市市容和环境卫生管理条例	修改
2019 年	广东	潮州市韩江流域水环境保护条例	修改
2019 年	广东	梅州市城市市容和环境卫生管理条例	制定
2019 年	广东	潮州市电力设施建设与保护条例	制定
2019 年	广东	揭阳古城保护条例	制定
2019 年	广东	潮州市黄冈河流域水环境保护条例	修改

年份	省份	法规名称	立法形式
2019 年	广东	广州市机动车排气污染防治规定	修改
2019 年	广东	广州市实施《中华人民共和国工会法》办法	修改
2019 年	广东	珠海市社会养老保险条例	废止
2019 年	广东	广州市巡游出租汽车客运管理条例	制定
2019 年	广东	广州市出租汽车客运管理条例	文中废止
2019 年	广东	东莞市城市管理综合执法条例	制定
2019 年	广东	中山市停车场条例	制定
2019 年	广东	潮州市城市市容和环境卫生管理条例	制定
2019 年	广东	深圳市人民代表大会常务委员会任免国家机关工作人员条例	制定
2019 年	广东	深圳市人民代表大会常务委员会关于修改《深圳市制定法规条例》等十三项法规的决定	修改
2019 年	广东	惠州西湖风景名胜区保护条例	制定
2019 年	广东	深圳市人民代表大会常务委员会关于修改《深圳市市、区人民代表大会常务委员会执法检查条例》等六项法规的决定	修改
2019 年	广东	广州市劳动力市场管理条例	废止
2019 年	广东	广州市人才市场管理条例	废止
2019 年	广东	广州市传染病防治规定	废止
2019 年	广东	广州市母乳喂养促进条例	制定
2019 年	广东	汕尾市山体保护条例	制定
2019 年	广东	肇庆市文明行为促进条例	制定
2019 年	广东	清远市实施《中华人民共和国大气污染防治法》办法	制定
2019 年	广西	南宁市机动车和非道路移动机械排气污染防治条例	制定
2019 年	广西	桂林市销售燃放烟花爆竹管理条例	制定
2019 年	广西	钦州市城市市容和环境卫生管理条例	制定
2019 年	广西	贵港市烟花爆竹燃放管理条例	制定
2019 年	广西	玉林市传统村落保护条例	制定
2019 年	广西	南宁市中小学校幼儿园用地保护条例	制定
2019 年	广西	南宁市中小学幼儿园用地保护条例	文中废止
2019 年	广西	南宁市出租汽车客运管理条例	制定
2019 年	广西	百色市停车场管理条例	制定
2019 年	广西	南宁市地下综合管廊管理条例	制定

年份	省份	法规名称	立法形式
2019 年	广西	梧州市烟花爆竹燃放管理条例	制定
2019 年	广西	钦州市历史文化街区保护条例	制定
2019 年	广西	玉林市南流江流域水环境保护条例	制定
2019 年	广西	贺州市农贸市场管理条例	制定
2019 年	广西	柳州市莲花山保护条例	修改
2019 年	广西	北海市海上丝绸之路史迹保护条例	制定
2019 年	广西	防城港市海岸带保护条例	制定
2019 年	广西	贵港市城市道路管理条例	制定
2019 年	广西	玉林市销售燃放烟花爆竹管理条例	制定
2019 年	广西	河池市民间传世铜鼓保护条例	制定
2019 年	广西	来宾市高层建筑消防安全管理条例	制定
2019 年	广西	崇左市城市建筑垃圾管理条例	制定
2019 年	海南	海口市志愿服务条例	制定
2019 年	海南	海口市湾长制规定	制定
2019 年	海南	三亚市餐饮业油烟污染防治办法	制定
2019 年	海南	三亚市扬尘污染防治办法	制定
2019 年	海南	海口市人民代表大会常务委员会关于市人民政府机构改革涉及本市地方性法规规定的行政机关职责调整问题的决定	制定
2019 年	海南	三沙市西沙群岛海龟保护规定	制定
2019 年	海南	三沙市西沙群岛水资源节约与保护规定	制定
2019 年	四川	成都市龙泉山城市森林公园保护条例	制定
2019 年	四川	成都市都江堰灌区保护条例	制定
2019 年	四川	绵阳市物业管理条例	制定
2019 年	四川	广元市饮用水水源地保护条例	制定
2019 年	四川	达州市巴遗址遗迹保护条例	制定
2019 年	四川	成都市城市景观风貌保护条例	制定
2019 年	四川	广安市城市公共汽车客运安全规定	制定
2019 年	四川	成都市矿产资源管理条例	废止
2019 年	四川	泸州市物业管理条例	修改
2019 年	四川	泸州市市容和环境卫生管理条例	修改
2019 年	四川	绵阳市城市市容和环境卫生管理条例	修改

年份	省份	法规名称	立法形式
2019 年	四川	宜宾市白酒历史文化保护条例	制定
2019 年	四川	达州市市容和环境卫生管理条例	制定
2019 年	四川	巴中市城市道路交通秩序管理条例	修改
2019 年	四川	巴中市红军文物保护条例	修改
2019 年	四川	巴中市石窟保护条例	修改
2019 年	四川	眉山市三苏遗址遗迹保护条例	制定
2019 年	四川	成都市园林绿化条例	制定
2019 年	四川	成都市城市供水管理条例	修改
2019 年	四川	成都市兴隆湖区域生态保护条例	修改
2019 年	四川	自贡市文明行为促进条例	制定
2019 年	四川	攀枝花市环境噪声污染防治条例	制定
2019 年	四川	泸州市中心城区山体保护条例	制定
2019 年	四川	德阳市绵竹年画保护条例	制定
2019 年	四川	遂宁市观音湖保护条例	制定
2019 年	四川	内江市城市市容和环境卫生管理条例	制定
2019 年	四川	雅安市村级河（湖）长制条例	制定
2019 年	四川	广元市城市市容和环境卫生管理条例	制定
2019 年	四川	乐山大佛世界文化和自然遗产保护条例	制定
2019 年	四川	峨眉山世界文化和自然遗产保护条例	制定
2019 年	四川	南充市物业管理条例	制定
2019 年	四川	广安市市容环境卫生条例	制定
2019 年	四川	广安市城市绿化条例	制定
2019 年	四川	巴中市城乡污水处理条例	制定
2019 年	贵州	黔东南苗族侗族自治州月亮山梯田保护条例	制定
2019 年	贵州	毕节市城乡规划条例	制定
2019 年	贵州	贵阳市环境噪声污染防治规定	废止
2019 年	贵州	贵阳市水污染防治规定	废止
2019 年	贵州	贵阳市建设生态文明城市条例	修改
2019 年	贵州	贵阳市湿地公园保护管理规定	修改
2019 年	贵州	贵阳市公园和绿化广场管理办法	修改
2019 年	贵州	贵阳市环城林带建设保护办法	修改

续表

年份	省份	法规名称	立法形式
2019 年	贵州	贵阳市南明河保护管理办法	修改
2019 年	贵州	贵阳市阿哈水库水资源环境保护条例	修改
2019 年	贵州	毕节市饮用水水源保护条例修正案	修改
2019 年	贵州	黔南布依族苗族自治州 500 米口径球面射电望远镜电磁波宁静区环境保护条例	修改
2019 年	贵州	贵阳市青岩古镇保护条例	制定
2019 年	贵州	遵义市城市文明建设若干规定	制定
2019 年	贵州	铜仁市农村饮用水管理条例	制定
2019 年	贵州	六盘水市城市地下综合管廊管理条例	制定
2019 年	贵州	安顺市城镇绿化条例	制定
2019 年	贵州	毕节市织金古城保护条例	制定
2019 年	贵州	贵阳市绿化条例	制定
2019 年	贵州	铜仁市中心城区燃放烟花爆竹管理条例	制定
2019 年	贵州	黔东南苗族侗族自治州㵲阳河流域保护条例	制定
2019 年	贵州	黔南布依族苗族自治州涟江流域保护条例	制定
2019 年	云南	丽江市人民代表大会及其常务委员会制定地方性法规条例	制定
2019 年	云南	玉溪市人民代表大会及其常务委员会制定地方性法规条例	制定
2019 年	云南	红河哈尼族彝族自治州人民代表大会及其常务委员会立法条例	制定
2019 年	云南	大理白族自治州人民代表大会及其常务委员会立法条例	制定
2019 年	云南	德宏傣族景颇族自治州人民代表大会及其常务委员会立法条例	制定
2019 年	云南	昆明市人民代表大会及其常务委员会制定地方性法规条例	制定
2019 年	云南	曲靖市会泽历史文化名城保护条例	制定
2019 年	云南	楚雄彝族自治州城乡特色风貌建设条例	制定
2019 年	云南	昆明市轿子山国家级自然保护区条例	制定
2019 年	云南	昆明市轿子雪山保护和管理条例	文中废止
2019 年	云南	昆明市城镇绿化条例	修改
2019 年	云南	昆明市工资支付条例	制定
2019 年	云南	昆明市企业工资支付条例	文中废止
2019 年	云南	昆明市行政事业性收费管理条例	废止
2019 年	云南	昆明市城市房屋权属登记管理条例	废止
2019 年	云南	保山市城市环境卫生管理条例	制定

年份	省份	法规名称	立法形式
2019 年	云南	昆明市人民代表大会常务委员会关于修改《昆明市科学技术进步与创新条例》等六件地方性法规的决定	修改
2019 年	云南	曲靖市文明行为促进条例	制定
2019 年	云南	临沧市城市绿化管理条例	制定
2019 年	云南	怒江傈僳族自治州城乡环境卫生管理条例	制定
2019 年	云南	红河哈尼族彝族自治州蒙自城市管理条例	制定
2019 年	云南	普洱市河道采砂管理条例	制定
2019 年	云南	昆明市客运出租汽车管理条例	制定
2019 年	云南	丽江市泸沽湖保护条例	制定
2019 年	云南	德宏傣族景颇族自治州乡村清洁条例	制定
2019 年	云南	红河哈尼族彝族自治州大屯海长桥海三角海保护管理条例	制定
2019 年	云南	曲靖市集中式饮用水水源地保护条例	制定
2019 年	云南	昆明市城市市容和环境卫生管理条例	修改
2019 年	西藏	昌都市人民代表大会常务委员会讨论决定重大事项的规定	制定
2019 年	西藏	昌都市市容环境卫生管理条例	制定
2019 年	西藏	山南市立法条例	制定
2019 年	西藏	山南市城市建设管理条例	制定
2019 年	西藏	山南市羊卓雍错保护条例	制定
2019 年	西藏	山南市实施河长制湖长制条例	制定
2019 年	西藏	拉萨市人民代表大会常务委员会关于修改《拉萨市爱国卫生管理条例》等9件地方性法规的决定	修改
2019 年	西藏	拉萨市暂住人员服务管理条例	废止
2019 年	西藏	日喀则市人民代表大会常务委员会执法检查办法	制定
2019 年	西藏	日喀则市"门前三包"责任制管理条例	制定
2019 年	西藏	林芝市生态公益林保护条例	制定
2019 年	陕西	西安市旅游条例	制定
2019 年	陕西	榆林市无定河流域水污染防治条例	制定
2019 年	陕西	汉中市汉江流域水环境保护条例	制定
2019 年	陕西	西安市社区教育促进条例	制定
2019 年	陕西	汉中市张骞墓保护条例	制定
2019 年	陕西	铜川市河道管理条例	制定

年份	省份	法规名称	立法形式
2019 年	陕西	渭南市仓颉墓与庙保护条例	制定
2019 年	陕西	宝鸡市大气污染防治条例	制定
2019 年	陕西	咸阳市大气污染防治条例	制定
2019 年	陕西	铜川市大气污染防治条例	制定
2019 年	陕西	安康市硒资源保护与利用条例	制定
2019 年	甘肃	金昌市养犬管理条例	制定
2019 年	甘肃	天水市古树名木保护条例	制定
2019 年	甘肃	定西市河道生态环境保护条例	制定
2019 年	甘肃	嘉峪关市市容和环境卫生管理条例	制定
2019 年	甘肃	甘肃省甘南藏族自治州地方立法条例	制定
2019 年	甘肃	甘肃省甘南藏族自治州洮河流域生态环境保护条例	制定
2019 年	甘肃	张掖市城市道路交通管理条例	制定
2019 年	甘肃	庆阳市物业管理条例	制定
2019 年	甘肃	甘肃省临夏回族自治州物业管理条例	制定
2019 年	甘肃	兰州市燃气管理条例	制定
2019 年	甘肃	兰州市城镇燃气管理条例	文中废止
2019 年	甘肃	白银市烟花爆竹燃放管理办法	制定
2019 年	甘肃	平凉市物业管理条例	制定
2019 年	甘肃	兰州市城乡规划条例	制定
2019 年	甘肃	兰州市城市重点区域规划管理暂行办法	文中废止
2019 年	甘肃	兰州市大气污染防治条例	制定
2019 年	甘肃	兰州市实施大气污染防治法办法	文中废止
2019 年	甘肃	甘肃省甘南藏族自治州大气污染防治条例	制定
2019 年	甘肃	武威市城市社会生活噪声污染防治条例	制定
2019 年	青海	西宁市城市房地产交易管理条例	修改
2019 年	青海	西宁市文明行为促进条例	制定
2019 年	青海	西宁市城市供水用水条例	制定
2019 年	青海	玉树藏族自治州石刻文化保护管理条例	制定
2019 年	青海	海西蒙古族藏族自治州促进枸杞产业发展条例	制定
2019 年	青海	西宁市养犬管理条例	制定
2019 年	青海	海东市全民义务植树条例	制定

年份	省份	法规名称	立法形式
2019 年	青海	海东市绿色宜居城市建设促进条例	制定
2019 年	宁夏	银川市全民健身条例	制定
2019 年	宁夏	银川市物业管理条例	制定
2019 年	宁夏	银川市养犬管理条例	修改
2019 年	宁夏	石嘴山市工业企业大气污染防治条例	制定
2019 年	宁夏	吴忠市文明行为促进条例	制定
2019 年	宁夏	石嘴山市文明行为促进条例	制定
2019 年	宁夏	固原市红色文化遗址保护条例	制定
2019 年	宁夏	中卫市农作物秸秆处置条例	制定
2019 年	新疆	开都河流域生态环境保护条例	制定
2019 年	新疆	昌吉回族自治州乡村治理促进条例	制定
2019 年	新疆	乌鲁木齐河河道管理条例	废止
2019 年	新疆	乌鲁木齐市节约用水管理条例	修改
2019 年	新疆	乌鲁木齐市城市节约用水管理条例	文中废止
2019 年	新疆	巴音郭楞蒙古自治州人民代表大会及其常务委员会立法条例	制定
2019 年	新疆	巴音郭楞蒙古自治州大气污染防治办法	制定
2019 年	新疆	乌鲁木齐市养犬管理条例	制定
2019 年	新疆	乌鲁木齐市养犬管理规定	文中废止
2019 年	新疆	昌吉回族自治州准东经济技术开发区生态环境保护条例	制定
2019 年	新疆	克拉玛依市石油工业遗产保护条例	制定
2019 年	新疆	哈密市养犬管理条例	制定
2019 年	新疆	乌鲁木齐市邮政管理条例	制定
2019 年	新疆	伊犁哈萨克自治州乡村清洁条例	制定
2019 年	新疆	博尔塔拉蒙古自治州赛里木湖保护条例	制定
2019 年	新疆	昌吉回族自治州城乡人居环境绿化条例	制定
2019 年	新疆	哈密市水资源保护条例	制定
2019 年	新疆	哈密市历史文化遗产保护条例	制定

2020 年设区的市地方性法规制定情况统计

年份	省份	法规名称	立法形式
2020 年	河北	石家庄市河道管理条例	修改
2020 年	河北	承德市城市供热条例	制定
2020 年	河北	秦皇岛市市容管理条例	制定
2020 年	河北	秦皇岛市养犬管理条例	制定
2020 年	河北	廊坊市加强大气污染防治若干规定	制定
2020 年	河北	保定市禁牧条例	制定
2020 年	河北	保定市河道管理条例	制定
2020 年	河北	邯郸市机动车排气污染防治条例	废止
2020 年	河北	邢台市城镇供水用水条例	制定
2020 年	河北	邢台市物业管理条例	制定
2020 年	河北	石家庄市城市园林绿化管理条例	修改
2020 年	河北	承德市工业遗产保护与利用条例	制定
2020 年	河北	张家口市烟花爆竹安全管理条例	修改
2020 年	河北	张家口市城市市容和环境卫生管理条例	制定
2020 年	河北	唐山市工业遗产保护与利用条例	制定
2020 年	河北	唐山市城市供水用水管理条例	制定
2020 年	河北	唐山市城市供水管理条例	文中废止
2020 年	河北	廊坊市院前医疗急救服务条例	制定
2020 年	河北	保定市清西陵保护条例	制定
2020 年	河北	沧州市城市建筑垃圾管理条例	制定
2020 年	河北	邢台市禁止燃放烟花爆竹规定	制定
2020 年	河北	邢台市养犬管理条例	制定
2020 年	河北	邯郸市烈士纪念设施保护条例	制定
2020 年	河北	邯郸市商业网点建设管理条例	废止
2020 年	河北	邯郸市人民代表大会常务委员会关于废止地方性法规中若干行政许可规定的决定	废止

年份	省份	法规名称	立法形式
2020 年	河北	石家庄市供热用热条例	修改
2020 年	河北	承德市快递市场管理条例	制定
2020 年	河北	承德市村容村貌管理条例	制定
2020 年	河北	张家口市河道和水库管理条例	制定
2020 年	河北	秦皇岛市沿海防护林条例	制定
2020 年	河北	保定市城市公共汽车客运条例	制定
2020 年	河北	沧州市禁止燃放烟花爆竹规定	制定
2020 年	河北	衡水市节约用水管理条例	制定
2020 年	河北	衡水市物业管理条例	制定
2020 年	河北	邯郸市水土保持管理条例	修改
2020 年	河北	邯郸市水资源管理条例	修改
2020 年	河北	邯郸市粉煤灰综合利用管理条例	修改
2020 年	河北	邯郸市城市绿化条例	修改
2020 年	河北	邯郸市客运出租汽车管理条例	修改
2020 年	山西	大同市大气污染防治条例	制定
2020 年	山西	大同市旅游条例	制定
2020 年	山西	忻州市大气污染防治条例	制定
2020 年	山西	长治市城市绿化条例	制定
2020 年	山西	临汾市大气污染防治条例	制定
2020 年	山西	太原市城乡环境卫生设施管理条例	制定
2020 年	山西	太原市城市环境卫生设施管理办法	文中废止
2020 年	山西	太原市机动车和非道路移动机械排气污染防治办法	制定
2020 年	山西	太原市机动车排气污染防治办法	文中废止
2020 年	山西	晋中市医疗废物管理条例	制定
2020 年	山西	阳泉市集中供热条例	制定
2020 年	山西	长治市红色文化遗址保护利用条例	制定
2020 年	山西	太原市城乡环境卫生设施管理条例	制定
2020 年	山西	太原市机动车和非道路移动机械排气污染防治办法	制定
2020 年	山西	晋中市医疗废物管理条例	制定
2020 年	山西	阳泉市集中供热条例	制定
2020 年	山西	长治市红色文化遗址保护利用条例	制定

续表

年份	省份	法规名称	立法形式
2020 年	山西	晋城市大气污染防治条例	修改
2020 年	山西	临汾市农村环境卫生综合治理促进条例	制定
2020 年	山西	晋城市电动车管理条例	制定
2020 年	山西	阳泉市住宅专项维修资金管理办法	制定
2020 年	山西	晋中市养犬管理条例	制定
2020 年	山西	晋中市中小学校幼儿园规划建设条例	制定
2020 年	山西	吕梁市河道管理条例	制定
2020 年	山西	大同市酒类商品监督管理条例	废止
2020 年	山西	大同土林保护条例	制定
2020 年	山西	大同市文明行为条例	制定
2020 年	山西	大同古城保护条例	制定
2020 年	山西	大同古城保护管理条例	文中废止
2020 年	山西	太原市城镇企业职工失业保险条例	废止
2020 年	山西	太原市外商投资企业条例	废止
2020 年	山西	太原市市场管理条例	废止
2020 年	山西	太原市博物馆促进条例	制定
2020 年	山西	太原市城市绿化条例	制定
2020 年	山西	太原市医疗急救服务条例	制定
2020 年	山西	太原市人民代表大会常务委员会关于修改《太原市城市供水管理办法》等五件地方性法规的决定	修改
2020 年	山西	吕梁市电动自行车管理条例	制定
2020 年	山西	吕梁市城市道路挖掘管理条例	制定
2020 年	山西	晋中市静升古镇保护条例	制定
2020 年	山西	晋中市太谷传统医药国家级非物质文化遗产保护条例	制定
2020 年	山西	阳泉市黑热病防治规定	制定
2020 年	山西	阳泉市人民代表大会常务委员会关于修改《阳泉市道路交通安全管理条例》等六部地方性法规的决定	修改
2020 年	山西	长治市生活垃圾分类管理条例	制定
2020 年	山西	晋城市养老服务条例	制定
2020 年	山西	晋城市生活垃圾分类管理条例	制定
2020 年	山西	临汾市农村自建房屋质量管理办法	制定

续表

年份	省份	法规名称	立法形式
2020 年	山西	临汾市文明行为促进条例	制定
2020 年	山西	临汾市体育设施建设和管理办法	制定
2020 年	山西	运城市盐湖保护条例	制定
2020 年	山西	运城市文明行为促进条例	制定
2020 年	内蒙古	呼和浩特市预算审查监督条例	废止
2020 年	内蒙古	通辽市大气污染防治条例	制定
2020 年	内蒙古	乌兰察布市粉尘污染防治条例	制定
2020 年	内蒙古	呼伦贝尔市集中式饮用水水源保护条例	制定
2020 年	内蒙古	呼伦贝尔市城市养犬管理条例	制定
2020 年	内蒙古	巴彦淖尔市集中式饮用水水源保护条例	制定
2020 年	内蒙古	呼和浩特市耕地污染防治办法	制定
2020 年	内蒙古	呼和浩特市人民代表大会常务委员会讨论决定重大事项的规定	修改
2020 年	内蒙古	呼和浩特市养犬管理规定	修改
2020 年	内蒙古	鄂尔多斯市绿色矿山建设管理条例	制定
2020 年	内蒙古	乌海市地下水保护条例	制定
2020 年	内蒙古	呼和浩特市市容环境卫生管理条例	制定
2020 年	内蒙古	呼和浩特市节约用水管理条例	修改
2020 年	内蒙古	乌兰察布市农用地膜污染防治条例	制定
2020 年	内蒙古	鄂尔多斯市养老服务条例	制定
2020 年	内蒙古	巴彦淖尔市农药污染防治条例	制定
2020 年	内蒙古	巴彦淖尔市城市客运交通管理条例	制定
2020 年	内蒙古	鄂尔多斯市中小学校幼儿园规划建设条例	制定
2020 年	内蒙古	赤峰市农村牧区人居环境治理条例	制定
2020 年	内蒙古	通辽市蒙医正骨保护条例	制定
2020 年	内蒙古	呼伦贝尔市文明行为促进条例	制定
2020 年	内蒙古	呼和浩特市文明行为促进条例	制定
2020 年	辽宁	沈阳市文明行为促进条例	制定
2020 年	辽宁	大连市人民代表大会常务委员会关于废止部分地方性法规的决定	废止
2020 年	辽宁	大连市人民代表大会常务委员会关于修改部分地方性法规的决定	修改
2020 年	辽宁	鞍山市矿山地质环境治理恢复条例	制定
2020 年	辽宁	本溪市人民代表大会常务委员会讨论、决定重大事项的规定	修改

年份	省份	法规名称	立法形式
2020 年	辽宁	本溪市生态立市条例	制定
2020 年	辽宁	丹东市农村垃圾管理条例	制定
2020 年	辽宁	锦州市锦凌水库饮用水水源保护条例	制定
2020 年	辽宁	营口市物业管理条例	制定
2020 年	辽宁	营口市大气污染防治条例	制定
2020 年	辽宁	盘锦市文明行为促进条例	制定
2020 年	辽宁	沈阳市人民代表大会常务委员会关于市人民政府机构改革涉及本市地方性法规规定的行政机关职责调整问题的决定	制定
2020 年	辽宁	鞍山市志愿服务条例	修改
2020 年	辽宁	鞍山市社会治安综合治理条例	废止
2020 年	辽宁	抚顺市预算审批监督条例	废止
2020 年	辽宁	抚顺市社会保险费征缴管理条例	废止
2020 年	辽宁	本溪市观音阁水库饮用水水源保护条例	制定
2020 年	辽宁	阜新市防沙治沙条例	制定
2020 年	辽宁	阜新市草原保护条例	制定
2020 年	辽宁	铁岭市电动车管理条例	制定
2020 年	辽宁	沈阳市政务数据资源共享开放条例	制定
2020 年	辽宁	大连市海洋环境保护条例	制定
2020 年	辽宁	抚顺市促进旅游产业发展条例	修改
2020 年	辽宁	本溪市无规定动物疫病区管理条例	废止
2020 年	辽宁	本溪市城镇企业职工养老保险条例	废止
2020 年	辽宁	本溪市审计监督条例	废止
2020 年	辽宁	本溪市住房公积金管理条例	修改
2020 年	辽宁	葫芦岛市饮用水水源保护条例	修改
2020 年	辽宁	大连市生活垃圾分类管理条例	制定
2020 年	辽宁	本溪市电力设施保护条例	修改
2020 年	辽宁	本溪市太子河景区管理条例	修改
2020 年	辽宁	丹东市地热水资源保护管理条例	修改
2020 年	辽宁	沈阳市燃气管理条例	制定
2020 年	辽宁	沈阳市电梯安全条例	制定
2020 年	辽宁	沈阳市林地建设保护条例	制定

年份	省份	法规名称	立法形式
2020 年	辽宁	沈阳市林业建设保护条例	文中废止
2020 年	辽宁	大连市历史文化名城保护条例	制定
2020 年	辽宁	大连市国土空间规划条例	制定
2020 年	辽宁	大连市城乡规划条例	文中废止
2020 年	辽宁	鞍山市古树名木保护条例	制定
2020 年	辽宁	鞍山市文明行为促进条例	制定
2020 年	辽宁	抚顺市排水管理条例	制定
2020 年	辽宁	本溪市枫树保护条例	制定
2020 年	辽宁	锦州市城市公园管理条例	制定
2020 年	辽宁	锦州市锦凌水库饮用水水源保护条例	修改
2020 年	辽宁	营口市辽河老街历史文化街区保护条例	制定
2020 年	辽宁	营口市城市供水用水管理条例	修改
2020 年	辽宁	阜新市查海文化遗址保护条例	制定
2020 年	辽宁	葫芦岛市文明行为促进条例	制定
2020 年	吉林	长春市城市管理条例	制定
2020 年	吉林	长春市文明行为促进条例	制定
2020 年	吉林	长春市饮用水水源保护条例	制定
2020 年	吉林	吉林市河道管理条例	修改
2020 年	吉林	四平市养犬管理条例	制定
2020 年	吉林	辽源市城市供热管理条例	制定
2020 年	吉林	白山市养犬管理条例	制定
2020 年	吉林	松原市城市绿化条例	制定
2020 年	吉林	白城市城市绿化条例	制定
2020 年	吉林	白城市文明行为促进条例	制定
2020 年	吉林	四平市机动车停车条例	制定
2020 年	吉林	长春市陆生野生动物保护条例	修改
2020 年	吉林	吉林市文明行为促进条例	制定
2020 年	吉林	吉林市城区供热管理条例	制定
2020 年	吉林	辽源市河道垃圾治理条例	制定
2020 年	吉林	白山市杨靖宇将军殉国地保护条例	制定
2020 年	吉林	松原市农村人居环境治理条例	制定

年份	省份	法规名称	立法形式
2020 年	吉林	白山市燃放烟花爆竹管理条例	制定
2020 年	吉林	四平市市区挖掘管理条例	制定
2020 年	吉林	四平市城市环境卫生条例	制定
2020 年	吉林	四平市城乡规划监察条例	修改
2020 年	吉林	辽源市文明行为促进条例	制定
2020 年	吉林	通化市哈泥河饮用水水源保护条例	制定
2020 年	吉林	白山市文明祭祀条例	制定
2020 年	吉林	松原市大气污染防治条例	制定
2020 年	吉林	白城市农村人居环境治理条例	制定
2020 年	吉林	延边朝鲜族自治州养犬管理条例	制定
2020 年	吉林	延边朝鲜族自治州城市管理条例	制定
2020 年	黑龙江	哈尔滨市历史文化名城保护条例	修改
2020 年	黑龙江	七台河市医疗废物管理若干规定	制定
2020 年	黑龙江	哈尔滨市摩托车管理规定	制定
2020 年	黑龙江	齐齐哈尔市人民防空条例	废止
2020 年	黑龙江	齐齐哈尔市预防职务犯罪工作条例	废止
2020 年	黑龙江	齐齐哈尔市实施《中华人民共和国城市居民委员会组织法》细则	修改
2020 年	黑龙江	大庆市机动车和非道路移动机械排气污染防治条例	制定
2020 年	黑龙江	黑河市文明行为促进条例	制定
2020 年	黑龙江	鹤岗市河道管理条例	制定
2020 年	黑龙江	佳木斯市文明祭祀条例	制定
2020 年	黑龙江	伊春市城市绿化条例	制定
2020 年	黑龙江	黑河市饮用水水源保护条例	制定
2020 年	黑龙江	哈尔滨市人民代表大会常务委员会修改《哈尔滨市劳动保障监察条例》等二十一部地方性法规的决定	修改
2020 年	黑龙江	哈尔滨市人民代表大会常务委员会关于废止《哈尔滨市渔业船舶管理条例》等六部地方性法规的决定	废止
2020 年	黑龙江	哈尔滨市社会信用体系建设促进条例	制定
2020 年	黑龙江	齐齐哈尔市城市供水用水管理条例	制定
2020 年	黑龙江	牡丹江市红色文化遗存保护利用条例	制定
2020 年	黑龙江	大庆市机动车停车场管理条例	制定

续表

年份	省份	法规名称	立法形式
2020 年	黑龙江	鸡西市城市二次供水管理条例	制定
2020 年	黑龙江	七台河市文明行为促进条例	制定
2020 年	黑龙江	绥化市餐厨废弃物管理条例	制定
2020 年	江苏	南京市社会信用条例	制定
2020 年	江苏	南京市养老服务条例	制定
2020 年	江苏	徐州市残疾人保障条例	制定
2020 年	江苏	徐州市出租汽车客运条例	修改
2020 年	江苏	徐州市农业机械安全监督管理条例	修改
2020 年	江苏	常州市文明行为促进条例	制定
2020 年	江苏	苏州市精神卫生条例	制定
2020 年	江苏	泰州市标准化条例	制定
2020 年	江苏	无锡市献血条例	制定
2020 年	江苏	苏州市献血条例	修改
2020 年	江苏	淮安市大运河文化遗产保护条例	制定
2020 年	江苏	宿迁市文明行为促进条例	制定
2020 年	江苏	无锡市建设工程质量管理条例	制定
2020 年	江苏	南通市住宅物业管理条例	制定
2020 年	江苏	连云港市电梯安全管理条例	制定
2020 年	江苏	南京市生活垃圾管理条例	制定
2020 年	江苏	南京市文明行为促进条例	制定
2020 年	江苏	无锡市养老机构条例	修改
2020 年	江苏	无锡市排水管理条例	修改
2020 年	江苏	徐州市工业固体废物管理条例	制定
2020 年	江苏	苏州市专利促进条例	修改
2020 年	江苏	苏州市城乡规划条例	修改
2020 年	江苏	苏州市妇女权益保障条例	制定
2020 年	江苏	镇江市文明行为促进条例	制定
2020 年	江苏	南京市供水和节约用水管理条例	制定
2020 年	江苏	南京市城市供水和节约用水管理条例	文中废止
2020 年	江苏	无锡市轨道交通条例	修改
2020 年	江苏	无锡市不动产登记条例	修改

年份	省份	法规名称	立法形式
2020 年	江苏	徐州市生活垃圾管理条例	制定
2020 年	江苏	苏州市道路交通安全条例	制定
2020 年	江苏	苏州市禁止猎捕陆生野生动物条例	制定
2020 年	江苏	连云港市旅游促进条例	制定
2020 年	江苏	盐城市安全生产条例	制定
2020 年	江苏	扬州市住宅物业管理条例	制定
2020 年	江苏	镇江市电梯安全管理条例	制定
2020 年	江苏	泰州市住宅物业管理条例	制定
2020 年	江苏	宿迁市机动车停车场管理条例	制定
2020 年	江苏	南京市夫子庙秦淮风光带风景名胜区条例	制定
2020 年	江苏	南京市夫子庙秦淮风光带条例	文中废止
2020 年	江苏	南京市商品交易市场管理条例	修改
2020 年	江苏	南京市土地监察条例	废止
2020 年	江苏	南京市种畜禽管理条例	废止
2020 年	江苏	无锡市促进中小企业转型发展条例	制定
2020 年	江苏	无锡市社会医疗机构管理条例	修改
2020 年	江苏	无锡市粮油流通安全条例	修改
2020 年	江苏	无锡市盐业管理条例	废止
2020 年	江苏	无锡市房屋居住权处理办法	废止
2020 年	江苏	徐州市节约用水条例	修改
2020 年	江苏	常州市城市绿化条例	制定
2020 年	江苏	苏州市供水条例	制定
2020 年	江苏	南通市义务教育优质均衡发展条例	制定
2020 年	江苏	连云港市养老服务条例	制定
2020 年	江苏	淮安市人民代表大会常务委员会关于加强安全生产管理的决定	制定
2020 年	江苏	淮安市住宅电梯安全条例	制定
2020 年	江苏	盐城市饮用水安全保护条例	制定
2020 年	江苏	扬州市旅游促进条例	制定
2020 年	江苏	泰州市垛田保护条例	制定
2020 年	江苏	宿迁市农贸市场管理条例	制定
2020 年	浙江	杭州市居家养老服务条例	制定

年份	省份	法规名称	立法形式
2020 年	浙江	宁波市养犬管理条例	制定
2020 年	浙江	宁波市限制养犬规定	文中废止
2020 年	浙江	宁波市地名管理条例	制定
2020 年	浙江	温州市养犬管理条例	制定
2020 年	浙江	湖州市大气污染防治规定	制定
2020 年	浙江	嘉兴市餐饮业油烟管理办法	制定
2020 年	浙江	嘉兴市户外广告和招牌设置条例	制定
2020 年	浙江	舟山市养犬管理条例	制定
2020 年	浙江	台州市企业信用促进条例	制定
2020 年	浙江	衢州市文明行为促进条例	制定
2020 年	浙江	宁波市农业机械管理条例	修改
2020 年	浙江	宁波市学校安全条例	修改
2020 年	浙江	宁波市献血条例	修改
2020 年	浙江	宁波市台湾同胞投资保障条例	修改
2020 年	浙江	杭州市钱塘江综合保护与发展条例	制定
2020 年	浙江	宁波市医疗纠纷预防与处置条例	修改
2020 年	浙江	宁波市公共资源交易管理条例	制定
2020 年	浙江	宁波市燃气管理条例	修改
2020 年	浙江	宁波市公路养护管理条例	修改
2020 年	浙江	宁波市轨道交通运营管理条例	修改
2020 年	浙江	宁波市遗体捐献条例	修改
2020 年	浙江	温州市荣誉市民条例	制定
2020 年	浙江	金华市文明行为促进条例	修改
2020 年	浙江	湖州市制定地方性法规条例	修改
2020 年	浙江	台州市文明行为促进条例	制定
2020 年	浙江	嘉兴市生活垃圾分类管理条例	制定
2020 年	浙江	台州市长潭水库饮用水水源保护条例	制定
2020 年	浙江	绍兴市村庄规划建设条例	制定
2020 年	浙江	丽水市文明行为促进条例	制定
2020 年	浙江	金华市大气污染防治规定	制定
2020 年	浙江	丽水市城市养犬管理规定	制定

年份	省份	法规名称	立法形式
2020 年	浙江	金华市无偿施救规定	制定
2020 年	浙江	宁波市电梯安全条例	制定
2020 年	浙江	宁波市职业教育校企合作促进条例	修改
2020 年	浙江	湖州市法治乡村建设条例	制定
2020 年	浙江	绍兴市道路交通安全管理若干规定	制定
2020 年	浙江	杭州城市大脑赋能城市治理促进条例	制定
2020 年	浙江	杭州市公安机关警务辅助人员管理规定	制定
2020 年	浙江	宁波市公安机关警务辅助人员管理规定	制定
2020 年	浙江	绍兴市物业管理条例	制定
2020 年	浙江	台州市荣誉市民条例	制定
2020 年	浙江	衢州市农村住房建设管理条例	制定
2020 年	浙江	丽水市烟花爆竹经营燃放管理规定	制定
2020 年	安徽	合肥市市容和环境卫生管理条例	修改
2020 年	安徽	合肥市养犬管理条例	制定
2020 年	安徽	合肥市限制养犬条例	文中废止
2020 年	安徽	蚌埠市龙子湖景区条例	制定
2020 年	安徽	铜陵市生活垃圾分类管理条例	制定
2020 年	安徽	黄山市住宅小区物业管理条例	制定
2020 年	安徽	宿州市文明行为促进条例	制定
2020 年	安徽	蚌埠市文明行为促进条例	制定
2020 年	安徽	铜陵市文明行为促进条例	制定
2020 年	安徽	合肥市文明行为促进条例	制定
2020 年	安徽	合肥市生活垃圾分类管理条例	制定
2020 年	安徽	淮北市户外广告和牌匾标识管理条例	制定
2020 年	安徽	芜湖市文明行为促进条例	制定
2020 年	安徽	池州市文明行为促进条例	制定
2020 年	安徽	合肥市河道管理条例	制定
2020 年	安徽	合肥市制止餐饮浪费行为条例	制定
2020 年	安徽	淮北市文明行为促进条例	修改
2020 年	安徽	亳州市文明行为促进条例	制定
2020 年	安徽	宿州市制止餐饮浪费行为条例	制定

年份	省份	法规名称	立法形式
2020 年	安徽	蚌埠市城市生活垃圾管理条例	修改
2020 年	安徽	阜阳市城镇燃气管理条例	制定
2020 年	安徽	六安市文明行为促进条例	制定
2020 年	安徽	安庆市燃放烟花爆竹管理条例	修改
2020 年	安徽	黄山市文明行为促进条例	制定
2020 年	安徽	黄山市制止餐饮浪费行为条例	制定
2020 年	安徽	淮北市燃放烟花爆竹管理条例	制定
2020 年	安徽	滁州市燃放烟花爆竹管理条例	制定
2020 年	安徽	六安市城市管理行政执法条例	制定
2020 年	安徽	芜湖市养犬管理条例	制定
2020 年	安徽	宣城市传统村落保护条例	制定
2020 年	安徽	池州市养犬管理条例	制定
2020 年	安徽	安庆市长江江豚保护条例	制定
2020 年	安徽	合肥市城市集中供热管理条例	制定
2020 年	安徽	蚌埠市电梯安全管理条例	制定
2020 年	安徽	阜阳市文明行为促进条例	制定
2020 年	安徽	淮南市机动车和非道路移动机械排放污染防治条例	制定
2020 年	安徽	淮南市机动车排放污染防治条例	文中废止
2020 年	安徽	马鞍山市生活垃圾分类管理条例	制定
2020 年	安徽	铜陵市扬尘污染防治管理办法	制定
2020 年	福建	漳州市建筑垃圾管理办法	制定
2020 年	福建	莆田市城市生态绿心保护条例	制定
2020 年	福建	龙岩市实施河长制条例	制定
2020 年	福建	宁德市三都澳海域环境保护条例	制定
2020 年	福建	宁德市红色文化遗存保护条例	制定
2020 年	福建	福州市文明行为促进条例	制定
2020 年	福建	三明市城市扬尘污染防治条例	制定
2020 年	福建	南平市市容和环境卫生管理办法	修改
2020 年	福建	龙岩市长汀水土流失区生态文明建设促进条例	制定
2020 年	福建	福州市人民代表大会常务委员会任免国家机关工作人员条例	修改
2020 年	福建	厦门市砂、石、土资源管理规定	修改

年份	省份	法规名称	立法形式
2020 年	福建	漳州市大气污染防治条例	制定
2020 年	福建	泉州市市容和环境卫生管理条例	制定
2020 年	福建	三明市公共文明行为促进条例	制定
2020 年	福建	莆田市文明行为促进条例	制定
2020 年	福建	南平市停车场建设和管理办法	制定
2020 年	福建	龙岩市长汀历史文化名城保护条例	制定
2020 年	福建	宁德市城市市容和环境卫生管理条例	制定
2020 年	福建	福州市非物质文化遗产保护规定	制定
2020 年	江西	鹰潭市智慧城市促进条例	制定
2020 年	江西	赣州市城市管理条例	修改
2020 年	江西	赣州市城市道路车辆通行管理规定	修改
2020 年	江西	赣南客家围屋保护条例	修改
2020 年	江西	上饶市殡葬管理条例	制定
2020 年	江西	萍乡市燃气管理条例	制定
2020 年	江西	赣州市水土保持条例	制定
2020 年	江西	九江市文明行为促进条例	制定
2020 年	江西	景德镇市饮用水水源保护条例	制定
2020 年	江西	萍乡市文明行为促进条例	制定
2020 年	江西	萍乡市养犬管理条例	制定
2020 年	江西	吉安市红色文化遗存保护条例	制定
2020 年	江西	新余市城市管理条例	制定
2020 年	江西	赣州市文明行为促进条例	制定
2020 年	江西	吉安市文明行为促进条例	制定
2020 年	江西	抚州市电动自行车通行管理条例	制定
2020 年	江西	南昌市生活垃圾分类管理条例	制定
2020 年	江西	南昌市房屋使用安全管理条例	制定
2020 年	江西	南昌市农村村民住房建设管理条例	制定
2020 年	江西	九江市物业管理条例	制定
2020 年	江西	景德镇市文明行为促进条例	制定
2020 年	江西	赣州市城市道路车辆通行管理规定	修改
2020 年	江西	宜春市文明行为促进条例	制定

年份	省份	法规名称	立法形式
2020 年	江西	上饶市城市市容和环境卫生管理条例	制定
2020 年	江西	吉安市城市市容和环境卫生管理条例	修改
2020 年	江西	吉安市水库水质保护条例	修改
2020 年	江西	吉安市烟花爆竹燃放管理条例	修改
2020 年	山东	济南市机动车和非道路移动机械排气污染防治条例	制定
2020 年	山东	济南市河道管理保护条例	制定
2020 年	山东	青岛市实施《中华人民共和国献血法》若干规定	修改
2020 年	山东	淄博市生活饮用水卫生监督管理办法	修改
2020 年	山东	淄博市人民代表大会常务委员会关于废止《淄博市土地管理若干规定》等十三件地方性法规的决定	废止
2020 年	山东	烟台市民营经济促进条例	制定
2020 年	山东	潍坊市城市绿化条例	制定
2020 年	山东	潍坊市人民代表大会常务委员会关于修改《潍坊市禁用限用剧毒高毒农药条例》等六件地方性法规的决定	修改
2020 年	山东	威海市危险废物管理办法	制定
2020 年	山东	威海市人民代表大会常务委员会关于修改《威海市城市风貌保护条例》等五件地方性法规的决定	修改
2020 年	山东	临沂市烟花爆竹燃放管理条例	制定
2020 年	山东	聊城市城镇容貌和环境卫生管理条例	制定
2020 年	山东	滨州市城市绿地管理条例	制定
2020 年	山东	青岛市环境噪声管理规定	修改
2020 年	山东	青岛市古树名木保护管理办法	修改
2020 年	山东	青岛市海洋渔业管理条例	修改
2020 年	山东	青岛市城市管理相对集中行政处罚权条例	修改
2020 年	山东	青岛市城市排水条例	修改
2020 年	山东	青岛市河道管理条例	修改
2020 年	山东	青岛市城市地下管线管理条例	修改
2020 年	山东	泰安市城市绿化条例	修改
2020 年	山东	青岛市集贸市场管理办法	废止
2020 年	山东	泰安市城市绿化条例	修改
2020 年	山东	青岛市地下空间开发利用管理条例	制定

续表

年份	省份	法规名称	立法形式
2020 年	山东	临沂市红色文化保护与传承条例	制定
2020 年	山东	聊城市养犬管理条例	制定
2020 年	山东	滨州市工程建设项目并联审批管理规定	制定
2020 年	山东	济南市人民代表大会常务委员会关于废止《济南市预算外资金管理办法》等五件地方性法规的决定	废止
2020 年	山东	青岛市禁止焚烧抛撒丧葬祭奠物品规定	制定
2020 年	山东	青岛市市区禁止焚烧抛撒丧葬祭奠物品规定	文中废止
2020 年	山东	枣庄市城市绿化条例	制定
2020 年	山东	东营市城市供水条例	制定
2020 年	山东	烟台市文明行为促进条例	制定
2020 年	山东	济宁市烟花爆竹燃放管理条例	修改
2020 年	山东	泰安市生活垃圾分类管理条例	制定
2020 年	山东	德州市养犬管理条例	制定
2020 年	山东	济南市历史文化名城保护条例	制定
2020 年	山东	济南市节约用水条例	制定
2020 年	山东	济南市城市节约用水管理办法	文中废止
2020 年	山东	淄博市人民代表大会常务委员会关于修改《淄博市节约能源条例》等九件地方性法规的决定	修改
2020 年	山东	东营市湿地保护条例	修改
2020 年	山东	威海市精致城市建设条例	制定
2020 年	山东	日照市文物保护条例	制定
2020 年	山东	临沂市美丽乡村条例	制定
2020 年	山东	德州市烟花爆竹燃放管理条例	制定
2020 年	山东	聊城市历史文化名城名镇名村保护条例	制定
2020 年	山东	菏泽市餐厨废弃物管理条例	制定
2020 年	山东	济南市生活垃圾减量与分类管理条例	制定
2020 年	山东	济南市院前医疗急救条例	制定
2020 年	山东	枣庄市农村公路条例	制定
2020 年	山东	东营市湿地城市建设条例	制定
2020 年	山东	烟台葡萄酒产区保护条例	制定
2020 年	山东	潍坊市道路交通安全条例	制定

年份	省份	法规名称	立法形式
2020 年	山东	泰安市供热条例	制定
2020 年	山东	威海市山体保护条例	制定
2020 年	山东	临沂市大气污染防治条例	制定
2020 年	山东	德州市扒鸡保护与发展条例	制定
2020 年	山东	滨州市电梯安全管理条例	制定
2020 年	山东	菏泽市城市供水条例	制定
2020 年	河南	许昌市机动车和非道路移动机械排气污染防治条例	制定
2020 年	河南	商丘市城市扬尘污染防治条例	制定
2020 年	河南	商丘市优化营商环境条例	制定
2020 年	河南	郑州市人民代表大会常务委员会关于修改部分地方性法规的决定	修改
2020 年	河南	郑州市人民代表大会常务委员会关于废止部分地方性法规的决定	废止
2020 年	河南	洛阳市市区烟花爆竹安全管理条例	废止
2020 年	河南	新乡市居民住宅区消防安全管理条例	制定
2020 年	河南	濮阳市散煤污染防治条例	制定
2020 年	河南	驻马店市燃气管理条例	制定
2020 年	河南	郑州市城市公共汽车客运条例	制定
2020 年	河南	郑州市城市公共交通条例	文中废止
2020 年	河南	洛阳市城市河渠管理条例	制定
2020 年	河南	洛阳市城市渠道管理条例	文中废止
2020 年	河南	洛阳市城市轨道交通条例	制定
2020 年	河南	鹤壁市循环经济生态城市建设条例	修改
2020 年	河南	焦作市生活垃圾分类管理条例	制定
2020 年	河南	漯河市城市绿化条例	制定
2020 年	河南	南阳市生态文明建设促进条例	制定
2020 年	河南	周口市大气污染防治条例	制定
2020 年	河南	郑州市房屋使用安全管理条例	制定
2020 年	河南	开封古城保护条例	制定
2020 年	河南	平顶山市城市公共汽车客运条例	制定
2020 年	河南	安阳市文明行为促进条例	制定
2020 年	河南	鹤壁市浚县古城保护条例	制定
2020 年	河南	焦作市全域旅游促进条例	制定

年份	省份	法规名称	立法形式
2020 年	河南	濮阳市文明行为促进条例	制定
2020 年	河南	许昌市文明行为促进条例	制定
2020 年	河南	三门峡市文明行为促进条例	制定
2020 年	河南	南阳市中小学校幼儿园规划建设条例	制定
2020 年	河南	信阳市文明行为促进条例	制定
2020 年	河南	洛阳市历史文化名城保护条例	制定
2020 年	河南	平顶山市河道保护条例	制定
2020 年	河南	鹤壁市淇河保护条例	制定
2020 年	河南	漯河市中小学校幼儿园规划建设条例	制定
2020 年	河南	周口市文明行为促进条例	制定
2020 年	河南	驻马店市市政设施管理条例	制定
2020 年	湖北	武汉市机动车和非道路移动机械排气污染防治条例	制定
2020 年	湖北	武汉市机动车排气污染防治条例	文中废止
2020 年	湖北	黄冈市城市公共交通条例	制定
2020 年	湖北	随州市历史文化街区和历史建筑保护条例	制定
2020 年	湖北	恩施土家族苗族自治州饮用水水源地保护条例	制定
2020 年	湖北	武汉市轨道交通管理条例	制定
2020 年	湖北	黄石市文明行为促进条例	制定
2020 年	湖北	鄂州市餐饮服务业油烟污染防治条例	制定
2020 年	湖北	荆门市农业面源污染防治条例	制定
2020 年	湖北	十堰市文明行为促进条例	制定
2020 年	湖北	十堰市恐龙地质遗迹保护条例	制定
2020 年	湖北	荆州市湘鄂西苏区革命遗存保护条例	制定
2020 年	湖北	黄冈市文明行为促进条例	制定
2020 年	湖北	襄阳市电动自行车管理条例	制定
2020 年	湖北	孝感市府澴河流域保护条例	制定
2020 年	湖南	衡阳市人民代表大会及其常务委员会制定地方性法规条例	制定
2020 年	湖南	邵阳市人民代表大会及其常务委员会制定地方性法规条例	制定
2020 年	湖南	岳阳市人民代表大会及其常务委员会制定地方性法规条例	制定
2020 年	湖南	张家界市人民代表大会及其常务委员会制定地方性法规条例	制定
2020 年	湖南	益阳市人民代表大会及其常务委员会制定地方性法规条例	制定

年份	省份	法规名称	立法形式
2020 年	湖南	郴州市人民代表大会及其常务委员会制定地方性法规条例	制定
2020 年	湖南	娄底市人民代表大会及其常务委员会制定地方性法规条例	制定
2020 年	湖南	邵阳市乡村清洁条例	制定
2020 年	湖南	怀化市村庄规划和村民建房管理条例	制定
2020 年	湖南	娄底市大熊山国家森林公园条例	制定
2020 年	湖南	湘西土家族苗族自治州人民代表大会及其常务委员会制定地方性法规条例	制定
2020 年	湖南	长沙市生活垃圾管理条例	制定
2020 年	湖南	永州市古树名木保护条例	制定
2020 年	湖南	湘西土家族苗族自治州生物多样性保护条例	制定
2020 年	湖南	衡阳市扬尘污染防治条例	制定
2020 年	湖南	邵阳市大气颗粒物污染防治条例	制定
2020 年	湖南	岳阳市文明行为促进条例	制定
2020 年	湖南	张家界市农村村民住房规划建设管理规定	制定
2020 年	湖南	益阳市扬尘污染防治条例	制定
2020 年	湖南	郴州市文明行为促进条例	制定
2020 年	湖南	湘西土家族苗族自治州农村村民住房建设若干规定	制定
2020 年	湖南	长沙市农村村民住宅建设管理条例	制定
2020 年	湖南	衡阳市农村村民住房建设管理条例	制定
2020 年	湖南	株洲市城市养犬管理条例	制定
2020 年	湖南	湘潭市村庄规划建设管理条例	制定
2020 年	湖南	邵阳市村庄规划和村民建房管理条例	制定
2020 年	湖南	邵阳市文明行为促进条例	制定
2020 年	湖南	常德市农村村民住房建设管理条例	制定
2020 年	湖南	常德市大气污染防治若干规定	制定
2020 年	湖南	张家界市古树名木保护条例	制定
2020 年	湖南	郴州市城市市容环境卫生管理条例	制定
2020 年	湖南	郴州市农村村民住房建设管理条例	制定
2020 年	湖南	永州市饮用水水源地保护规定	制定
2020 年	湖南	怀化市扬尘污染防治条例	制定
2020 年	湖南	娄底市农村住房建设管理条例	制定

年份	省份	法规名称	立法形式
2020 年	广东	佛山市养犬管理条例	制定
2020 年	广东	江门市新会陈皮保护条例	制定
2020 年	广东	汕头市人民代表大会常务委员会讨论决定重大事项规定	制定
2020 年	广东	广州市禁止滥食野生动物条例	制定
2020 年	广东	东莞市水土保持条例	制定
2020 年	广东	湛江市电动自行车管理条例	制定
2020 年	广东	广州市市容环境卫生管理规定	修改
2020 年	广东	广州市水域市容环境卫生管理条例	修改
2020 年	广东	广州市建筑废弃物管理条例	修改
2020 年	广东	佛山市历史文化街区和历史建筑保护条例	修改
2020 年	广东	佛山市治理货物运输车辆超限超载条例	修改
2020 年	广东	佛山市扬尘污染防治条例	修改
2020 年	广东	深圳市生活垃圾分类管理条例	制定
2020 年	广东	茂名市烟花爆竹安全管理条例	制定
2020 年	广东	清远市村庄规划建设管理条例	制定
2020 年	广东	深圳市人民代表大会常务委员会关于修改《深圳市安全管理条例》等十三项法规的决定	修改
2020 年	广东	汕头市文化市场管理条例	废止
2020 年	广东	汕头市惩治生产销售伪劣商品违法行为条例	废止
2020 年	广东	广州市文明行为促进条例	制定
2020 年	广东	广州市房屋租赁管理规定	制定
2020 年	广东	韶关市文明行为促进条例	制定
2020 年	广东	中山市市容和环境卫生管理条例	制定
2020 年	广东	广州市人民代表大会常务委员会关于修改《广州经济技术开发区条例》等三十二件地方性法规的决定	修改
2020 年	广东	珠海市环境保护条例	修改
2020 年	广东	珠海市服务业环境管理条例	修改
2020 年	广东	汕尾市城市市容和环境卫生管理条例	修改
2020 年	广东	汕尾市品清湖环境保护条例	修改
2020 年	广东	汕尾市革命老区红色资源保护条例	修改
2020 年	广东	广州市烟花爆竹安全管理规定	制定

年份	省份	法规名称	立法形式
2020 年	广东	广州市销售燃放烟花爆竹管理规定	文中废止
2020 年	广东	惠州市扬尘污染防治条例	制定
2020 年	广东	汕尾市扬尘污染防治条例	制定
2020 年	广东	东莞市养犬管理条例	制定
2020 年	广东	江门市历史文化街区和历史建筑保护条例	制定
2020 年	广东	茂名市危险化学品道路运输管理条例	制定
2020 年	广东	清远市文明行为促进条例	制定
2020 年	广东	潮州市凤凰山区域生态环境保护条例	制定
2020 年	广东	揭阳市市容管理条例	制定
2020 年	广西	南宁市大王滩国家湿地公园保护条例	制定
2020 年	广西	柳州市传统村落保护条例	制定
2020 年	广西	桂林市城乡规划管理条例	制定
2020 年	广西	桂林市违法建设防控和查处条例	制定
2020 年	广西	北海市矿产资源保护条例	制定
2020 年	广西	南宁市电动自行车管理条例	制定
2020 年	广西	桂林市漓江风景名胜区管理条例	制定
2020 年	广西	南宁市生活垃圾分类管理条例	制定
2020 年	广西	防城港市京族文化保护条例	制定
2020 年	广西	桂林市机动车船和非道路移动机械排气污染防治条例	制定
2020 年	广西	玉林市禁止生产销售使用含磷洗涤用品条例	制定
2020 年	广西	百色市右江流域水环境保护条例	制定
2020 年	广西	梧州市宝石加工环境污染防治条例	制定
2020 年	广西	钦州市青年水闸东西干渠管理利用条例	制定
2020 年	广西	贵港市城市市容和环境卫生管理条例	制定
2020 年	广西	河池市违法建设防控和查处条例	制定
2020 年	广西	来宾市公共文化体育设施管理条例	制定
2020 年	广西	崇左市龙峡山保护条例	制定
2020 年	海南	三亚市公园条例	制定
2020 年	海南	三沙市西沙群岛爱国卫生管理办法	制定
2020 年	海南	海口市养犬管理条例	制定
2020 年	海南	海口市城市养犬管理条例	文中废止

年份	省份	法规名称	立法形式
2020 年	海南	三亚市餐厨垃圾管理规定	制定
2020 年	海南	海口市烟花爆竹管理若干规定	制定
2020 年	海南	海口市禁止生产、销售和燃放烟花爆竹的规定	文中废止
2020 年	海南	三沙市人民代表大会常务委员会议事规则	制定
2020 年	四川	成都市市政工程设施管理条例	修改
2020 年	四川	绵阳市历史建筑和历史文化街区保护条例	制定
2020 年	四川	资阳市中心城区市容和环境卫生管理条例	制定
2020 年	四川	达州市集中式饮用水水源保护管理条例	修改
2020 年	四川	成都市地名管理条例	修改
2020 年	四川	成都市文物保护管理条例	制定
2020 年	四川	宜宾市文明行为促进条例	制定
2020 年	四川	巴中市文明行为促进条例	制定
2020 年	四川	阿坝藏族羌族自治州文物保护条例	制定
2020 年	四川	成都市三岔湖水环境保护条例	制定
2020 年	四川	成都市法律援助条例	制定
2020 年	四川	成都市建设施工现场管理条例	修改
2020 年	四川	德阳市文明行为促进条例	制定
2020 年	四川	达州市文明行为促进条例	制定
2020 年	四川	达州市莲花湖湿地保护条例	修改
2020 年	四川	巴中市城市饮用水水源保护条例	修改
2020 年	四川	眉山市文明行为促进条例	制定
2020 年	四川	凉山彝族自治州艾滋病防治条例	制定
2020 年	四川	成都市社区发展治理促进条例	制定
2020 年	四川	成都市生活垃圾管理条例	制定
2020 年	四川	成都市违法建设治理条例	制定
2020 年	四川	泸州市文明行为促进条例	制定
2020 年	四川	遂宁市文明行为促进条例	制定
2020 年	四川	乐山市扬尘污染防治条例	制定
2020 年	四川	广安市公共餐具饮具消毒管理条例	制定
2020 年	四川	巴中市扬尘污染防治条例	制定
2020 年	四川	资阳市城区机动车停车条例	制定

年份	省份	法规名称	立法形式
2020 年	四川	自贡市建设施工现场管理条例	制定
2020 年	四川	攀枝花市森林草原防灭火条例	制定
2020 年	四川	广元市红色革命遗址遗迹保护条例	制定
2020 年	四川	内江市违法建设治理条例	制定
2020 年	四川	雅安市农村生活垃圾分类处理若干规定	制定
2020 年	四川	眉山市物业管理条例	制定
2020 年	四川	资阳市文明行为促进条例	制定
2020 年	贵州	贵阳市房屋使用安全管理条例	修改
2020 年	贵州	黔南布依族苗族自治州村寨规划建设管理条例	制定
2020 年	贵州	毕节市城市园林绿化条例	制定
2020 年	贵州	六盘水市城市山体保护条例	制定
2020 年	贵州	铜仁市非物质文化遗产保护条例	制定
2020 年	贵州	贵阳市医疗急救条例	制定
2020 年	贵州	贵阳市社会急救医疗管理办法	文中废止
2020 年	贵州	安顺市村寨规划建设管理条例	制定
2020 年	云南	昭通市城市河道管理条例	制定
2020 年	云南	怒江傈僳族自治州人民代表大会及其常务委员会立法条例	制定
2020 年	云南	保山市人民代表大会及其常务委员会制定地方性法规条例	制定
2020 年	云南	昆明市历史文化名城保护条例	制定
2020 年	云南	云南省红河哈尼族彝族自治州多元化解矛盾纠纷促进条例	制定
2020 年	云南	楚雄彝族自治州人民代表大会及其常务委员会立法条例	制定
2020 年	云南	普洱市人民代表大会及其常务委员会制定地方性法规条例	制定
2020 年	云南	西双版纳傣族自治州人民代表大会及其常务委员会立法条例	制定
2020 年	云南	迪庆藏族自治州人民代表大会及其常务委员会立法条例	制定
2020 年	云南	普洱市文明行为促进条例	制定
2020 年	云南	丽江市文明行为促进条例	制定
2020 年	云南	迪庆藏族自治州古树名木保护管理条例	制定
2020 年	云南	楚雄彝族自治州乡村清洁条例	制定
2020 年	云南	怒江傈僳族自治州非物质文化遗产保护条例	制定
2020 年	云南	临沧市南汀河保护管理条例	制定
2020 年	云南	昆明市区（市）人民代表大会常务委员会街道工作委员会工作条例	制定

年份	省份	法规名称	立法形式
2020 年	云南	昆明市爱国卫生工作条例	制定
2020 年	云南	昆明市爱国卫生工作管理条例	文中废止
2020 年	云南	昆明市大气污染防治条例	制定
2020 年	云南	昆明市老年人权益保障条例	制定
2020 年	云南	玉溪市革命遗址保护条例	制定
2020 年	云南	大理白族自治州非物质文化遗产保护条例	制定
2020 年	云南	丽江市集中式饮用水水源地保护条例	制定
2020 年	云南	临沧市集中式饮用水水源地保护条例	制定
2020 年	西藏	日喀则市犬只管理条例	制定
2020 年	西藏	日喀则市城镇排水与污水处理条例	制定
2020 年	西藏	山南市城乡绿化条例	制定
2020 年	西藏	山南市砂石料开采管理条例	制定
2020 年	西藏	山南市文明行为促进条例	制定
2020 年	西藏	昌都市城市绿化条例	制定
2020 年	西藏	昌都市爱国卫生管理条例	修改
2020 年	西藏	拉萨市爱国卫生管理条例	制定
2020 年	西藏	日喀则市城市管理条例	制定
2020 年	西藏	日喀则市非物质文化遗产条例	制定
2020 年	西藏	林芝市森林草原防火条例	制定
2020 年	陕西	西安市养老服务促进条例	制定
2020 年	陕西	西安市道路交通安全条例	修改
2020 年	陕西	延安市退耕还林成果保护条例	修改
2020 年	陕西	西安市秦岭生态环境保护条例	修改
2020 年	陕西	榆林市节约用水条例	制定
2020 年	陕西	西安市水环境保护条例	制定
2020 年	陕西	汉中市大气污染防治条例	制定
2020 年	陕西	商洛市烟花爆竹燃放管理条例	制定
2020 年	陕西	西安市生活垃圾分类管理条例	制定
2020 年	陕西	西安市查处摩托车和非机动车非法载客若干规定	制定
2020 年	陕西	铜川市文明行为促进条例	制定
2020 年	陕西	延安市实施《陕西省延安革命旧址保护条例》办法	制定

年份	省份	法规名称	立法形式
2020 年	陕西	延安市延河流域水污染防治条例	制定
2020 年	陕西	西安市机动车和非道路移动机械排气污染防治条例	制定
2020 年	陕西	西安市人民代表大会常务委员会关于修改《西安市保护消费者合法权益条例》等65部地方性法规的决定	修改
2020 年	陕西	西安市预防职务犯罪条例	废止
2020 年	陕西	渭南市建筑工地扬尘污染防治条例	制定
2020 年	陕西	安康市汉江流域水质保护条例	制定
2020 年	甘肃	张掖市大气污染防治条例	制定
2020 年	甘肃	白银市城市管理综合执法条例	制定
2020 年	甘肃	庆阳市烟花爆竹燃放管理条例	制定
2020 年	甘肃	嘉峪关市黑山岩画保护条例	制定
2020 年	甘肃	酒泉市锁阳城遗址保护条例	制定
2020 年	甘肃	天水市城区引洮供水工程设施保护条例	制定
2020 年	甘肃	兰州市气象灾害防御条例	制定
2020 年	甘肃	兰州市物业管理条例	制定
2020 年	甘肃	金昌市文明行为促进条例	制定
2020 年	甘肃	武威市节约用水条例	制定
2020 年	甘肃	甘南藏族自治州城乡饮用水安全管理条例	制定
2020 年	甘肃	临夏回族自治州养犬管理条例	制定
2020 年	青海	海西蒙古族藏族自治州促进中小微企业发展条例	制定
2020 年	青海	海北藏族自治州全域旅游促进条例	制定
2020 年	青海	黄南藏族自治州草原保护条例	制定
2020 年	青海	海东市移风易俗促进条例	制定
2020 年	青海	西宁市物业管理条例	制定
2020 年	青海	玉树藏族自治州城镇管理条例	制定
2020 年	青海	西宁市城区园林绿化条例	修改
2020 年	青海	海东市美丽乡村建设条例	制定
2020 年	宁夏	银川市基本农田保护规定	废止
2020 年	宁夏	石嘴山市养犬管理条例	制定
2020 年	宁夏	中卫市文明行为促进条例	制定
2020 年	宁夏	吴忠市村庄规划条例	制定

年份	省份	法规名称	立法形式
2020 年	宁夏	固原市城市环境卫生管理条例	制定
2020 年	新疆	吐鲁番市文明行为促进条例	制定
2020 年	新疆	伊犁哈萨克自治州绿化管理条例	制定
2020 年	新疆	克拉玛依市城乡规划条例	修改
2020 年	新疆	哈密市文明行为促进条例	制定
2020 年	新疆	吐鲁番市葡萄干质量管理条例	制定
2020 年	新疆	库尔勒市城区养犬管理条例	制定
2020 年	新疆	伊犁哈萨克自治州全域旅游促进条例	制定
2020 年	新疆	克拉玛依市制定地方性法规条例	修改
2020 年	新疆	乌鲁木齐高新技术产业开发区管理条例	制定
2020 年	新疆	乌鲁木齐经济技术开发区管理条例	制定
2020 年	新疆	克拉玛依市大气污染防治条例	制定
2020 年	新疆	巴音郭楞蒙古自治州博斯腾湖水生态环境保护条例	制定
2020 年	新疆	克孜勒苏柯尔克孜自治州乡村环境治理条例	制定
2020 年	新疆	博尔塔拉蒙古自治州博尔塔拉河流域生态环境保护条例	制定
2020 年	新疆	哈密市制定地方性法规条例	修改

2021 年设区的市地方性法规制定情况统计

年份	省份	法规名称	立法形式
2021 年	河北	石家庄市生活垃圾分类管理条例	制定
2021 年	河北	石家庄市城市市容和环境卫生管理条例	修改
2021 年	河北	石家庄市西柏坡红色旅游区保护与管理条例	制定
2021 年	河北	唐山市防灾减灾救灾条例	制定
2021 年	河北	唐山市房地产交易管理条例	修改
2021 年	河北	唐山市物业管理条例	修改
2021 年	河北	唐山市大气污染防治若干规定	修改
2021 年	河北	唐山市文明行为促进条例	修改
2021 年	河北	唐山市矿产资源开采管理条例	废止
2021 年	河北	唐山市粉煤灰综合利用管理条例	废止
2021 年	河北	廊坊市养犬管理条例	制定
2021 年	河北	沧州市大气污染防治若干规定	制定
2021 年	河北	沧州市市容和环境卫生管理条例	修改
2021 年	河北	衡水市大气污染防治若干规定	制定
2021 年	河北	石家庄市出租汽车管理条例	修改
2021 年	河北	张家口市物业管理条例	制定
2021 年	河北	唐山市集中式饮用水水源地保护管理条例	制定
2021 年	河北	唐山市陡河水库饮用水水源保护区污染防治管理条例	文中废止
2021 年	河北	唐山市农作物种子管理办法	废止
2021 年	河北	廊坊市国土绿化条例	制定
2021 年	河北	邢台市传统村落保护条例	制定
2021 年	河北	邯郸市跃峰渠保护条例	制定
2021 年	河北	秦皇岛市旅游市场条例	制定
2021 年	河北	唐山市养犬管理条例	修改
2021 年	河北	邢台市城市供热条例	制定
2021 年	河北	邯郸市大气污染防治条例	制定

年份	省份	法规名称	立法形式
2021 年	河北	石家庄市城市居民委员会组织条例	制定
2021 年	河北	石家庄市肉品管理条例	制定
2021 年	河北	石家庄市人民代表大会常务委员会关于废止《石家庄市房屋登记条例》等八部地方性法规的决定	废止
2021 年	河北	秦皇岛海岸线保护条例	制定
2021 年	河北	秦皇岛市电力设施保护条例	制定
2021 年	河北	保定市养犬管理条例	制定
2021 年	河北	保定市白石山景区管理条例	制定
2021 年	河北	衡水市文物保护条例	制定
2021 年	河北	承德市文明行为促进条例	制定
2021 年	河北	承德市滦河潮河保护条例	制定
2021 年	河北	沧州市文明行为促进条例	制定
2021 年	河北	衡水市养犬管理条例	修改
2021 年	河北	衡水市物业管理条例	修改
2021 年	河北	衡水市节约用水管理条例	修改
2021 年	河北	邢台市文明行为促进条例	制定
2021 年	山西	大同市水污染防治条例	制定
2021 年	山西	大同市城市市容和环境卫生管理办法	制定
2021 年	山西	朔州市电动自行车管理条例	制定
2021 年	山西	忻州市长城保护条例	制定
2021 年	山西	忻州市代县历史文化名城保护条例	制定
2021 年	山西	太原市城乡社区治理促进条例	制定
2021 年	山西	大同火山群保护条例	制定
2021 年	山西	朔州市文明行为促进条例	制定
2021 年	山西	朔州市养犬管理条例	制定
2021 年	山西	忻州市杂粮产业发展促进条例	制定
2021 年	山西	阳泉市文明行为促进条例	制定
2021 年	山西	长治市文明行为促进条例	制定
2021 年	山西	长治市城市照明管理条例	制定
2021 年	山西	临汾市沁河流域生态修复与保护条例	制定
2021 年	山西	晋城市沁河流域生态修复与保护条例	制定

年份	省份	法规名称	立法形式
2021 年	山西	长治市沁河流域生态修复与保护条例	制定
2021 年	山西	吕梁市古树名木保护条例	制定
2021 年	山西	忻州市乡村人居环境治理促进条例	制定
2021 年	山西	忻州市静乐汾河川国家湿地公园保护条例	制定
2021 年	山西	大同市经济技术开发区条例	废止
2021 年	山西	大同市城市房地产交易管理条例	废止
2021 年	山西	大同市建筑工程质量管理条例	废止
2021 年	山西	大同市禁牧休牧条例	制定
2021 年	山西	临汾市电动自行车管理条例	制定
2021 年	山西	长治市农村自建房管理条例	制定
2021 年	山西	晋中市城市居民二次供水管理条例	制定
2021 年	山西	吕梁市大气污染防治条例	修改
2021 年	山西	吕梁市文明行为促进条例	制定
2021 年	山西	朔州市固体废物污染环境防治条例	制定
2021 年	山西	太原市晋阳湖生态保护与修复条例	制定
2021 年	山西	太原市客运出租汽车服务管理条例	修改
2021 年	山西	太原市旅游条例	制定
2021 年	山西	晋中市城市建筑垃圾管理条例	制定
2021 年	山西	阳泉市红色文化资源保护传承条例	制定
2021 年	山西	长治市电动车管理条例	制定
2021 年	山西	长治市城市绿化条例	修改
2021 年	山西	临汾市国家湿地公园保护条例	制定
2021 年	山西	运城市城市建筑垃圾管理条例	制定
2021 年	山西	运城市机动车停车场管理条例	制定
2021 年	山西	运城市伍姓湖保护条例	制定
2021 年	内蒙古	通辽市饮用水水源保护条例	制定
2021 年	内蒙古	呼和浩特市城市房地产交易管理条例	修改
2021 年	内蒙古	呼和浩特市实施《中华人民共和国工会法》办法	修改
2021 年	内蒙古	呼和浩特市废弃食用油脂管理条例	修改
2021 年	内蒙古	呼和浩特市邮政通信管理条例	废止
2021 年	内蒙古	呼和浩特市国家建设项目审计办法	废止

年份	省份	法规名称	立法形式
2021 年	内蒙古	呼和浩特市土地管理条例	废止
2021 年	内蒙古	呼和浩特市湿地保护条例	制定
2021 年	内蒙古	乌兰察布市城市园林绿化条例	制定
2021 年	内蒙古	巴彦淖尔市集中式饮用水水源保护条例	修改
2021 年	内蒙古	鄂尔多斯市人民代表大会常务委员会关于修改《鄂尔多斯市环境保护条例》等 5 部地方性法规的决定	修改
2021 年	内蒙古	呼和浩特市民族教育条例	废止
2021 年	内蒙古	呼和浩特市社会市面蒙汉两种文字并用管理办法	废止
2021 年	内蒙古	呼和浩特市清真食品管理办法	废止
2021 年	内蒙古	包头市促进私营个体经济发展条例	废止
2021 年	内蒙古	呼和浩特市户外广告管理条例	修改
2021 年	内蒙古	呼和浩特市城市中小学幼儿园规划建设条例	修改
2021 年	内蒙古	呼和浩特市地名管理条例	修改
2021 年	内蒙古	呼和浩特市民办教育促进条例	修改
2021 年	内蒙古	包头市民族教育条例	废止
2021 年	内蒙古	包头市社会市面蒙汉两种文字并用管理条例	废止
2021 年	内蒙古	包头市建筑市场管理条例	废止
2021 年	内蒙古	呼伦贝尔市城镇绿化条例	制定
2021 年	内蒙古	呼伦贝尔市非物质文化遗产代表性传承人保护管理条例	制定
2021 年	内蒙古	通辽市蒙药保护发展条例	制定
2021 年	内蒙古	通辽市城市市容和环境卫生管理条例	修改
2021 年	内蒙古	通辽市大气污染防治条例	修改
2021 年	内蒙古	鄂尔多斯市政务服务条例	制定
2021 年	辽宁	大连市社会信用条例	制定
2021 年	辽宁	大连市控制吸烟条例	制定
2021 年	辽宁	鞍山市工业遗产保护条例	制定
2021 年	辽宁	鞍山市生活垃圾分类管理条例	制定
2021 年	辽宁	鞍山市城镇燃气管理条例	制定
2021 年	辽宁	鞍山市燃气管理条例	文中废止
2021 年	辽宁	本溪湖工业遗产群保护条例	制定
2021 年	辽宁	本溪市绿色矿山建设条例	制定

年份	省份	法规名称	立法形式
2021 年	辽宁	丹东市文明行为促进条例	制定
2021 年	辽宁	丹东市河道管理条例	制定
2021 年	辽宁	营口市河流水污染防治条例	制定
2021 年	辽宁	辽阳市烟花爆竹销售燃放管理条例	修改
2021 年	辽宁	铁岭市城市市容和环境卫生管理条例	制定
2021 年	辽宁	盘锦市生活垃圾分类管理条例	制定
2021 年	辽宁	盘锦市房屋建筑和市政基础设施工程质量管理条例	制定
2021 年	辽宁	盘锦市殡葬管理条例	制定
2021 年	辽宁	盘锦市城镇绿化管理条例	制定
2021 年	辽宁	盘锦市节约用水条例	制定
2021 年	辽宁	盘锦市机动车停放管理条例	制定
2021 年	辽宁	盘锦市城乡容貌和环境卫生管理条例	修改
2021 年	辽宁	葫芦岛市城市供热条例	制定
2021 年	辽宁	沈阳市民营科技企业促进条例	废止
2021 年	辽宁	大连市人民代表大会常务委员会关于修改《大连市物业管理条例》等 5 件地方性法规的决定	修改
2021 年	辽宁	沈阳市控制吸烟条例	制定
2021 年	辽宁	大连市水土保持条例	修改
2021 年	辽宁	鞍山市人民代表大会常务委员会关于废止《鞍山市统计监督检查条例》等四件地方性法规的决定	废止
2021 年	辽宁	营口市物业管理条例	修改
2021 年	辽宁	沈阳市水污染防治条例	修改
2021 年	辽宁	鞍山市优化营商环境条例	制定
2021 年	辽宁	抚顺市文明行为促进条例	制定
2021 年	辽宁	本溪市文明行为促进条例	制定
2021 年	辽宁	锦州市违法建设治理规定	制定
2021 年	辽宁	沈阳市城市建设档案管理条例	制定
2021 年	辽宁	葫芦岛市生活垃圾分类管理条例	制定
2021 年	辽宁	辽阳市历史文化名城保护条例	制定
2021 年	辽宁	辽阳市生活垃圾分类管理条例	制定
2021 年	辽宁	辽阳市汤河水库饮用水水源保护条例	制定

年份	省份	法规名称	立法形式
2021 年	辽宁	沈阳市耕地质量保护条例	制定
2021 年	辽宁	沈阳市耕地保养条例	文中废止
2021 年	辽宁	大连市畜禽养殖污染防治条例	制定
2021 年	辽宁	抚顺市生活垃圾分类管理条例	制定
2021 年	辽宁	营口市家政服务条例	制定
2021 年	辽宁	阜新市农村垃圾治理条例	制定
2021 年	辽宁	朝阳市户外广告和招牌设置管理条例	制定
2021 年	辽宁	朝阳市生活垃圾分类管理条例	制定
2021 年	辽宁	本溪市中心城区山体保护条例	制定
2021 年	吉林	长春市学前教育条例	制定
2021 年	吉林	长春市养犬管理条例	修改
2021 年	吉林	长春市人民代表大会常务委员会关于修改和废止部分地方性法规的决定	修改 + 废止
2021 年	吉林	长春市城市房地产开发经营管理条例	修改
2021 年	吉林	长春市国有土地上房屋征收与补偿条例	制定
2021 年	吉林	吉林市气象灾害防御条例	修改
2021 年	吉林	四平市社会信用条例	制定
2021 年	吉林	辽源市农村人居环境治理条例	制定
2021 年	吉林	通化市浑江流域水环境保护条例	制定
2021 年	吉林	白山市浑江流域水环境保护条例	制定
2021 年	吉林	通化市燃放烟花爆竹安全管理条例	修改
2021 年	吉林	松原市农村道路交通安全治理条例	制定
2021 年	吉林	长春市市政设施管理条例	修改
2021 年	吉林	四平市河道管理条例	制定
2021 年	吉林	四平市乡村人居环境治理条例	制定
2021 年	吉林	四平市黑土地保护条例	制定
2021 年	吉林	通化市养犬管理条例	制定
2021 年	吉林	长春市人民代表大会常务委员会关于修改和废止部分地方性法规的决定	修改 + 废止
2021 年	吉林	长春市城市建设档案管理条例	修改
2021 年	吉林	吉林市人大常委会关于加强停缓建工程管理工作的决议	废止

年份	省份	法规名称	立法形式
2021 年	吉林	四平市市区住宅小区物业管理监督规定	制定
2021 年	吉林	四平市物质文化遗产保护条例	制定
2021 年	吉林	白山市餐厨垃圾管理条例	制定
2021 年	吉林	松原市文明行为促进条例	制定
2021 年	吉林	松原市城市市容和环境卫生管理条例	制定
2021 年	吉林	白城市城市绿化条例	修改
2021 年	吉林	白城市城市管理条例	制定
2021 年	吉林	白城市城四家子城址保护条例	制定
2021 年	吉林	白城市草原生态保护条例	制定
2021 年	吉林	延边朝鲜族自治州文明行为促进条例	制定
2021 年	黑龙江	伊春市城市综合管理条例	制定
2021 年	黑龙江	哈尔滨市金上京遗址保护条例	制定
2021 年	黑龙江	哈尔滨市违法建设防控和查处条例	制定
2021 年	黑龙江	哈尔滨市爱国卫生条例	制定
2021 年	黑龙江	双鸭山市住宅物业管理条例	制定
2021 年	黑龙江	哈尔滨市房屋使用安全管理条例	制定
2021 年	黑龙江	哈尔滨市中小学校用地保护条例	制定
2021 年	黑龙江	伊春市文明行为促进条例	制定
2021 年	黑龙江	牡丹江市文明行为促进条例	制定
2021 年	黑龙江	哈尔滨市民营企业促进条例	制定
2021 年	黑龙江	哈尔滨市寒冷季节室外劳动保护规定	制定
2021 年	黑龙江	黑河市寒区试车产业服务条例	制定
2021 年	黑龙江	鸡西市防御雷电灾害管理条例	制定
2021 年	黑龙江	哈尔滨市房地产经纪管理条例	制定
2021 年	黑龙江	鹤岗市农村人居环境卫生管理条例	制定
2021 年	黑龙江	哈尔滨市东北抗联文化保护传承条例	制定
2021 年	黑龙江	齐齐哈尔市城镇燃气管理条例	制定
2021 年	黑龙江	伊春市餐厨废弃物管理条例	制定
2021 年	黑龙江	七台河市倭肯河流域水环境保护条例	制定
2021 年	黑龙江	鹤岗市城市供热用热管理规定	制定
2021 年	江苏	南京市社会治理促进条例	制定

年份	省份	法规名称	立法形式
2021 年	江苏	无锡市湿地保护条例	制定
2021 年	江苏	徐州市文明行为促进条例	制定
2021 年	江苏	常州市焦溪古镇保护条例	制定
2021 年	江苏	江苏南通狼山国家森林公园管理条例	制定
2021 年	江苏	常州市住宅物业管理条例	修改
2021 年	江苏	常州市电梯安全管理条例	修改
2021 年	江苏	常州市天目湖保护条例	修改
2021 年	江苏	苏州市食用农产品安全监督管理条例	废止
2021 年	江苏	宿迁市住宅物业管理条例	修改
2021 年	江苏	镇江市扬尘污染防治条例	制定
2021 年	江苏	扬州市居家养老服务条例	制定
2021 年	江苏	盐城市城乡规划条例	修改
2021 年	江苏	淮安市湿地保护条例	制定
2021 年	江苏	连云港市农贸市场管理条例	制定
2021 年	江苏	南通市质量促进条例	制定
2021 年	江苏	苏州市太湖生态岛条例	制定
2021 年	江苏	无锡市水环境保护条例	修改
2021 年	江苏	南京市红色文化资源保护利用条例	制定
2021 年	江苏	南京市装饰装修管理条例	修改
2021 年	江苏	南京市邮政条例	修改
2021 年	江苏	南京市渔业资源保护条例	修改
2021 年	江苏	南京市蔬菜基地管理条例	废止
2021 年	江苏	徐州市河湖管理条例	制定
2021 年	江苏	常州市养犬管理条例	制定
2021 年	江苏	南京市人民代表大会常务委员会关于进一步做好新冠肺炎疫情防控工作的决定	制定
2021 年	江苏	南京市电梯安全条例	修改
2021 年	江苏	无锡市房屋安全管理条例	制定
2021 年	江苏	无锡市城市房屋安全管理条例	文中废止
2021 年	江苏	无锡市物业管理条例	修改
2021 年	江苏	无锡市供水条例	修改

年份	省份	法规名称	立法形式
2021 年	江苏	徐州市住宅物业管理条例	制定
2021 年	江苏	苏州市电梯安全条例	制定
2021 年	江苏	连云港市生活垃圾分类管理条例	制定
2021 年	江苏	淮安市停车场管理条例	制定
2021 年	江苏	盐城市淮剧保护条例	制定
2021 年	江苏	泰州市河长制工作条例	制定
2021 年	江苏	宿迁市洋河双沟酒产区地下水保护条例	制定
2021 年	江苏	南京市流动人口服务管理条例	制定
2021 年	江苏	南京市人民代表大会常务委员会关于加强跨市域轨道交通运营和执法管理若干问题的决定	制定
2021 年	江苏	无锡市科技创新促进条例	制定
2021 年	江苏	无锡市电梯安全管理条例	制定
2021 年	江苏	无锡市流动人口计划生育工作条例	废止
2021 年	江苏	常州市旅游促进条例	制定
2021 年	江苏	苏州市优化营商环境条例	制定
2021 年	江苏	苏州市住宅区物业管理条例	制定
2021 年	江苏	南通市轨道交通条例	制定
2021 年	江苏	连云港市石刻保护条例	制定
2021 年	江苏	淮安市住宅物业管理条例	修改
2021 年	江苏	盐城市养老服务条例	制定
2021 年	江苏	扬州市市区停车场建设和管理条例	制定
2021 年	江苏	镇江市住宅物业管理条例	制定
2021 年	江苏	镇江市人民代表大会常务委员会关于加强跨市域轨道交通运营和执法管理若干问题的决定	制定
2021 年	江苏	泰州市献血条例	制定
2021 年	江苏	宿迁市城市管线管理条例	制定
2021 年	江苏	宿迁市社会信用条例	修改
2021 年	浙江	宁波市法治乡村建设促进条例	制定
2021 年	浙江	宁波市菜市场管理条例	制定
2021 年	浙江	宁波市经营燃放烟花爆竹安全管理规定	修改
2021 年	浙江	宁波市城市排水和再生水利用条例	修改

年份	省份	法规名称	立法形式
2021 年	浙江	宁波市生产经营单位安全生产主体责任规定	制定
2021 年	浙江	温州市泰顺廊桥保护条例	制定
2021 年	浙江	温州市气候资源保护和利用条例	制定
2021 年	浙江	温州市家政服务条例	制定
2021 年	浙江	湖州市物业管理条例	制定
2021 年	浙江	嘉兴市建筑垃圾管理条例	制定
2021 年	浙江	金华市城市绿化条例	制定
2021 年	浙江	舟山市港口船舶污染物管理条例	制定
2021 年	浙江	台州市物业管理条例	制定
2021 年	浙江	杭州市文明行为促进条例	修改
2021 年	浙江	杭州市宗教活动场所管理若干规定	废止
2021 年	浙江	宁波市国土空间规划条例	制定
2021 年	浙江	宁波市城乡规划条例	文中废止
2021 年	浙江	宁波市全民健身条例	制定
2021 年	浙江	湖州市预防和化解矛盾纠纷条例	制定
2021 年	浙江	衢州市历史文化街区保护条例	制定
2021 年	浙江	杭州市物业管理条例	制定
2021 年	浙江	杭州市淳安特别生态功能区条例	制定
2021 年	浙江	宁波市宗教活动场所管理办法	修改
2021 年	浙江	宁波市机动车维修业管理条例	修改
2021 年	浙江	绍兴黄酒保护和发展条例	制定
2021 年	浙江	金华市轨道交通运营管理条例	制定
2021 年	浙江	舟山市居家养老服务促进条例	制定
2021 年	浙江	丽水市革命遗址保护条例	制定
2021 年	浙江	衢州市居家养老服务条例	制定
2021 年	浙江	绍兴市居家养老服务条例	制定
2021 年	浙江	嘉兴市大运河世界文化遗产保护条例	修改
2021 年	浙江	嘉兴市生活垃圾分类管理条例	修改
2021 年	浙江	嘉兴市养犬管理条例	修改
2021 年	浙江	湖州市绿色金融促进条例	制定
2021 年	浙江	温州市销售燃放烟花爆竹管理规定	制定

续表

年份	省份	法规名称	立法形式
2021 年	浙江	舟山市物业管理条例	修改
2021 年	浙江	温州市全民阅读促进条例	制定
2021 年	浙江	温州市"两个健康"先行区建设促进条例	制定
2021 年	浙江	台州市养犬管理条例	制定
2021 年	浙江	杭州市西湖龙井茶保护管理条例	制定
2021 年	浙江	湖州市养犬管理规定	制定
2021 年	浙江	宁波市住宅小区物业管理条例	制定
2021 年	浙江	台州府城墙保护条例	制定
2021 年	浙江	绍兴市水资源保护条例	修改
2021 年	浙江	杭州市燃气管理条例	修改
2021 年	浙江	宁波市志愿服务条例	修改
2021 年	浙江	宁波市教育督导条例	修改
2021 年	浙江	嘉兴市住宅物业管理条例	制定
2021 年	浙江	绍兴市城市轨道交通管理条例	制定
2021 年	浙江	衢州市工业固体废物管理若干规定	制定
2021 年	浙江	丽水市扬尘污染防治规定	制定
2021 年	安徽	阜阳市城市市容和环境卫生管理条例	修改
2021 年	安徽	淮南市停车场建设管理条例	制定
2021 年	安徽	合肥市饮用水水源保护条例	制定
2021 年	安徽	合肥市城市节约用水管理条例	修改
2021 年	安徽	蚌埠市大遗址保护条例	制定
2021 年	安徽	阜阳市饮用水水源保护条例	制定
2021 年	安徽	淮北市非机动车管理条例	制定
2021 年	安徽	凤阳明中都城和明皇陵遗址保护条例	制定
2021 年	安徽	合肥市科技创新条例	制定
2021 年	安徽	亳州市旅游促进条例	制定
2021 年	安徽	宿州市非物质文化遗产保护规定	制定
2021 年	安徽	铜陵市住宅电梯安全管理条例	修改
2021 年	安徽	池州市古建筑保护条例	制定
2021 年	安徽	黄山市徽州文书档案保护条例	制定
2021 年	安徽	合肥市机动车和非道路移动机械排放污染防治条例	制定

年份	省份	法规名称	立法形式
2021 年	安徽	淮北市建筑装饰装修管理条例	制定
2021 年	安徽	宿州市市容治理条例	修改
2021 年	安徽	滁州市优化营商环境条例	制定
2021 年	安徽	六安市养犬管理条例	制定
2021 年	安徽	芜湖市瓶装燃气管理条例	制定
2021 年	安徽	蚌埠市停车管理条例	制定
2021 年	安徽	淮南市消防安全管理规定	制定
2021 年	安徽	淮南市消防条例	文中废止
2021 年	安徽	马鞍山市养老服务促进条例	制定
2021 年	安徽	宣城市燃放烟花爆竹管理条例	制定
2021 年	安徽	安庆市黄梅戏保护传承条例	制定
2021 年	安徽	安庆市养犬管理条例	制定
2021 年	福建	厦门市人民代表大会常务委员会关于加强九龙江流域水生态环境协同保护的决定	制定
2021 年	福建	漳州市人民代表大会常务委员会关于加强九龙江流域水生态环境协同保护的决定	制定
2021 年	福建	泉州市人民代表大会常务委员会关于加强九龙江流域水生态环境协同保护的决定	制定
2021 年	福建	龙岩市人民代表大会常务委员会关于加强九龙江流域水生态环境协同保护的决定	制定
2021 年	福建	泉州市机动车停车管理条例	制定
2021 年	福建	莆田市山体保护条例	制定
2021 年	福建	南平市户外广告设施和招牌设置管理办法	制定
2021 年	福建	宁德市饮用水水源地保护条例	制定
2021 年	福建	福州市户外广告设置管理办法	制定
2021 年	福建	福州市城市房屋产权产籍管理办法	废止
2021 年	福建	厦门市环境保护条例	制定
2021 年	福建	漳州古城保护条例	制定
2021 年	福建	漳州市户外广告和招牌设置管理办法	制定
2021 年	福建	福州市软木画技艺保护规定	制定
2021 年	福建	福州市闽剧保护规定	制定

年份	省份	法规名称	立法形式
2021 年	福建	福州市脱胎漆器技艺保护规定	制定
2021 年	福建	福州市居家养老服务条例	制定
2021 年	福建	泉州市历史文化名城保护条例	制定
2021 年	福建	三明市三元区环城山体保护条例	制定
2021 年	福建	莆田市木兰溪流域保护条例	制定
2021 年	福建	龙岩市奇和洞遗址保护条例	制定
2021 年	福建	龙岩市扬尘污染防治条例	制定
2021 年	福建	宁德市户外广告和招牌设置管理条例	制定
2021 年	福建	福州市寿山石雕刻技艺保护规定	制定
2021 年	福建	福州市历史文化名城保护条例	修改
2021 年	福建	厦门市物业管理若干规定	修改
2021 年	福建	漳州水仙花保护管理办法	制定
2021 年	福建	漳州市人民代表大会常务委员会关于修改《漳州市市容和环境卫生"门前三包"责任区管理若干规定》等四部地方性法规的决定	修改
2021 年	江西	景德镇市城市地下管线管理条例	制定
2021 年	江西	鹰潭市建设工地扬尘污染防治管理办法	制定
2021 年	江西	鹰潭市烟花爆竹销售燃放管理条例	制定
2021 年	江西	上饶市爱国卫生条例	制定
2021 年	江西	萍乡市烟花爆竹燃放管理条例	制定
2021 年	江西	新余市颐养之家条例	制定
2021 年	江西	赣州市燃气管理条例	制定
2021 年	江西	南昌市荣誉市民条例	制定
2021 年	江西	九江市水利工程管理条例	制定
2021 年	江西	宜春市住宅物业管理条例	制定
2021 年	江西	上饶市文明行为促进条例	制定
2021 年	江西	吉安市殡葬管理条例	制定
2021 年	江西	抚州市门前三包管理规定	制定
2021 年	江西	景德镇市陶瓷文化传承创新条例	制定
2021 年	江西	鹰潭市文明行为促进条例	制定
2021 年	江西	上饶市道路交通安全条例	制定
2021 年	江西	江西武功山风景名胜区——萍乡武功山景区条例	制定

续表

年份	省份	法规名称	立法形式
2021 年	江西	江西武功山风景名胜区——宜春明月山景区条例	制定
2021 年	江西	江西武功山风景名胜区——吉安武功山景区条例	制定
2021 年	江西	南昌市中心城区农贸市场管理条例	制定
2021 年	江西	南昌市城乡集市贸易市场管理条例	文中废止
2021 年	江西	九江市环境卫生管理条例	制定
2021 年	江西	新余市仙女湖水体保护条例	修改
2021 年	江西	新余市畜禽养殖污染防治条例	修改
2021 年	江西	江西仰天岗国家森林公园保护条例	修改
2021 年	江西	鹰潭市大上清宫遗址保护管理规定	制定
2021 年	山东	菏泽市城镇容貌和环境卫生管理条例	修改
2021 年	山东	聊城市物业管理条例	制定
2021 年	山东	德州市文明行为促进条例	制定
2021 年	山东	临沂市城镇容貌和环境卫生管理条例	制定
2021 年	山东	日照市公园条例	制定
2021 年	山东	济宁市水环境保护条例	制定
2021 年	山东	潍坊市供热条例	制定
2021 年	山东	淄博市禁止燃放烟花爆竹规定	制定
2021 年	山东	青岛市物业管理条例	修改
2021 年	山东	青岛市优化营商环境条例	制定
2021 年	山东	济宁市大气污染防治条例	修改
2021 年	山东	淄博市人民代表大会常务委员会关于修改《淄博市田庄水库保护管理条例》等四件地方性法规的决定	修改
2021 年	山东	潍坊市红色文化资源保护条例	制定
2021 年	山东	青岛市客运出租汽车管理条例	制定
2021 年	山东	青岛市出租汽车客运管理条例	文中废止
2021 年	山东	临沂市健康乡村条例	制定
2021 年	山东	枣庄市环城绿道管理条例	制定
2021 年	山东	威海市城市国际化促进条例	制定
2021 年	山东	泰安市献血条例	制定
2021 年	山东	青岛市人民代表大会代表建议、批评和意见工作条例	制定
2021 年	山东	聊城市文物保护管理条例	制定

续表

年份	省份	法规名称	立法形式
2021 年	山东	济南市文明养犬管理条例	制定
2021 年	山东	济南市养犬管理规定	文中废止
2021 年	山东	济南市人民代表大会常务委员会关于废止《济南市发展社区服务的若干规定》等五件地方性法规的决定	废止
2021 年	山东	滨州市停车场管理条例	制定
2021 年	山东	滨州市社会治理网格化服务管理条例	制定
2021 年	山东	青岛市饮用水水源保护条例	制定
2021 年	山东	青岛市生活饮用水源环境保护条例	文中废止
2021 年	山东	淄博市物业管理条例	制定
2021 年	山东	烟台市养犬管理条例	制定
2021 年	山东	烟台市养马岛生态环境保护条例	制定
2021 年	山东	济宁市城镇容貌和环境卫生管理条例	修改
2021 年	山东	德州市优化营商环境条例	制定
2021 年	山东	菏泽市养犬管理条例	制定
2021 年	山东	济南市绿化条例	制定
2021 年	山东	济南市城市绿化条例	文中废止
2021 年	山东	青岛市住房公积金管理实施办法	废止
2021 年	山东	淄博市污染源自动监控条例	制定
2021 年	山东	淄博市电梯安全条例	修改
2021 年	山东	淄博市城乡建设档案管理条例	修改
2021 年	山东	枣庄市燃气管理条例	制定
2021 年	山东	东营市黄河三角洲生态保护与修复条例	制定
2021 年	山东	烟台市优化营商环境条例	制定
2021 年	山东	烟台市芝罘岛生态环境保护条例	制定
2021 年	山东	烟台市燃放烟花爆竹管理条例	修改
2021 年	山东	潍坊市 12345 政务服务便民热线条例	制定
2021 年	山东	威海市停车管理和服务条例	制定
2021 年	山东	临沂市养老服务条例	制定
2021 年	山东	临沂市法治乡村条例	制定
2021 年	山东	德州市生活垃圾分类管理条例	制定
2021 年	山东	聊城市道路交通安全条例	修改

年份	省份	法规名称	立法形式
2021 年	山东	聊城市户外广告设施和招牌设置管理条例	制定
2021 年	山东	菏泽市土壤污染防治条例	制定
2021 年	河南	新乡市户外广告设置管理条例	制定
2021 年	河南	许昌市城市建筑垃圾管理条例	制定
2021 年	河南	商丘市城市供水条例	制定
2021 年	河南	许昌市城乡规划条例	修改
2021 年	河南	漯河市城乡规划条例	修改
2021 年	河南	新乡市北部矿山生态保护与修复条例	制定
2021 年	河南	南阳市文明行为促进条例	制定
2021 年	河南	驻马店市中小学校幼儿园规划建设条例	制定
2021 年	河南	信阳市红色资源保护条例	制定
2021 年	河南	商丘市黄河故道湿地保护条例	制定
2021 年	河南	开封市河湖保护管理条例	制定
2021 年	河南	濮阳市公共资源交易管理条例	制定
2021 年	河南	郑州市物业管理条例	制定
2021 年	河南	洛阳市公园和广场管理条例	制定
2021 年	河南	洛阳市城市公园和广场管理条例	文中废止
2021 年	河南	平顶山市节约用水条例	制定
2021 年	河南	焦作市公园管理条例	制定
2021 年	河南	漯河市机动车和非道路移动机械排气污染防治条例	制定
2021 年	河南	郑州市古树名木及古树后备资源保护条例	制定
2021 年	河南	洛阳市湿地保护条例	制定
2021 年	河南	安阳市政务服务条例	制定
2021 年	河南	三门峡市山体保护条例	制定
2021 年	河南	南阳市居民住宅区消防安全管理条例	制定
2021 年	河南	鹤壁市社会治安综合治理条例	制定
2021 年	河南	濮阳市不可降解塑料制品管理条例	制定
2021 年	河南	许昌市科技创新条例	制定
2021 年	河南	漯河市黑臭水体防治条例	制定
2021 年	河南	鹤壁市传统村落保护条例	制定
2021 年	河南	新乡市不可移动文物保护条例	制定

年份	省份	法规名称	立法形式
2021 年	河南	安阳市中小学校幼儿园规划建设条例	制定
2021 年	河南	驻马店市优化营商环境条例	制定
2021 年	河南	平顶山市文明行为促进条例	制定
2021 年	河南	焦作市大沙河保护条例	制定
2021 年	河南	郑州市人民代表大会常务委员会关于废止部分地方性法规的决定	废止
2021 年	河南	郑州市人民代表大会常务委员会关于修改部分地方性法规的决定	修改
2021 年	河南	开封市优化营商环境条例	制定
2021 年	河南	洛阳市水资源条例	制定
2021 年	河南	周口市港口和航道条例	制定
2021 年	湖北	武汉市人民代表大会常务委员会关于集中修改和废止部分地方性法规的决定	修改＋废止
2021 年	湖北	黄石市矿山生态修复条例	制定
2021 年	湖北	孝感市住宅小区物业管理条例	修改
2021 年	湖北	咸宁市陆水流域保护条例	制定
2021 年	湖北	随州市曾随文化遗址保护条例	制定
2021 年	湖北	恩施土家族苗族自治州旅游条例	制定
2021 年	湖北	武汉市控制和查处违法建设条例	制定
2021 年	湖北	武汉市供水条例	制定
2021 年	湖北	武汉市城市供水用水条例	文中废止
2021 年	湖北	鄂州市长港河保护条例	制定
2021 年	湖北	黄冈市养老服务促进条例	制定
2021 年	湖北	荆门市文明行为促进条例	制定
2021 年	湖北	孝感市电动自行车管理条例	制定
2021 年	湖北	襄阳市非物质文化遗产保护条例	制定
2021 年	湖北	宜昌市住宅小区物业管理条例	制定
2021 年	湖北	宜昌市文明行为促进条例	制定
2021 年	湖北	黄石市电动自行车管理条例	制定
2021 年	湖北	十堰市绿松石资源保护条例	制定
2021 年	湖北	荆州市中心城区机动车停车条例	制定
2021 年	湖北	荆门市实施《湖北省非物质文化遗产条例》办法	制定
2021 年	湖南	衡阳市违法建设防控与查处条例	制定

年份	省份	法规名称	立法形式
2021 年	湖南	湘潭市文明行为促进条例	制定
2021 年	湖南	益阳市文明行为促进条例	制定
2021 年	湖南	长沙市居家养老服务条例	制定
2021 年	湖南	长沙市烟花爆竹安全生产与产业引导条例	制定
2021 年	湖南	株洲市烟花爆竹安全生产与产业引导条例	制定
2021 年	湖南	长沙市机动车和非道路移动机械排放污染防治条例	制定
2021 年	湖南	长沙市机动车排气污染防治条例	文中废止
2021 年	湖南	长沙市人民代表大会常务委员会关于修改《长沙市文明行为促进条例》等六部地方性法规的决定	修改
2021 年	湖南	湘潭市实施《湖南省韶山风景名胜区条例》办法	制定
2021 年	湖南	岳阳市机动车停车条例	制定
2021 年	湖南	益阳市农村村民住房建设管理条例	制定
2021 年	湖南	郴州市城市市容环境卫生管理条例	制定
2021 年	湖南	永州市城乡农贸市场管理条例	制定
2021 年	湖南	怀化市机动车停车条例	制定
2021 年	湖南	娄底市文明行为促进条例	制定
2021 年	湖南	长沙市殡葬管理条例	制定
2021 年	湖南	衡阳市农作物秸秆露天禁烧和综合利用管理条例	制定
2021 年	湖南	衡阳市文明行为促进条例	制定
2021 年	湖南	湘潭市韶山灌区工程管护条例	制定
2021 年	湖南	湘潭市城市市容和环境卫生管理条例	修改
2021 年	湖南	湘潭市历史建筑和历史文化街区保护条例	修改
2021 年	湖南	湘潭市城市绿化条例	修改
2021 年	湖南	邵阳市资江保护条例	制定
2021 年	湖南	益阳市资江保护条例	制定
2021 年	湖南	娄底市资江保护条例	制定
2021 年	湖南	岳阳市政府投资建设领域反铺张浪费规定	制定
2021 年	湖南	常德市文明行为促进条例	制定
2021 年	湖南	常德市养犬管理条例	制定
2021 年	湖南	郴州市城区养犬管理条例	制定
2021 年	湖南	长沙市殡葬管理条例	制定

年份	省份	法规名称	立法形式
2021 年	湖南	衡阳市农作物秸秆露天禁烧和综合利用管理条例	制定
2021 年	湖南	衡阳市文明行为促进条例	制定
2021 年	湖南	湘潭市韶山灌区工程管护条例	制定
2021 年	湖南	邵阳市资江保护条例	制定
2021 年	湖南	益阳市资江保护条例	制定
2021 年	湖南	岳阳市政府投资建设领域反铺张浪费规定	制定
2021 年	湖南	常德市文明行为促进条例	制定
2021 年	湖南	常德市养犬管理条例	制定
2021 年	湖南	郴州市城区养犬管理条例	制定
2021 年	广东	珠海市文明行为条例	制定
2021 年	广东	珠海市供水用水管理条例	修改
2021 年	广东	珠海市排水条例	废止
2021 年	广东	汕头市防御雷电灾害条例	制定
2021 年	广东	佛山市住宅物业管理条例	制定
2021 年	广东	汕尾市电力设施保护和供用电秩序维护条例	制定
2021 年	广东	广州市幼儿园条例	制定
2021 年	广东	广州市科技创新条例	制定
2021 年	广东	韶关市建筑垃圾管理条例	制定
2021 年	广东	江门市文明行为促进条例	制定
2021 年	广东	湛江市鹤地水库饮用水水源保护条例	制定
2021 年	广东	肇庆市城市生活垃圾分类管理条例	制定
2021 年	广东	潮州市畲族文化保护条例	制定
2021 年	广东	揭阳市烟花爆竹燃放安全管理条例	制定
2021 年	广东	深圳市排水条例	废止
2021 年	广东	广州市慈善促进条例	制定
2021 年	广东	广州市养老服务条例	制定
2021 年	广东	佛山市非户籍人口居住登记条例	制定
2021 年	广东	东莞市户外广告设施和招牌设置管理条例	制定
2021 年	广东	清远市城市生活垃圾管理条例	制定
2021 年	广东	广州市流溪河流域保护条例	修改
2021 年	广东	云浮市村庄规划建设管理条例	制定

续表

年份	省份	法规名称	立法形式
2021 年	广东	广州市地名管理规定	制定
2021 年	广东	茂名市森林防火联防条例	制定
2021 年	广东	汕尾市城乡生活垃圾分类管理条例	制定
2021 年	广东	揭阳市红色资源保护传承条例	制定
2021 年	广东	惠州市市容和环境卫生管理条例	制定
2021 年	广东	广州市临空经济区条例	制定
2021 年	广东	广州市排水条例	制定
2021 年	广东	汕头市专利保护和促进条例	制定
2021 年	广东	梅州市农村生活垃圾管理条例	制定
2021 年	广东	汕尾市企业信用促进条例	制定
2021 年	广东	汕尾市荣誉市民条例	制定
2021 年	广东	茂名市生活垃圾分类管理条例	制定
2021 年	广东	肇庆市农村人居环境治理条例	制定
2021 年	广东	广州市人民代表大会常务委员会关于清理广州市地方性法规中与民法典不一致条款的决定	修改
2021 年	广东	梅州市客家围龙屋保护条例	修改
2021 年	广东	梅州市城市市容和环境卫生管理条例	制定
2021 年	广东	湛江市历史建筑保护条例	修改
2021 年	广东	汕头市潮剧保护传承条例	制定
2021 年	广东	揭阳市潮剧保护传承条例	制定
2021 年	广东	潮州市潮剧保护传承条例	制定
2021 年	广东	广州市不动产登记办法	制定
2021 年	广东	广州市宗教事务管理条例	制定
2021 年	广东	深圳市节约用水条例	修改
2021 年	广东	深圳市实施《中华人民共和国人民防空法》办法	修改
2021 年	广东	深圳市建设工程质量管理条例	修改
2021 年	广东	深圳市无障碍环境建设条例	废止
2021 年	广东	珠海市妇女权益保障条例	修改
2021 年	广东	广州市平安建设条例	制定
2021 年	广东	佛山市河涌水污染防治条例	制定
2021 年	广东	韶关市农村饮用水水源保护条例	制定

年份	省份	法规名称	立法形式
2021 年	广东	河源市扬尘污染防治条例	制定
2021 年	广东	潮州市红色文化资源保护利用条例	制定
2021 年	广东	东莞市电动自行车管理条例	制定
2021 年	广东	江门市扬尘污染防治条例	制定
2021 年	广东	湛江市城区市容和环境卫生管理条例	修改
2021 年	广东	潮州市工艺美术保护和促进条例	制定
2021 年	广东	汕尾市文明行为促进条例	制定
2021 年	广西	柳州市历史文化名城保护条例	制定
2021 年	广西	北海市城市绿化条例	制定
2021 年	广西	贺州市城市绿化条例	制定
2021 年	广西	南宁市人大常委会关于废止《南宁市公共食（饮）具卫生管理条例》等五件地方性法规的决定	废止
2021 年	广西	桂林市城市绿化条例	制定
2021 年	广西	梧州市农贸市场管理条例	制定
2021 年	广西	玉林市苏烟水库饮用水水源保护条例	制定
2021 年	广西	防城港市城市建筑垃圾管理条例	制定
2021 年	广西	河池市天然优质饮用水资源保护条例	制定
2021 年	广西	崇左市烟花爆竹燃放管理条例	制定
2021 年	广西	南宁市停车场管理条例	制定
2021 年	广西	南宁市水土保持若干规定	制定
2021 年	广西	防城港市小广告发布管理条例	制定
2021 年	广西	钦州市传统村落保护与利用条例	制定
2021 年	广西	百色市旧石器时代遗址保护条例	制定
2021 年	广西	南宁市人大常委会关于修改《南宁市燃气管理条例》等十六件地方性法规的决定	修改
2021 年	广西	柳州市柳江流域生态环境保护条例	制定
2021 年	广西	崇左市白头叶猴栖息地保护条例	制定
2021 年	广西	南宁市献血条例	制定
2021 年	广西	北海市农贸市场管理条例	制定
2021 年	广西	防城港市防城江流域水环境保护条例	制定
2021 年	广西	来宾市秸秆露天禁烧和综合利用管理条例	制定

年份	省份	法规名称	立法形式
2021 年	广西	南宁横州市茉莉花保护发展条例	制定
2021 年	广西	南宁市扬尘污染防治条例	制定
2021 年	广西	柳州市餐厨垃圾管理规定	制定
2021 年	广西	桂林市喀斯特景观资源可持续利用条例	制定
2021 年	广西	桂林市灵渠保护条例	制定
2021 年	广西	梧州市六堡茶文化保护条例	制定
2021 年	广西	钦州市中心城区绿化条例	制定
2021 年	广西	贵港市平南龚州生态园保护条例	制定
2021 年	海南	海口市燃气管理条例	修改
2021 年	海南	三亚市历史文化名镇名村保护条例	制定
2021 年	海南	海口市城镇园林绿化条例	修改
2021 年	海南	海口市公园条例	修改
2021 年	海南	海口市万绿园保护管理规定	修改
2021 年	海南	三亚市乡村民宿促进和管理条例	制定
2021 年	海南	海口市江东新区生态环境保护条例	制定
2021 年	海南	海口市城市管理综合行政执法条例	修改
2021 年	海南	海口市房屋租赁管理条例	修改
2021 年	海南	海口市智慧城市促进条例	制定
2021 年	海南	三亚市三亚河保护管理规定	制定
2021 年	海南	三亚市山体保护条例	修改
2021 年	海南	三亚市机动车停车场管理条例	制定
2021 年	四川	阿坝藏族羌族自治州森林草原防灭火条例	制定
2021 年	四川	甘孜藏族自治州森林草原防灭火条例	制定
2021 年	四川	凉山彝族自治州森林草原防灭火条例	制定
2021 年	四川	成都市古树名木保护管理规定	修改
2021 年	四川	绵阳市文明行为促进条例	制定
2021 年	四川	南充市城市景观风貌保护条例	制定
2021 年	四川	宜宾市李庄古镇保护条例	制定
2021 年	四川	成都市邮政管理条例	修改
2021 年	四川	成都市会展业促进条例	制定
2021 年	四川	南充市城镇环境卫生管理条例	修改

年份	省份	法规名称	立法形式
2021 年	四川	南充市物业管理条例	修改
2021 年	四川	南充市城市园林绿化条例	修改
2021 年	四川	资阳市中心城区山体保护条例	制定
2021 年	四川	成都市大气污染防治条例	制定
2021 年	四川	成都市科技创新中心建设条例	制定
2021 年	四川	成都市社会急救医疗管理条例	制定
2021 年	四川	成都市社会急救医疗管理规定	文中废止
2021 年	四川	成都市美丽宜居公园城市建设条例	制定
2021 年	四川	成都市房屋使用安全管理条例	修改
2021 年	四川	攀枝花市观音岩引水工程管理规定	制定
2021 年	四川	眉山市农村人居环境治理条例	制定
2021 年	四川	成都市《中华人民共和国河道管理条例》实施办法	修改
2021 年	四川	成都市城市公共汽车客运管理条例	修改
2021 年	四川	泸州市历史风貌建筑保护条例	制定
2021 年	四川	广元市剑门蜀道保护条例	制定
2021 年	四川	内江市文明行为促进条例	制定
2021 年	四川	南充市乡村污水处理条例	制定
2021 年	四川	宜宾市农村生活环境保护管理条例	制定
2021 年	四川	邓小平故里历史文化遗存保护条例	制定
2021 年	四川	达州市红色文化遗存保护利用条例	制定
2021 年	四川	雅安市文明行为促进条例	制定
2021 年	四川	资阳市大气污染防治条例	制定
2021 年	四川	巴中市烟花爆竹燃放管理条例	制定
2021 年	四川	乐山市城市管理条例	制定
2021 年	四川	凉山彝族自治州城市市容和环境卫生管理条例	制定
2021 年	四川	德阳市华强沟水库饮用水水源保护条例	制定
2021 年	四川	遂宁市海绵城市建设管理条例	制定
2021 年	四川	广安市西溪河岸线保护条例	制定
2021 年	四川	南充市传统地方戏剧保护条例	制定
2021 年	贵州	遵义市违法建设治理条例	制定
2021 年	贵州	六盘水市集中式饮用水水源保护条例	制定

续表

年份	省份	法规名称	立法形式
2021 年	贵州	毕节市文明行为促进条例	制定
2021 年	贵州	铜仁市电动摩托车管理条例	制定
2021 年	贵州	贵阳市人民代表大会常务委员会关于修改部分地方性法规的决定	修改
2021 年	贵州	贵阳市城乡规划条例	废止
2021 年	贵州	贵阳市物业管理规定	废止
2021 年	贵州	贵阳市禁止选择性终止妊娠规定	废止
2021 年	贵州	贵阳市水库管理办法	废止
2021 年	贵州	贵阳市政府投资项目管理条例	废止
2021 年	贵州	贵阳市社区工作条例	废止
2021 年	贵州	黔西南布依族苗族自治州教育条例	制定
2021 年	贵州	贵阳市推进文明城市建设规定	制定
2021 年	贵州	黔东南苗族侗族自治州乡村清洁条例	制定
2021 年	贵州	遵义市凤凰山国家森林公园保护条例	制定
2021 年	贵州	贵阳市道路交通安全条例	制定
2021 年	贵州	贵阳市道路交通安全管理办法	文中废止
2021 年	贵州	贵阳市地下空间开发利用条例	制定
2021 年	贵州	黔南布依族苗族自治州幼儿园规划建设条例	制定
2021 年	贵州	遵义历史文化名城保护条例	制定
2021 年	贵州	六盘水市文明行为促进条例	制定
2021 年	贵州	安顺市文明行为促进条例	制定
2021 年	贵州	毕节市献血条例	制定
2021 年	贵州	铜仁古城保护条例	制定
2021 年	云南	保山市和顺古镇保护条例	制定
2021 年	云南	曲靖市城市管理综合行政执法条例	制定
2021 年	云南	云南省楚雄彝族自治州养老服务条例	制定
2021 年	云南	云南省红河哈尼族彝族自治州建水历史文化名城保护管理条例	制定
2021 年	云南	云南省德宏傣族景颇族自治州旅游条例	制定
2021 年	云南	昆明市轿子山国家级自然保护区条例	修改
2021 年	云南	昆明市道路交通安全条例	修改
2021 年	云南	昆明市客运出租汽车管理条例	修改
2021 年	云南	怒江傈僳族自治州怒江美丽公路路域环境管理条例	制定

年份	省份	法规名称	立法形式
2021 年	云南	昆明市养老服务促进条例	制定
2021 年	云南	昆明市城市供水用水管理条例	制定
2021 年	云南	曲靖市养老服务促进条例	制定
2021 年	云南	玉溪市文明行为促进条例	制定
2021 年	云南	保山市乡村清洁条例	制定
2021 年	云南	丽江市乡村清洁条例	制定
2021 年	西藏	拉萨市人民代表大会常务委员会议事规则	修改
2021 年	西藏	拉萨市塑料购物袋管理条例	制定
2021 年	西藏	拉萨市养犬管理条例	制定
2021 年	西藏	昌都市市容环境卫生管理条例	修改
2021 年	西藏	山南市红色文化资源保护利用条例	制定
2021 年	西藏	拉萨市文明行为促进条例	制定
2021 年	陕西	西安市城市地下综合管廊条例	制定
2021 年	陕西	西安市制定地方性法规条例	修改
2021 年	陕西	宝鸡市养犬管理条例	制定
2021 年	陕西	延安市国家地质公园保护条例	制定
2021 年	陕西	延安市大气污染防治条例	制定
2021 年	陕西	西安市机动车停车条例	制定
2021 年	陕西	咸阳市城区养犬管理条例	制定
2021 年	陕西	延安市物业服务管理条例	制定
2021 年	陕西	延安市非物质文化遗产条例	制定
2021 年	陕西	汉中市养犬管理条例	制定
2021 年	陕西	咸阳市文明行为促进条例	制定
2021 年	陕西	铜川市陕甘边根据地照金革命旧址保护条例	制定
2021 年	陕西	渭南市饮用水水源地保护条例	制定
2021 年	陕西	榆林市扬尘污染防治条例	制定
2021 年	陕西	西安市工业节能条例	制定
2021 年	陕西	西安市建筑装饰装修条例	制定
2021 年	陕西	西安市灞河重点区域风貌管控条例	制定
2021 年	陕西	宝鸡市文明行为促进条例	制定
2021 年	陕西	渭南市文明行为促进条例	制定

续表

年份	省份	法规名称	立法形式
2021 年	陕西	汉中市文明行为促进条例	制定
2021 年	甘肃	兰州市黄河风情线大景区保护管理条例	制定
2021 年	甘肃	嘉峪关市养犬管理条例	制定
2021 年	甘肃	白银市养犬管理条例	制定
2021 年	甘肃	天水市养犬管理条例	制定
2021 年	甘肃	庆阳市机动车停车设施规划建设和停放管理条例	制定
2021 年	甘肃	甘南藏族自治州公共文化服务促进条例	制定
2021 年	甘肃	兰州市无公害蔬菜管理条例	修改
2021 年	甘肃	兰州市供热用热条例	修改
2021 年	甘肃	兰州市城市园林绿化管理办法	修改
2021 年	甘肃	定西市河道生态环境保护条例	修改
2021 年	甘肃	兰州市价格监督检查条例	废止
2021 年	甘肃	平凉市扬尘污染防治条例	制定
2021 年	甘肃	陇南市农村留守儿童关爱保护条例	制定
2021 年	甘肃	临夏回族自治州古树名木保护管理条例	制定
2021 年	甘肃	酒泉市城市建筑垃圾管理条例	制定
2021 年	甘肃	武威市大气污染防治条例	制定
2021 年	甘肃	白银市永泰城址保护条例	制定
2021 年	甘肃	庆阳市禁牧条例	修改
2021 年	甘肃	庆阳市烟花爆竹燃放管理条例	修改
2021 年	甘肃	甘南藏族自治州城镇供热用热条例	制定
2021 年	甘肃	定西市红色资源保护传承条例	制定
2021 年	甘肃	定西市元明汪氏家族墓地保护条例	制定
2021 年	甘肃	兰州市人大常委会关于修改《兰州市城市市容和环境卫生管理办法》等七部法规的决定	修改
2021 年	青海	西宁市人民代表大会常务委员会关于废止和修改部分地方性法规的决定	修改 + 废止
2021 年	青海	海西蒙古族藏族自治州文明行为促进条例	制定
2021 年	青海	海西蒙古族藏族自治州沙区植物保护条例	制定
2021 年	青海	海西蒙古族藏族自治州卤虫资源保护管理条例	制定
2021 年	青海	海东市河湟文化保护条例	修改

续表

年份	省份	法规名称	立法形式
2021 年	青海	西宁市全民义务植树条例	修改
2021 年	青海	海西蒙古族藏族自治州人才工作促进条例	制定
2021 年	青海	西宁市爱国卫生管理条例	修改
2021 年	宁夏	银川市统计管理条例	废止
2021 年	宁夏	银川市文明行为促进条例	修改
2021 年	宁夏	银川市市政设施管理条例	制定
2021 年	宁夏	银川市人民代表大会常务委员会关于修改《银川市学生校外就餐休息场所卫生管理条例》等六件地方性法规的决定	修改
2021 年	宁夏	银川市建筑工地公共卫生管理条例	废止
2021 年	宁夏	石嘴山市物业管理条例	制定
2021 年	宁夏	银川市生活垃圾分类管理条例	制定
2021 年	宁夏	银川市城市生活垃圾分类管理条例	文中废止
2021 年	宁夏	固原市城市环境卫生管理条例	修改
2021 年	新疆	昌吉回族自治州全域旅游促进条例	制定
2021 年	新疆	昌吉回族自治州旅游条例	文中废止
2021 年	新疆	巴音郭楞蒙古自治州红枣产业促进条例	制定
2021 年	新疆	乌鲁木齐市人民代表大会代表议案处理办法	制定
2021 年	新疆	乌鲁木齐市人民代表大会代表建议、批评、意见办理规则	制定
2021 年	新疆	乌鲁木齐市人民代表大会议案和建议、批评、意见办理规定	文中废止
2021 年	新疆	乌鲁木齐市大气污染防治条例	制定
2021 年	新疆	乌鲁木齐市畜禽屠宰和肉品流通管理条例	废止
2021 年	新疆	乌鲁木齐市社会治安综合治理若干规定	制定
2021 年	新疆	乌鲁木齐市预防职务犯罪条例	废止
2021 年	新疆	昌吉回族自治州优质农产品生产条例	制定
2021 年	新疆	巴音郭楞蒙古自治州燃气管理条例	制定
2021 年	新疆	克拉玛依市区人民代表大会常务委员会街道工作委员会工作条例	制定
2021 年	新疆	乌鲁木齐市突发公共卫生事件应急条例	制定
2021 年	新疆	乌鲁木齐市外商投资企业工会条例	废止
2021 年	新疆	乌鲁木齐市房屋租赁管理条例	废止
2021 年	新疆	乌鲁木齐市人民警察巡察条例	废止
2021 年	新疆	哈密市城市供热用热管理条例	制定
2021 年	新疆	吐鲁番市城乡环境卫生管理条例	制定
2021 年	新疆	克拉玛依市养犬管理条例	制定

后　记

　　这本小书的结集出版，与立法法的修改具有密切关系。2015 年我毕业来到全国人大常委会法工委国家法室工作，恰逢 2015 年立法法第一次修改，赋予所有设区的市地方立法权。考虑到新赋予地方立法权的设区的市都是"新手上路"，根据领导要求，我即与同事们一道开始跟踪统计设区的市地方立法情况。统计分析是个苦力活，但于我而言，作为从高校直接到机关的人大工作新手，在领导、同事们的言传身教下，随着每两个月看似枯燥繁复的各地人大常委会会议文件和信息检索统计，渐渐地让我摸索明白了许多人民代表大会制度运行的实践做法和内在机理，我也似乎像 274 个新赋予地方立法权的设区的市一样，很快摸到地方立法的门道，开始享受甚至是期待每两个月一轮的熬夜加班统计、观察、分析各地立法动态的过程。随着统计的深入，我与小伙们开始不满足于单纯的表格统计分析，我们也尝试着借助大数据模型工具对数百万字的地方立法文本做了一些分析，希望让数据开口说话，为我们展现全国地方立法的图景概况和具体文本问题，相关工作也有幸得到了领导、同事和立法研究同仁们的肯定和鼓励，也鞭策着我们利用业余时间把这项工作自 2015 年开始一直坚持了下来。2018 年 10 月，法工委宪法室成立。在武增主任的直接推动支持下，地方立法统计这一工作开始逐渐机制化，统计范围也从设区的市地方立法扩大到省级人大的立法活动。黄宇菲、高莉娜、杨威、王瑞、曲頔、龙晓杰、陶慧等宪法室的小伙伴们每两个月撰写的地方立法统计分析报告，为深入了解地方立法情况提供了重要的动态信息参考。在 2023 年立法法修改过程中，我们也非常高兴的看到自己的工作能够为进一步完善地方立法体制提供了基础数据参考。

　　这本小书汇编了 2015—2020 年三份设区的市地方立法数据分析报告和 2019—2022 年省级和设区的市地方立法分析年度分析报告，以及地方立法实效性问题的研究报告，相关文章前期先后曾刊发在《地方立法研究》《中国法律评论》《人民之友》等刊物上。作为每年度全国地方立法的历史情况，本次汇编过程中仅对个别数据做了微调修正，总体上保持了文稿原样。同时，本书在后半部分还专门附了 2015 年立法法第一次修改以来所有设区的市历年制定、修改、废止的地方性法规情况统计，为地方立法实务和理论研究同仁们提供数据参考的同时，我也希望作为立法法赋予所有设区的市地方立法权以来的地方立法情况能做一个历史的记录和全景展现。同时需要说明的是，本书的地方立法数据统计均是个人的研究工作结果，准确信息请以各地人大常委会公报为最终版本。最后但是最重要的，感谢法工委领导同事们对这一工作的支持和鼓励，挂一漏万恕不一一致谢，希望能用这份延续了八年多的集体工作成果向"立法人"这一光荣的称呼致敬。特别感谢毛雨、马潇、黄宇菲三位伙伴还分别作为本书三份报告的合作作者提供了重要支持。感谢周冠宇编辑的策划选题和专业细致的工作，没有《地方立法研究》徐菁菁老师数年来的催稿，我很难想象能够在工作之余把每年的报告坚持完成下来。本书作为国家法治与法学理论研究课题的研究成果，感谢司法部政府法制研究中心的支持和各位课题评审老师的宝贵意见建议。

写到这，我又仿佛回到了2006年秋天复旦4301的教室，侯健老师的大一法理学上，初入法学之门的"0627ers"人手一本《中华人民共和国立法法》，正在崩溃般地全文背诵，这一切快得就像是在昨天。